Filosofia e literatura:
diálogos, relações e fronteiras

SÉRIE ESTUDOS DE FILOSOFIA

inter
saberes

Filosofia e literatura:
diálogos, relações e fronteiras

2ª edição

Rafael de Araújo e Viana Leite

inter saberes

Rua Clara Vendramin, 58 . Mossunguê
CEP 81200-170 . Curitiba . PR . Brasil
Fone: (41) 2106-4170
www.intersaberes.com
editora@intersaberes.com

Conselho editorial
Dr. Alexandre Coutinho Pagliarini
Dr.ª Elena Godoy
Dr. Neri dos Santos
M.ª Maria Lúcia Prado Sabatella

Editora-chefe
Lindsay Azambuja

Gerente editorial
Ariadne Nunes Wenger

Assistente editorial
Daniela Viroli Pereira Pinto

Edição de texto
Monique Francis Fagundes Gonçalves

Capa
Denis Kaio Tanaami (*design*)
Sílvio Gabriel Spannenberg (adaptação)
Everett Collection/Shutterstock (imagem)

Projeto gráfico
Bruno Palma e Silva

Iconografia
Regina Claudia Cruz Prestes

Dados Internacionais de Catalogação na Publicação (CIP)
(Câmara Brasileira do Livro, SP, Brasil)

Leite, Rafael de Araújo e Viana
    Filosofia e literatura : diálogos, relações e fronteiras / Rafael de Araújo e Viana Leite. -- 2. ed. -- Curitiba : Editora Intersaberes, 2023. -- (Série estudos de filosofia)

    Bibliografia.
    ISBN 978-85-227-0470-5

    1. Filosofia na literatura I. Título. II. Série.

23-142692   CDD-801

Índices para catálogo sistemático:
1. Filosofia na literatura   801
Cibele Maria Dias – Bibliotecária – CRB-8/9427

1ª edição, 2015.
2ª edição, 2023.

Foi feito o depósito legal.

Informamos que é de inteira responsabilidade do autor a emissão de conceitos.

Nenhuma parte desta publicação poderá ser reproduzida por qualquer meio ou forma sem a prévia autorização da Editora InterSaberes.

A violação dos direitos autorais é crime estabelecido na Lei n. 9.610/1998 e punido pelo art. 184 do Código Penal.

agradecimentos, ix
apresentação, xi
organização didático-pedagógica, xv
introdução, xix

1 *Poesia e filosofia: da teogonia à cosmologia,* 26
    1.1 Anterioridade da poesia: Homero, 33
    1.2 Reatualizações de Homero pela filosofia, 41
    1.3 Poesia e mito: Hesíodo e a Teogonia, 45
    1.4 Filosofia e razão, 54
    1.5 Discurso vulgar e discurso não vulgar, 58
    1.6 Filosofia como poesia na Grécia antiga, 60

2 *Poesia e filosofia em Platão e Aristóteles: elementos introdutórios,* 70
    2.1 Platão e Atenas, reduto das artes, 72
    2.2 De que poesia falava Platão?, 73

2.3 *A República* de Platão e a expulsão dos poetas da cidade ideal, 76
2.4 Poesia mimética e o mundo das ideias, 81
2.5 Aristóteles e a poesia: uma reaproximação com a filosofia, 87

3

Relações possíveis entre filosofia e literatura, 100
3.1 Delimitando o tema, 103
3.2 Relação disjuntiva: filosofia ou literatura, 104
3.3 Literatura contra a intromissão filosófica, 105
3.4 Filosofia contra a ambiguidade literária, 110
3.5 Caio Prado Junior e o objeto da filosofia, 116
3.6 Sartre e a literatura engajada, 117
3.7 Relação complementar: diálogos possíveis, 119
3.8 *O Admirável mundo novo* ou o fim da individualidade, 122
3.9 George Orwell: política, filosofia e literatura, 129
3.10 Martha Nussbaum e a literatura como parte de uma formação ética, 134
3.11 Adendo sociológico, 135
3.12 Prefácio realista e verossimilhança, 137
3.13 A figura do "outro" ou o olhar estrangeiro como recurso literário-filosófico, 145
3.14 Relação recíproca: século XVIII francês, 155
3.15 Século XVIII: filosofia e outros saberes, 156
3.16 O que é literatura ou o caso setecentista, 165

4 *Bernard Mandeville e Jean-Jacques Rousseau: a fábula filosófica e a filosofia contra as artes,* 176
4.1 Vício e grandiosidade na colmeia, 179
4.2 Os conceitos de virtude e vício, 181
4.3 Rousseau e a literatura: entre o fascínio, a escrita e a crítica, 190

5 *Voltaire em guerra: filosofia e literatura como armas,* 214
5.1 Voltaire e a sátira, 218
5.2 Dicionário pouco sistemático, 220
5.3 Micrômegas, o conto filosófico sobre extraterrestres, 225

considerações finais, 243
referências, 247
bibliografia comentada, 259
respostas, 261
sobre o autor, 269

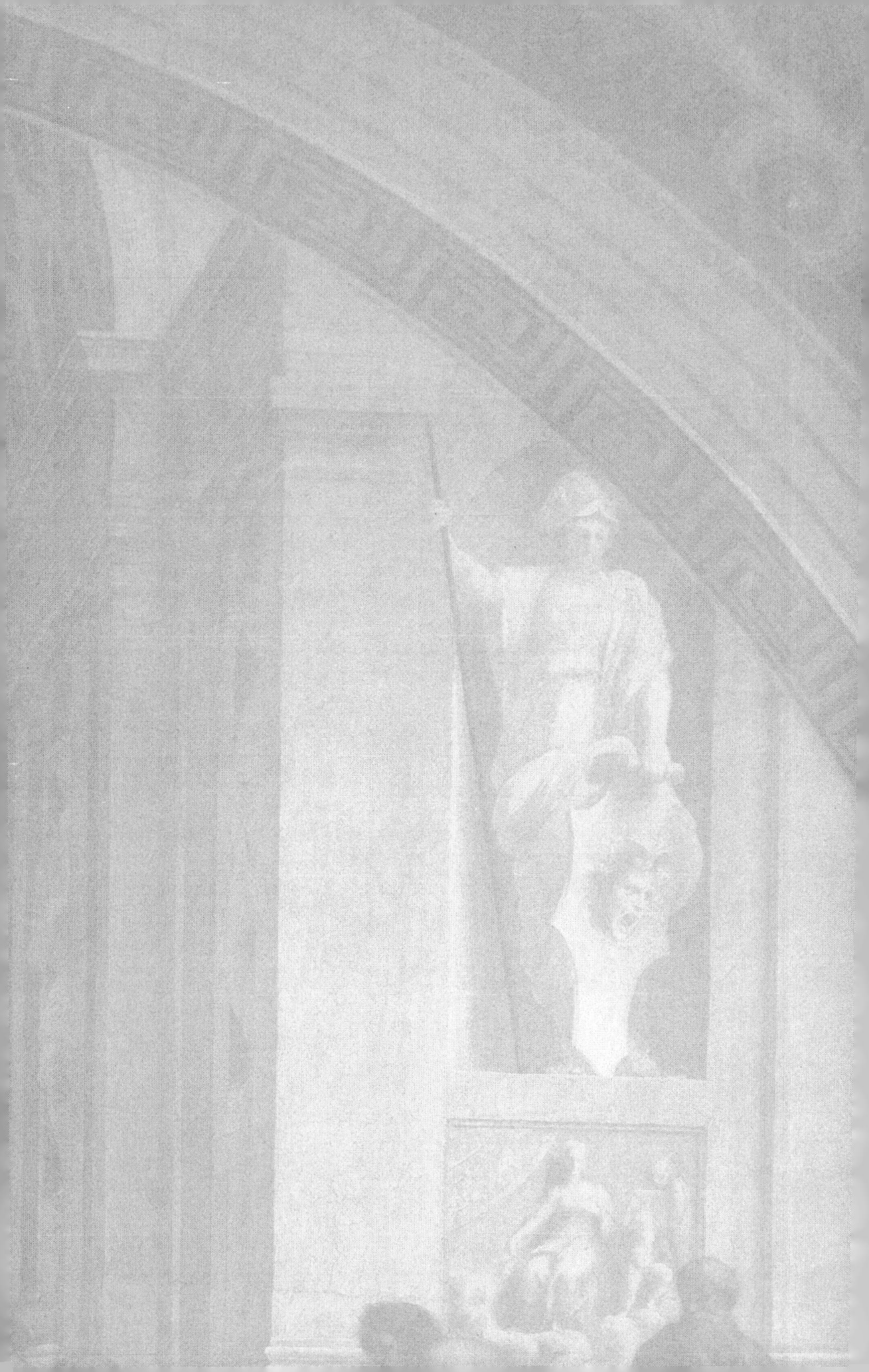

agradecimentos

A Kamila C. Babiuki, leitora atenta e crítica do manuscrito deste texto.

Ao meu tio e amigo Rogério Viana Leite e ao amigo e compadre João Carlos L. Caputo, que leram alguns trechos da obra, ainda em construção, e fizeram preciosos comentários.

A Max Costa, Carlos Kenji, André Dias (Deco) e Aline da Silva, companheiros para toda hora.

Ao meu pai, Ronaldo Viana Leite, e aos meus irmãos, Raquel de Araújo e Viana Leite, Ronaldo Viana Leite Filho e Juliana de Araújo Correa, pelo apoio sempiterno.

apresentação

Investigaremos, nesta obra, algumas das relações possíveis entre filosofia e literatura com base em um viés filosófico. Nossa intenção não é apresentar um panorama histórico dessa relação, seguindo uma cronologia exata e exaustiva, nem esgotar as possibilidades de interpretação dos autores e obras analisadas, mas indicar, de modo introdutório, como foi pensada a aproximação, o afastamento e mesmo a coincidência entre esses dois campos discursivos: o **filosófico** e o **literário**.

Para iniciar nossas reflexões, analisaremos como a filosofia se posicionou, ao longo dos anos em relação à literatura, o que essas duas ciências têm em comum, de que modo se diferenciam e como dialogaram em momentos importantes ao longo da história das ideias. Essas questões nos servirão como ponto de partida e fio condutor, pois, com base nelas, faremos recortes históricos e falaremos de muitos autores, mais filósofos do que literatos, procurando não estabelecer uma ligação de mão única entre os dois termos que relacionaremos aqui. Vejamos agora, de maneira geral, alguns traços do horizonte teórico que se abre a você, leitor, juntamente com as páginas deste livro.

Teremos cinco capítulos e eles se dividirão em dois grupos principais. Os três primeiros, pertencentes ao primeiro grupo, são de caráter panorâmico; isso significa que requisitaremos, de maneira introdutória, filósofos e literatos que nos ajudem a esclarecer nosso tema em seus diferentes aspectos. O poema épico de Homero e aquele de Hesíodo, por exemplo, serão discutidos no **Capítulo 1** com o intuito de, com base em um breve esclarecimento sobre suas obras, mostrarmos como a filosofia nascente estava intimamente vinculada ao trabalho poético mitológico, isso porque compartilhava com ele a mesma pretensão totalizante. Porém, como veremos, os primeiros filósofos, munidos de grande exigência racional, se diferenciaram da poesia mitológica de modo importante. No **Capítulo 2**, abordaremos as posições de Platão e Aristóteles sobre a poesia, por serem autores cuja análise nos parece incontornável, pois suas contribuições ajudaram a consolidar de modo definitivo a filosofia como operação intelectual e, mais do que isso, eles caracterizaram em suas obras a atividade filosófica em comparação com a literária.

No **Capítulo 3**, sem compromisso com uma cronologia exata, analisaremos algumas possibilidades de relação entre os campos filosófico e literário, apontando suas principais características e seus defensores. A intenção é abrir um horizonte conceitual para que você possa se localizar entre as várias manifestações em que o pensamento filosófico recusa, se confunde ou se alia ao lirismo permissivo da literatura. Esse capítulo se encerra motivando os dois últimos, pertencentes ao segundo grupo, que se diferenciam dos anteriores pela maneira de se aproximar do tema. De caráter exegético, nos **capítulos 4 e 5** analisaremos com mais minúcia o modo como em Mandeville, Rousseau e Voltaire o rigor da reflexão filosófica não parece se comprometer com a aproximação da literatura.

Cabe apontar, ainda, que não responderemos aqui todas as questões que serão levantadas por nossas análises; de outro modo, tentaremos melhor entendê-las em sua complexidade. Trabalho este que é mais filosófico do que o de simplesmente fornecer uma resposta fixa que – em muitos casos, por ser esquemática – simplifica e pacifica problemas teóricos, que nos são importantes justamente porque são problemas. Eles não serão considerados como obstáculos que devem ser vencidos, mas como pontos de referência que nos permitirão compreender o que está em jogo quando tentamos relacionar por afinidades ou diferenças filosofia e literatura.

Nem todas as obras utilizadas têm tradução para o português; nesses casos, traduzimos as citações. Em alguns textos, apesar de termos tradução, preferimos verter o texto diretamente do original, para preservar alguns elementos estéticos considerados importantes. Em se tratando de um longo trecho, apontamos, em nota, a referência para a tradução em português.

Esperamos que a passagem por este livro seja o trampolim para muitas outras leituras.

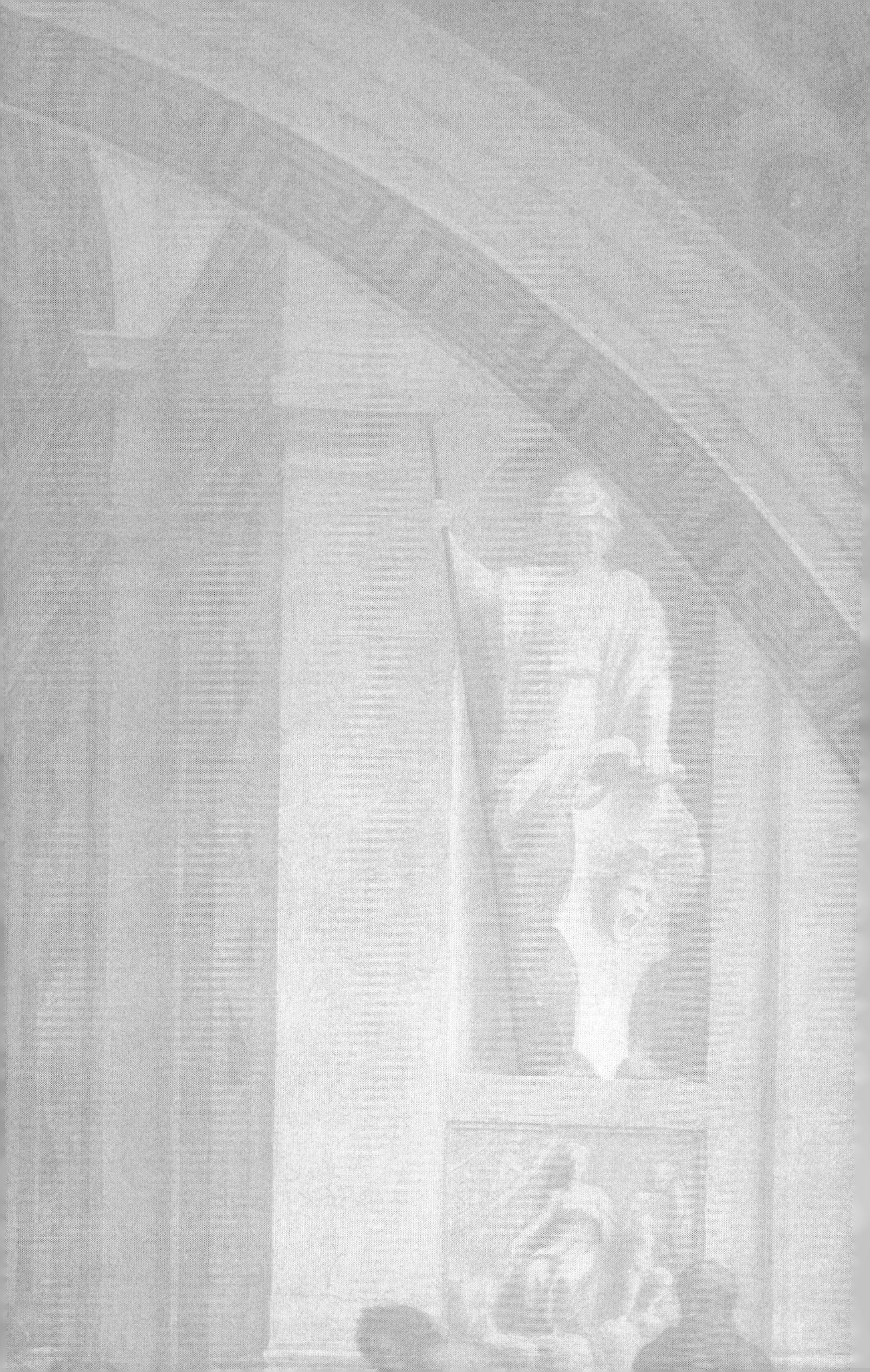

*organização
didático-pedagógica*

E sta seção tem a finalidade de apresentar os recursos de aprendizagem utilizados no decorrer da obra, de modo a evidenciar os aspectos didático-pedagógicos que nortearam o planejamento do material, além de explicar como o aluno/leitor pode tirar o melhor proveito dos conteúdos para seu aprendizado.

Introdução do capítulo

Logo na abertura do capítulo, você é informado a respeito dos conteúdos que nele serão abordados, bem como dos objetivos que o autor pretende alcançar.

Síntese

Você conta, nesta seção, com um recurso que o instigará a fazer uma reflexão sobre os conteúdos estudados, de modo a contribuir para que as conclusões a que você chegou sejam reafirmadas ou redefinidas.

Indicações culturais

Ao final do capítulo, o autor oferece algumas indicações de livros, filmes ou sites que podem ajudá-lo a refletir sobre os conteúdos estudados e permitir o aprofundamento em seu processo de aprendizagem.

Atividades de autoavaliação

Com estas questões objetivas, você tem a oportunidade de verificar o grau de assimilação dos conceitos examinados, motivando-se a progredir em seus estudos e a se preparar para outras atividades avaliativas.

Atividades de aprendizagem

Aqui você dispõe de questões cujo objetivo é levá-lo a analisar criticamente determinado assunto e aproximar conhecimentos teóricos e práticos.

Bibliografia comentada

Nesta seção, você encontra comentários acerca de algumas obras de referência para o estudo dos temas examinados.

xvii

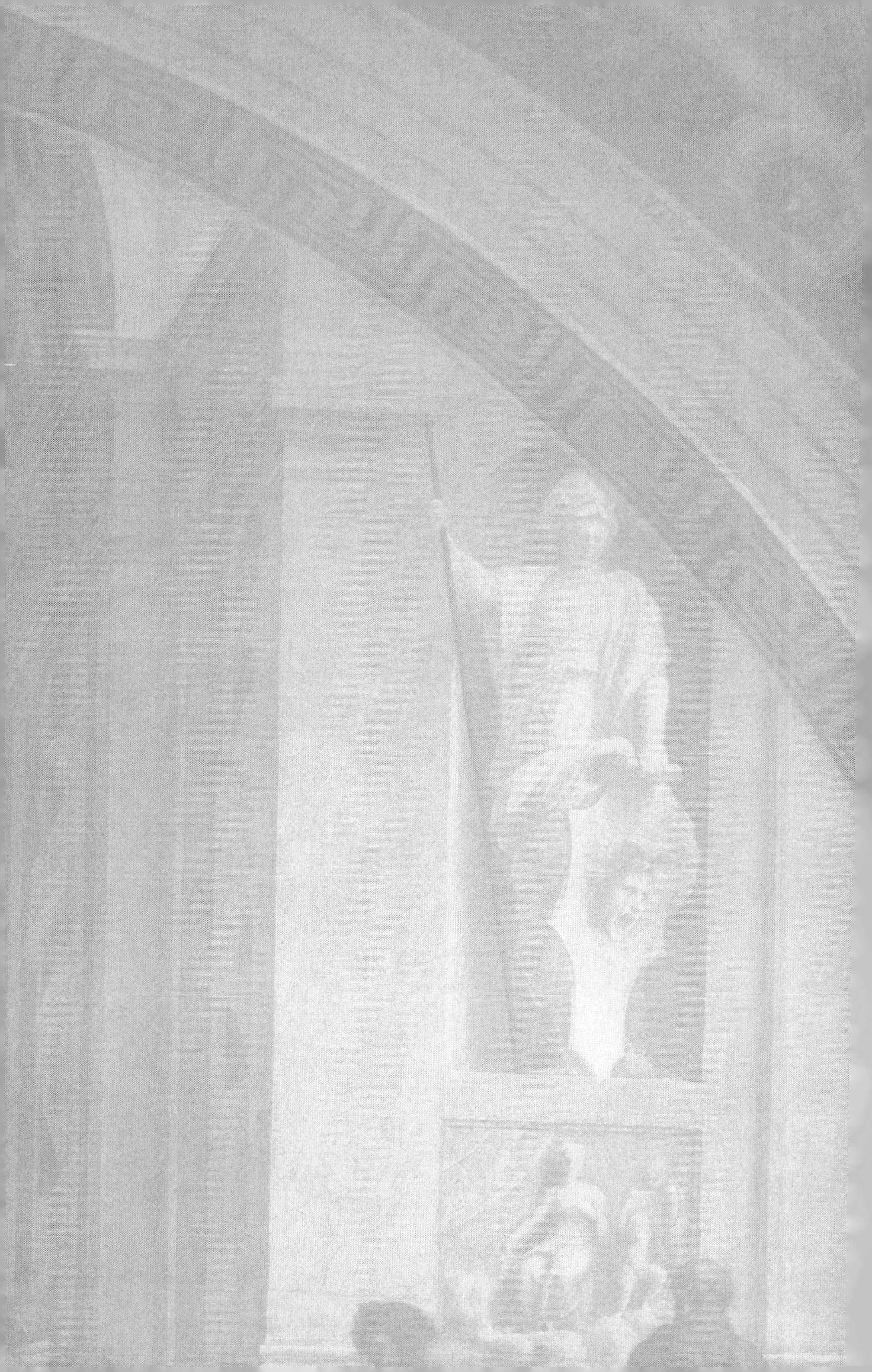

introdução

A maioria *das pessoas* tem alguma ideia do que significam *filosofia* e *literatura*, e não raro ouvimos referências a esses termos em conversações cotidianas. Esses dois conceitos, todavia, não têm significados tão óbvios quanto poderíamos imaginar, e talvez a maior dificuldade em traduzi-los esteja no modo multifacetado em que eles são aplicados. Mesmo quando recorremos aos dicionários para esclarecer de maneira mais pontual a significação da filosofia e da literatura, podemos terminar a leitura mais confusos do que quando a iniciamos. Uma confusão, porém, melhor fundamentada, já que teremos consciência da complexidade do problema, quando antes apenas o ignorávamos. Faça o teste você mesmo: procure em um bom dicionário os verbetes *literatura*, *filosofia* e os adjetivos deles derivados *literário* e *filosófico*; você perceberá que são muitos os significados e várias as formas de intercâmbio entre os quatro termos citados. Eles se cruzam e se conectam formando uma espécie de quiasma* que coloca nosso tema, por vezes, em um campo tortuoso.

O adjetivo *filosófico* normalmente envolve uma atividade que se vincula à razão e ao pensamento abstrato. Ela, a atividade racional-abstrata, se caracteriza pela pretensão à universalidade e isso significa que suas teses pretendem ter validade em todos os tempos e para todas as pessoas. Metafísica, ética, epistemologia e filosofia da linguagem, por exemplo, são alguns dos braços da atividade filosófica.

O termo *literatura*, em seu turno, pode ser entendido como um texto artístico escrito em determinado código linguístico, compartilhado pela filosofia, que, por sua vez, utiliza-se desse mesmo código para promover suas reflexões. De acordo com essa definição, desde o recado que alguma jovem dirige a quem é causa de seus suspiros até o panfleto político que solicita mudanças na administração do Estado, por serem formas discursivas que se valem da escrita, podem ser considerados literatura. Mas as coisas não são assim tão simples.

Utilizemos uma acepção mais próxima do sentido que será usado no cânone literário. Literatura, nesse sentido, pode ser vista como uso

---

* *Quiasma*, aqui, deve ser entendido como uma figura de linguagem. Significa o cruzamento entre dois ou mais termos.

diferenciado da linguagem escrita – uso artístico – contendo características imaginativo-fictícias importantes; além disso, ela se vale de personagens particulares ou narradores localizados cujas teses, se por acaso houver alguma, não podem ser consideradas para todos os casos, independentemente do tempo ou país, dado o aspecto particular da sua perspectiva. Não queremos dizer que a razão não tenha nenhuma participação na produção literária, mas que ela será caracterizada pelo aspecto localizado, forte traço lírico, podendo se manifestar de inúmeras maneiras.

A literatura, defende Schopenhauer, não pode ser confundida com qualquer tipo de texto, seja porque deve tratar de assuntos elevados, seja por não se submeter a preocupações financeiras; quer dizer, o verdadeiro literato não pretende ganhar dinheiro com sua produção e trata de temas graves cuja importância é considerável para seus leitores. Os que buscam dinheiro com ela, aos olhos de Schopenhauer, não passariam de enchedores de papel: "sórdidos desperdiçadores de tinta do período atual de bancarrota da Literatura" (Schopenhauer, 2007, p. 125). Apesar de não abrigar a universalidade característica do discurso filosófico, o literato lida com temas que guardam em si a grandiosidade das coisas e que nos instigam como seres humanos.

Se aceitarmos esses significados rígidos agora propostos – filosofia como uma atividade abstrato-racional, de caráter universal e, de outro modo, literatura como forma de arte e portadora de uma perspectiva particular – onde localizaremos textos que apresentam características literárias marcantes ao mesmo tempo em que realizam uma importante atividade reflexiva? Ou, de maneira inversa, onde encontraremos as obras cuja reflexão racional se conecta de modo íntimo a traços poéticos, como os aforismos de Nietzsche ou os diálogos platônicos? Também entra nesse território cinzento, como parece ser o caso, o *Grande sertão: veredas* (2005), de Guimarães Rosa, romance que alia a mais alta beleza lírica com uma refinada reflexão filosófica. Sem pressa para responder a essa questão de ordem classificatória, continuemos desenrolando o novelo conceitual que temos diante de nós.

Os campos literário e filosófico andam por vezes lado a lado, entretanto, podemos encontrar importantes momentos de afastamento e mesmo exclusão, partindo de ambos os lados. E o que propõe essa interdição? Que um texto literário não deve se limitar a reflexões filosóficas, pois perderá assim sua autonomia estética, e que um texto racional argumentativo, por sua vez, deve se isentar de recursos vindos da pura imaginação e também do uso excessivo de figuras de linguagem, já que elas corromperiam a objetividade e o rigor próprios da filosofia. Veremos, nas próximas páginas, momentos emblemáticos dessa relação.

Filosofia contemporânea e seus gêneros discursivos

O pensamento filosófico, como é praticado no meio acadêmico, vem sendo elaborado predominantemente por via escrita, sob a forma de monografias, dissertações, teses e artigos. Já não tomamos nas mãos textos que sejam parecidos com os **poemas pré-socráticos**, como os de um Parmênides, nem em forma de **suma**, utilizada por Tomás de Aquino, estilo que é delineado por **questões**; a intimidade reflexiva fornecida pelo gênero discursivo caracterizado pelas **meditações**, por sua vez, já não é tão requisitada por nossos contemporâneos, estilo que foi usado por Descartes. A **fábula**, texto curto, com forte lastro moral, cuja narrativa normalmente apresenta personagens do reino animal com características humanas, como as de Esopo e La Fontaine, como estilo filosófico, foi quase completamente abandonada, pelo menos se tomarmos o modelo atual da filosofia acadêmica. A **autobiografia** merece ser lembrada justamente por seu esquecimento, assim como o gênero das **confissões**, usado por Jean-Jacques Rousseau e Agostinho. Esses são exemplos de gêneros discursivos que não encontram paralelo na produção filosófica atual.*

O **conto filosófico**, que nas mãos de Voltaire serviu como uma importante arma, atualmente, não é explorado por grande número de pessoas. Podemos dizer o mesmo dos **aforismos** – muito usados por Nietzsche –, sentenças curtas, mas altamente reflexivas que trazem em sua economia de palavras a força retórica necessária. Ainda que – cabe a ressalva – Carlos Drummond de Andrade tenha se valido deles. "Mas ele não é filósofo!", exclamariam os mais conservadores.

Nos moldes atuais, correndo o perigo de generalizações problemáticas, um estilo austero, como a *Crítica da razão pura*, de Kant, a objetividade dos escritos analíticos de Kripke e a redação impecável de pensadores como Hanna Arendt, por exemplo, parecem estar mais próximos à filosofia. Não nos cabe explorar aqui os motivos, pois seriam muitas as possibilidades de explicação que exigem conhecimentos a serem desvendados. Mas podemos, sim, explorar como a relação entre filosofia e literatura teve início e de que modo se desenvolveu em episódios emblemáticos ao longo da história das ideias.

---

*   Exceção importante é a obra autobiográfica do filósofo Luiz Roberto Salinas Fortes, intitulada *Retrato calado*. As páginas de cunho pessoal, que contam sua experiência quando da ditadura militar, abrem caminhos para o descobrimento de si. Atitude que, aliada às impressões poéticas que a vida causou no autor, descritas em transcrições de seu diário, tornam o livro uma importante leitura filosófica.

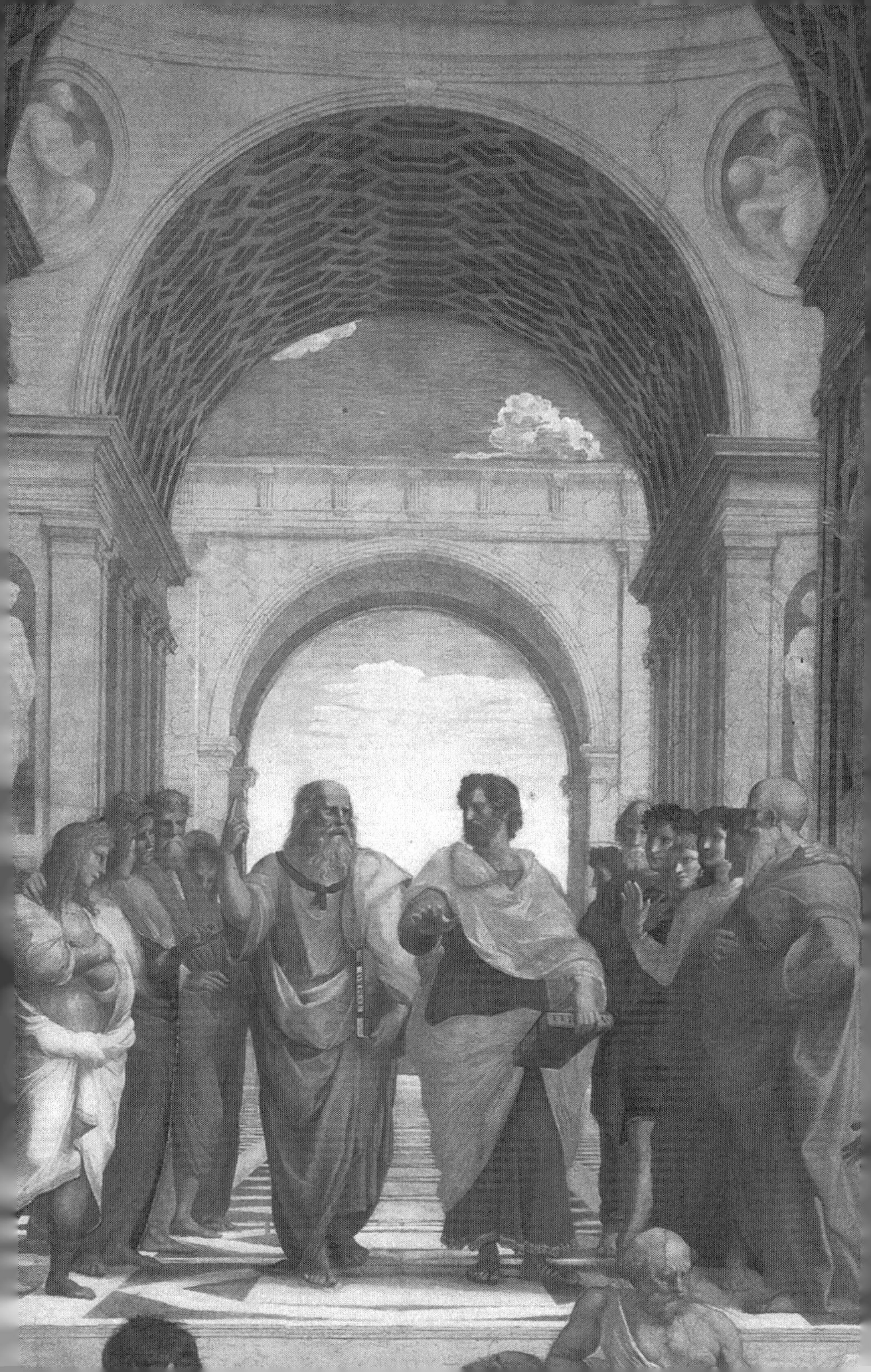

1

*Poesia e filosofia:
da teogonia à cosmologia*

Abordaremos, neste capítulo, o início da filosofia grega como afastamento do discurso poético-mitológico*. Para que haja melhor compreensão do que significa esse afastamento, falaremos a respeito de termos importantes para a prática intelectual da época, como teogonia, cosmologia e cosmogonia.

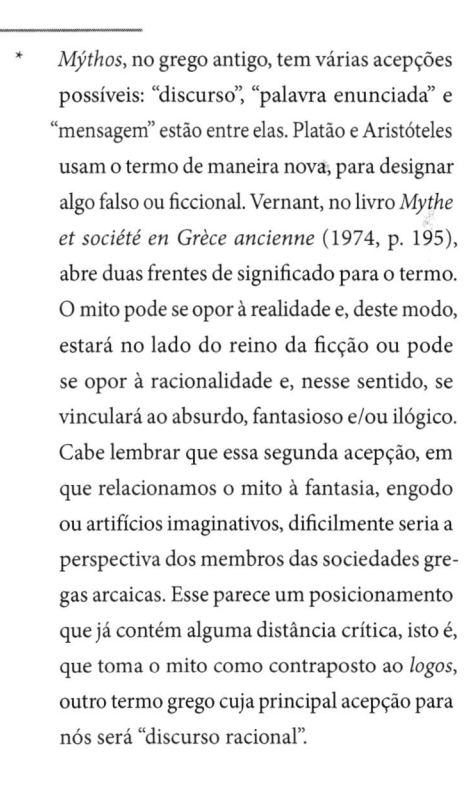

---

* *Mýthos*, no grego antigo, tem várias acepções possíveis: "discurso", "palavra enunciada" e "mensagem" estão entre elas. Platão e Aristóteles usam o termo de maneira nova, para designar algo falso ou ficcional. Vernant, no livro *Mythe et société en Grèce ancienne* (1974, p. 195), abre duas frentes de significado para o termo. O mito pode se opor à realidade e, deste modo, estará no lado do reino da ficção ou pode se opor à racionalidade e, nesse sentido, se vinculará ao absurdo, fantasioso e/ou ilógico. Cabe lembrar que essa segunda acepção, em que relacionamos o mito à fantasia, engodo ou artifícios imaginativos, dificilmente seria a perspectiva dos membros das sociedades gregas arcaicas. Esse parece um posicionamento que já contém alguma distância crítica, isto é, que toma o mito como contraposto ao *logos*, outro termo grego cuja principal acepção para nós será "discurso racional".

Explicaremos o que são e como se articulam com nosso tema*. Homero e Hesíodo serão lembrados por nós como importantes poetas gregos e seus contrapontos ao modo de operação da filosofia nascente. O objetivo é também preparar o leitor tanto para a crítica de Platão à poesia quanto para o modo como Aristóteles a aborda, dado que ambos usam Homero e Hesíodo como exemplos, o que só aumenta a relevância de estarmos conscientes do trabalho poético deles. Vincularemos seus versos a um discurso de tipo mitológico, diferenciando-os dos primeiros filósofos que teriam procurado se valer de um discurso com características distintas, nas quais privilegiavam a razão – o *logos* ou discurso racional – em detrimento do mito e da fantasia, ou seja, preferiam explicações de ordem lógica, concatenadas por argumentos fortes e sem a utilização de artifícios fantásticos.

Não seria ousado dizer que a filosofia ocidental, como já adiantamos sem dar tantas explicações, pode ser vista como forma de afastamento do discurso poético mitológico. "O advento da Filosofia, na Grécia," como nos alerta Vernant (2002, p. 109), "marca o declínio do pensamento mítico e o começo de um saber de tipo racional". Essa afirmação é bastante elucidativa e guiará o primeiro capítulo deste livro. A oposição apontada pela citação entre um saber racional e outro de ordem

---

*   *Teogonia* é formada pelas palavras gregas: *teo* (Deus) e *gonia*, derivada de *gónos*, cuja significação é "origem" ou "nascimento". Teogonia, desse modo, pode ser entendida como a "geração dos deuses", ou seja, trata-se do discurso religioso que tenta dar conta do nascimento ou da aparição das divindades. *Cosmologia*, do grego *kósmos* (mundo) e *logia* (teoria), é a ciência ou o conhecimento das leis que governam o mundo físico ou mesmo, de modo mais amplo, o universo. *Cosmogonia*, do grego *kósmos* e *gonia*, é o sistema ou estudo especulativo que lida com a formação/o surgimento do universo. Importante notar a diferença entre cosmologia e cosmogonia: a primeira lida com o modo, por assim dizer, como o universo funciona ou é regido; a segunda interessa-se principalmente pela sua formação.

mitológica não significa que nos mitos antigos não haja qualquer tipo de racionalização, mas aponta que a filosofia nascente é inclinada a um tipo de descrição da realidade que se apoia especialmente na razão. Antes de nos determos nos poemas mitológicos, falemos sobre quando a filosofia surgiu*.

É comumente aceito que o aparecimento dessa ciência tenha ocorrido no território onde hoje se localiza a Grécia, no período que corresponderia ao século VI a.C. – portanto, há mais de dois mil anos –, e sua primeira manifestação – minimamente consistente – tenha ocorrido com os filósofos pré-socráticos, como Tales de Mileto, Pitágoras e Parmênides**. Se ela é mais recente, como era feita essa poesia mitológica que mencionamos e que seria anterior a esse período?

Primeiramente, é importante perceber que o afastamento foi possível somente porque, de alguma maneira, a filosofia estava próxima da poesia. Cabe notar ainda que, na Grécia, antes do tempo de Platão, em meados do século V a.C., ela era bem diferente do tipo de poesia feita atualmente. Considere, para começar, que normalmente era cantada em público e com acompanhamento musical, seja em praças ou em teatros, normalmente em ocasiões festivas de ordem religiosa; além disso, tinha forte conotação pedagógica. Somente mais tarde ela passou

---

* Sobre o surgimento da filosofia na Grécia, ver o capítulo 7, seção "As origens da filosofia", do livro de Vernant *Mito e pensamento entre os gregos* (1990, p. 475-486).

** De acordo com Vernant, no capítulo VII do livro *As origens do pensamento grego*, poderíamos dizer que: "É no princípio do século VI, na Mileto jônica, que homens como Tales, Anaximandro, Anaxímenes inauguraram um novo modo de reflexão concernente à natureza que toma por objeto de uma investigação sistemática e desinteressada, de uma *história*, da qual apresenta um quadro de conjunto, uma *theoria* [...] nada de agentes sobrenaturais cujas aventuras, lutas, façanhas formavam a trama de mitos de gênese que narravam o aparecimento do mundo e a instituição da ordem" (Vernant, 2002, p. 109, grifos do original).

a ser escrita, portanto a oralidade era seu aspecto mais característico. Sobre a poesia antiga, e de acordo com Vernant, em seu livro *Mito e religião na Grécia antiga*:

> *Ouve-se o canto dos poetas, apoiado pela música de um instrumento, já não em particular, num quadro íntimo, mas em público, durante os banquetes, as festas oficiais, os grandes concursos e os jogos. A atividade literária, que prolonga e modifica, pelo recurso à escrita, uma tradição antiquíssima de poesia oral, ocupa um lugar central na vida social e espiritual da Grécia. Não se trata, para os ouvintes, de um luxo reservado a uma elite erudita, mas de uma verdadeira instituição que serve de memória social, de conservação e comunicação do saber, cujo papel é decisivo.*
> (Vernant, 2006, p. 15-16)

Como esse trecho deixa claro, a importância do poeta-cantor (aedo), entre os gregos, não pode ser subestimada. Ele representava uma figura importante tanto em âmbito religioso quanto na esfera social. O poeta não se ligava apenas a momentos de entretenimento e diversão, mas também e principalmente à transmissão e ao armazenamento de conhecimento. Vernant continua sua descrição da poesia apontando que "sob esse aspecto, Homero e Hesíodo exerceram um papel privilegiado. Suas narrativas sobre os seres divinos adquiriram um valor quase canônico; funcionaram como modelos de referência para os autores que vieram depois, assim como para o público que os ouviu ou leu." (Vernant, 2006, p. 16). Teremos a oportunidade, no decorrer desta obra, de falar desses dois grandes poetas, mas, por agora, nos cabe deixar anotada a função que a poesia tinha de transmissão de valores arraigados em uma sociedade, como a sua história e cultura. Se for assim, uma pergunta precisa ser respondida: por que aproximar mito e literatura (poesia)? Em outros termos, essa poesia oral seria domínio religioso ou literário?

Podemos dizer, sem responder objetivamente à pergunta, que em relação à **poesia mitológica** havia complementaridade entre religião e literatura. Essa hipótese pode ser apoiada por dois motivos principais. O primeiro se liga ao fato de que a figura do poeta e a poesia, ela mesma, eram carregados de um aspecto religioso; com base nela se cantavam temas diretamente relacionados às crenças dos gregos sobre os deuses e o reino do além. O segundo, pelo fato de a mitologia greco-latina que chegou até nós ter, sobretudo, forma literária. O literário e o religioso, portanto, estão imbricados, e essa aproximação pode ser problematizada, pois é de se suspeitar que os mitos que nos chegaram sob a forma de poemas ou fábulas tenham sido adaptados por escritores antigos para atender a necessidades estéticas ou mesmo para explorar sua inventividade estilística.

Nesse processo de apropriação artística – caso tenha realmente acontecido–, o poema se afastaria do solo originário no qual o discurso mitológico religioso se localizava. Nós só poderíamos retraçar o mito por meio do estudo de cultos e cerimoniais religiosos antigos*. Ainda assim, parece estrategicamente proveitoso, levando em conta nossos propósitos, falarmos de literatura acompanhada pelo mito, ao menos quando estivermos tratando dos antigos, pois ambos, mito e poesia, correspondem a um registro simbólico que – se não é o mesmo – é muito próximo um do outro. Os mitos, poderíamos dizer, buscam dar sentido à vida, às estruturas sociais e ao comportamento das pessoas, decodificando os perigos e oportunidades que as cercam. É possível que manifestem os registros mais antigos do código cultural de uma civilização, pois explicitam dados essenciais sobre os homens, como sua

---

* Sobre esse ponto, são esclarecedores os comentários feitos por Vernant no livro *Mito e religião na Grécia antiga*, especificamente no subcapítulo "Uma visão monoteísta" (2006, p. 20-24).

origem, o porquê de estarem inseridos em determinada situação, enfim, os mitos tentam preencher de sentido as lacunas que nossa existência nos impõe.

Vale dizer que não é nossa pretensão fazer um estudo detalhado dos mitos e de suas origens, como um mitólogo faria*, mas apontar como a filosofia pode ser entendida como discurso que se afasta do campo mitológico e pretende conseguir o que este não poderia. Teremos a oportunidade de esclarecer esse ponto mais à frente. Também não será nossa preocupação principal fazer um estudo erudito para discutir possíveis variantes dos poemas que analisaremos ou eventuais problemas de tradução, mesmo que esses sejam temas importantes.

---

* Nos estudos sobre mitologia, podemos, por exemplo, apontar vertentes como o estruturalismo e o funcionalismo. Sem maiores detalhes, os estruturalistas abordam o mito como uma narrativa que expressa verdades fundamentais para certo povo, orientada por dicotomias (bem *versus* mal; certo *versus* errado; estimulado *versus* censurável etc.). Para o estruturalista, não é tão importante o tempo em que o mito foi criado quanto o modo como os elementos da narrativa formam um sistema binário, com dois elementos que se contrapõem. Já os funcionalistas acreditam que o mito serve, antes de tudo, para legitimar práticas aceitas e estimuladas em certo povo, além de censurar comportamentos considerados perniciosos. O mito, desse modo, teria função diferente do mero entretenimento – por exemplo, a de legitimar práticas sociais.

1.1
Anterioridade da poesia: Homero

É *possível* citar como comprovação da anterioridade da poesia em relação à filosofia os poemas épicos* atribuídos a Homero**, a *Ilíada* e a *Odisseia*, cuja importância se faz notar até os dias de hoje. De acordo com Adorno e Horkheimer (1985, p. 48), a *Odisseia* representaria o "texto fundamental da civilização europeia". Para Alfredo Garcia Roza (2014, p. 614), em seu posfácio a uma das traduções portuguesas da *Odisseia*, estaríamos falando do "maior poema épico da literatura ocidental". Já de acordo com Gagnebin (2006, p. 26), é o "primeiro poema de nossa tradição literária". Hamilton (1983, p. 13), por sua vez, ressalta não só a importância estética do poema como também sua antiguidade: "A primeira fonte escrita da Grécia é a *Ilíada*". Carlos Alberto Nunes (2011, p. 15), tradutor da *Odisseia*, diz mais em sua introdução: "Homero criou a Grécia histórica, tendo sido então de influência tão profunda e duradoura como a Bíblia, Dante e Shakespeare, em fases subsequentes da cultura ocidental". Assinalada a importância da obra, vejamos agora, em linhas gerais, de que tratam os versos homéricos.

---

*   **Poesia épica** ou **epopeia**, apesar de ter adquirido diferentes sentidos, tem características que permitem sua inclusão como gênero literário específico. No caso da Grécia arcaica, o poema épico se distinguia pela métrica que coordenava seu ritmo, a dos hexâmetros datílicos. Podemos dizer, em linhas gerais, que a epopeia é uma narrativa poética longa, comumente relacionada a temas importantes (graves), contendo relatos de ações heroicas e altamente significativas para determinado povo ou nação. Nesse tipo de narrativa, vemos misturadas história e lenda. Vale dizer que Aristóteles definiu as regras da epopeia com base no poema de Homero.

** Pouco se sabe sobre Homero. Há quem duvide que tenha sido ele o autor dos poemas citados aqui. O historiador Heródoto, de todo modo, estima que ele tenha vivido 400 anos antes do próprio Heródoto, o que o localizaria por volta de 850 a.C.

A *Ilíada* conta os momentos finais da Guerra de Troia, que teria sido travada em um período remoto da história dos povos gregos. Vale a pena prestar atenção na data: mais de mil anos antes de Cristo. Fica difícil elaborar uma imagem adequada de algo que se passou há tanto tempo. O poema trata da ira de Aquiles, herói grego participante do conflito entre a rica cidade de Troia e uma aliança de povos gregos, liderados por Agamenon, herói lendário cuja real existência já foi questionada pela historiografia.

A causa da guerra remonta a um desentendimento entre três deusas. Na mitologia grega, devemos ter em mente que os deuses poderiam ser responsáveis por intervenções diretas nos afazeres dos mortais, como veremos adiante. É claro que, em uma perspectiva política e menos mitológica, alguém poderia recusar essa causa divina do conflito, defendendo que seria preciso levar em conta, para saber o real motivo da disputa, que Troia era uma rota de comércio importante e o domínio da região poderia ter sido e de fato foi fundamental para o crescimento da riqueza de parte dos gregos. Deixemos, no entanto, essa perspectiva em suspenso para nos limitar ao que diz a tradição mitológica.

Éris, deusa da discórdia, filha de Nyx (a noite), por motivos óbvios, não era muito convidada pelos outros deuses a desfrutar de banquetes e festas. Certa vez, enfurecida por não ter sido chamada para um casamento, resolveu se vingar. Ela então se infiltrou na festa cuja participação lhe havia sido recusada e deixou uma maçã dourada, na qual estava escrito unicamente *kallistei*, que significa "para a mais bela".

Uma vez descoberta a maçã, todas as deusas se candidataram como legítimas merecedoras do presente, porém, a disputa ficou entre três delas: Hera, esposa e irmã de Zeus; Atena, que brotou da cabeça do pai, já adulta e vestida com sua armadura; e, por fim, Afrodite, deusa do amor e da beleza. Chamado para que decidisse quem, de fato, era a mais bela dentre as três, Zeus, o mais poderoso rei do Olimpo, sabiamente preferiu não se arriscar e deixou a cargo de um mortal decidir a contenda. Páris, jovem príncipe de Troia, escolheu Afrodite, pois ela lhe ofereceu como recompensa o amor da mortal mais bonita da Terra. Essa mortal era Helena, mulher de Menelau, rei de Esparta. Quando Páris visitou o rei Menelau e saiu de Esparta levando consigo sua esposa, foi deflagrada a série de enfrentamentos que durariam dez anos e perfizeram o famoso cerco a Troia.

A trama do poema é muito bem construída – diversas aventuras entram em cena juntamente ao desenvolvimento dos versos; cenas grandiosas são narradas; desfechos violentos são descritos; mancomunações de deuses para alterar o resultado da batalha são mostradas; e grandes feitos de importantes heróis gregos são belamente cantados. Merece nossa atenção a presença dos deuses em suas múltiplas formas. Conchavos, enganos e dádivas ofertadas aos homens são estratégias usadas pelas potestades (seres divinos) para conseguir o que desejam. Os deuses são pintados como figuras passionais e volúveis, com personalidades próximas a das pessoas, mas com poder muito superior – dado que será importante quando falarmos da crítica de Platão aos poetas.

O desfecho da *Ilíada* se dá com a morte do maior herói de Troia, irmão de Páris, o guerreiro Heitor. Se Homero não o fez, houve quem narrou a continuação da história, mostrando como os gregos obtiveram a vitória usando certa armadilha de madeira, sobre a qual você já deve ter ouvido falar, o famoso cavalo de Troia.

Já a *Odisseia* funciona como uma espécie de sequência da parte anterior, história que alia brilhantemente epopeia e mito e narra a história de Odisseu, participante e herói da Guerra de Troia. Ele mesmo, em dado momento do poema, fazendo as vezes de poeta, conta as muitas aventuras que teve de enfrentar de modo a poder voltar para Ítaca, cidade onde era rei. Vários personagens mitológicos são descritos na história, pois se colocaram diante do protagonista, impedindo-o em alguma medida de voltar ao seu lar. As dificuldades se amontoam em seu caminho, cada uma mais difícil de ser superada do que a anterior. A *Odisseia*, de fato, é um poema que trata da insistência de Odisseu em manter-se no curso correto, em outras palavras, no caminho de casa. Com extrema inventividade, aliando o belo, o mitológico e o exótico, Homero nos faz conhecer a história do retorno de um valoroso guerreiro, mas também muito astuto, que não deixa de se valer do discurso para enganar, criar alianças e obter o que deseja. Vejamos alguns trechos do poema, até mesmo porque, sem lê-lo, nossa experiência estética não seria a mesma.

No caminho de volta, uma vez encerrada a Guerra de Troia, a frota de Odisseu passa pela ilha dos lotófagos, homens comedores de lótus, planta alucinógena que causava amnésia em quem se alimentasse dela. Aqueles dentre sua tripulação que ingeriram da planta perderam a vontade de sair da ilha, para ficar sempre se alimentando de tão doce alimento. Eis o que diz Odisseu, no Canto IX do poema:

os lotófagos[*] não armaram o fim dos companheiros
nossos, mas deram-lhes lótus como alimento.
Todo aquele que comesse o fruto meloso do lótus
não desejava servir de mensageiro nem retornar,
mas preferia lá mesmo, com os varões lotófagos,
comendo lótus, permanecer e esquecer o retorno.

---

*   Os lotófagos, na mitologia grega, faziam parte de certo povoado que habitava uma ilha no nordeste da África.

> *A eles, que choravam, conduzi às naus[*], à força,*
> *e, nas cavas naus, empurrando-os sob os bancos, prendi;*
> *e aos outros ordenei, leais companheiros,*
> *que sem demora embarcassem nas rápidas naus*
> *para ninguém do lótus comer e do retorno esquecer.* (Homero, 2014, p. 284)

Os lotófagos representam um grande perigo para o viajante, talvez o mais eminente. Pela passagem anterior, podemos perceber que não se trata de algo violento e assustadoramente terrível, pois maior perigo para aquele que tenta voltar para casa talvez seja o esquecimento ou – se quisermos – o despertencimento da pessoa em relação às coisas que ama e quer bem; de fato, os lotófagos não representam ameaça direta à vida de ninguém, suas armas não são afiadas e de longo alcance. O prejuízo que eles causam é justamente a perda de memória. E para quem está tentando regressar para seu lar, esse é um perigo a se levar em conta.

A próxima aventura de Odisseu é protagonizada por Polifemo, gigante de um só olho. Ainda que o herói consiga, por via do discurso e de artimanhas, cegar o ciclope – filho de Poseidon que mantinha Odisseu e parte de seus homens cativos em uma caverna; ele acaba dizendo, inadvertidamente, antes de ir embora, seu nome para o ciclope, que dessa maneira pôde clamar por vingança ao seu pai, deus dos mares. O episódio do encontro com o ciclope foi muito interpretado como quadro que explicita importantes aspectos da sociedade arcaica grega. Temos, nesse episódio, a personificação do que temiam os viajantes gregos quando saíam desbravando os mares. O que eles poderiam temer? Pessoas (ou seres monstruosos) que não tivessem qualquer regra

---

* Navios de vela.

de justiça, não temessem os deuses e não respeitassem os estrangeiros. Vejamos mais um trecho da *Odisseia*:

> *De lá navegamos para diante, atormentados no coração.*
> *E à terra dos cíclopes, soberbos, desregrados,*
> *chegamos, eles que, confiantes nos deuses imortais,*
> *não plantam árvores com as mãos nem aram,*
> *mas, sem semear nem arar, isso tudo germina,*
> *trigo, cevada e videiras, que produzem*
> *vinhos de grandes uvas que a chuva de Zeus lhes fomenta.*
> *Eles não têm assembleias decisórias nem normas,*
> *mas habitam os cumes de morros elevados, e não cuidam uns dos outros.*
> *em cavas grutas, e cada um impõe normas*
> *sobre filhos e mulheres, e não cuidam uns dos outros.* (Homero, 2014, p. 284-285)

O episódio do ciclope parece pintar o contraposto do que um viajante grego esperava encontrar em uma civilização amigável. Os ciclopes, na verdade, não apresentavam sinais de um povo civilizado. Com base nesse trecho, podemos concluir que, por exemplo, não conheciam os princípios de agricultura, não tinham assembleias para decidir os pontos importantes da administração de uma cidade e, pior, nem leis para estabelecer regras de comportamento entre eles. Podemos ver, pela negativa, por meio do ambiente em que o ciclope vivia, o que prezavam os gregos em uma civilização sofisticada: agricultura, divisão de poderes sociais – representada por assembleias – e também tecnologia, que permitia viagens marítimas (os ciclopes não tinham navios). Somos informados do que os ciclopes desconheciam, contra a expectativa do protagonista, notamos tudo aquilo que perfazia uma cidade civilizada, mas não eram apenas esses os problemas do ciclope, pois talvez o ponto mais problemático no modo como ele se relacionava era a ignorância do conceito de *xenia*, ou hospitalidade, que se manifesta no bom tratamento dado aos estrangeiros; além disso, Polifemo não temia os deuses nem os agraciava com oferendas. Ele deixou seus visitantes cativos, além de ter se alimentado de alguns deles, como uma fera esfomeada o faria.

Odisseu, cheio de artifícios como era, grande representante do pensamento racional que se adapta e soluciona dificuldades, faz frente a Polifemo com um plano ardiloso bem executado, terminando por cegá-lo depois de embriagá-lo com um bom vinho adoça-juízo. Após se livrarem do gigante de um só olho, Odisseu e parte de sua tripulação são colocados fora da rota, pois Poseidon, senhor dos mares e pai de Polifemo, lança sobre eles sua ira depois de seu filho relatar o ocorrido. Dessa maneira, é iniciada uma série de contratempos que terminarão apenas dez anos depois, com Odisseu sozinho, uma vez que todos os seus companheiros foram mortos.

Antes de retornar para sua cidade, o protagonista tem ainda de passar por lestrigões, gigantes comedores de carne humana que destroem todos os barcos da frota de Odisseu, exceto o dele; pela ilha da feiticeira Circe, que acaba transformando vários de seus companheiros em porcos; e por sereias cujo canto poderia inebriar qualquer homem – o herói coloca cera nos ouvidos de seus homens e se amarra ao mastro do navio para escutá-las sem se atirar ao mar, o que teria selado negativamente seu destino. Outros perigos se colocam diante do protagonista do poema, como Cila, um terrível monstro marinho; Caríbdis, um poderoso turbilhão de água; além de Calipso, uma ninfa imortal que se apaixona por Odisseu e tenta, sem sucesso, seduzi-lo. Eis parte substancial da história dos poemas homéricos.

É consenso entre os pesquisadores da área que o poema de Homero é anterior a qualquer dos filósofos pré-socráticos, pois representa um dos mais antigos exemplos da literatura ocidental, como já tivemos oportunidade de falar. É considerada uma obra-prima inestimável, normalmente datada do remoto século VIII a.C.

Hesíodo, outro importante poeta grego sobre o qual teremos a chance de falar, provavelmente é de um período um pouco posterior ao de Homero. Não devemos considerar, contudo, que os dois tenham sido os primeiros a fazer poemas. É mais do que provável que tenha existido poesia e poetas cantores (aedos) antes deles, pois, como bem aponta Duruy (1968), uma literatura, como conjunto de textos expressando traços fundamentais da cultura de um povo, não se inicia já no ápice, ou seja, com uma obra-prima como a *Ilíada* e a *Odisseia*.

Ponto importante para nós é o fato de que Homero é o aedo de uma época remota, o século VIII a.C., na qual a ideia de autoria ainda não tinha sido estipulada como entendemos contemporaneamente. Com isso, queremos dizer que o aedo se dizia, normalmente, inspirado pelas musas, filhas de Zeus com a deusa da memória. Ele não era, portanto, o autor, mas uma espécie de mestre da verdade, o porta-voz de uma entidade divina. Muito sintomática é a abertura da *Odisseia*: "Canta, ó Musa, o varão que astucioso, Rasa Ílion santa, errou de clima em clima, Viu de muitas nações costumes vários" (Homero, 2009). Homero, na posição de mero veículo, pede que a Musa – por meio dele – cante (opção mais adequada do que "narrar") a história de Odisseu. Voltaremos a esse ponto adiante em nosso texto.

Prova inquestionável da qualidade do poema homérico é que seus versos nos maravilham até hoje. Além da beleza que guardam em si, os versos homéricos se mostram importantes porque são frequentemente retomados pela filosofia. Vejamos alguns exemplos.

1.2
Reatualizações de Homero pela filosofia

Jean-Jacques Rousseau, *filósofo* genebrino sobre o qual teremos oportunidade de falar mais detidamente, quando escreve o *Ensaio sobre a origem das línguas*, dedica o sexto capítulo, "Se é provável que Homero tenha sabido escrever" (2008c, p. 117), para falar de Homero. Lá, ele discute, como o título deixa claro, se o poeta poderia ter sabido ler e escrever ou se, pelo contrário, em sua época, o alfabeto ainda não tinha sido difundido. Como vimos, a poesia era preferencialmente oral; isso se deve à ausência de um alfabeto consolidado. Rousseau conclui, em tom crítico, sobre os europeus: "Homero cantava; e seus cantos divinos somente cessaram de ser ouvidos com encantamento quando a Europa se cobriu de bárbaros que se puseram a julgar o que não podiam sentir" (2008c, p. 118).

Voltaire, outro autor do século XVIII, também fala de Homero, apontando a antiguidade dos poemas homéricos e a importância do escritor grego como motivador do pensamento filosófico. Temos de notar, contudo, que sua abordagem é diferente da nossa, isto é, Voltaire relativiza a importância dos mitos, considerando-os atrasados e rústicos, artifícios de um povo que ainda se civilizava e desconhecia a ciência em toda sua complexidade. No entanto, desde Homero, segundo o filósofo, vemos o germe do pensamento filosófico aparecer, aliado à concepção de destino. Lemos, no *Dicionário filosófico*, o verbete *destino*:

> *De todos os livros que chegaram até nós o mais antigo é o de Homero; é nele que encontramos os costumes da antiguidade profana, heróis rudes, deuses broncos feitos*

à imagem do homem; mas é nele também que encontramos as sementes da Filosofia e especialmente a ideia de destino, que é senhor dos deuses, como os deuses são senhores do mundo. (Voltaire, 2008, p. 205)

No mesmo *Dicionário filosófico* podemos acompanhar várias outras referências a Homero, como no verbete *cadeia dos acontecimentos* (Voltaire, 2008, p. 123), em que o filósofo fala novamente sobre o tema do destino, dizendo como essa concepção já estava presente em Homero. O ponto é que todos seriam submetidos por ele, inclusive o próprio Zeus (Júpiter, em latim). No verbete *fábula*, temos uma referência a Hesíodo, apontando algo sobre o qual ainda vamos tratar. No poema hesiódico, podemos presenciar certa pretensão totalizante, isto é, a tentativa de explicar as coisas que nos cercam: "A antiga fábula de Vênus, tal como é relatada por Hesíodo, não é uma alegoria da natureza inteira?" (Voltaire, 2008, p. 256). Na Seção II, no verbete *Deus, deuses*, encontramos ainda outra referência a Homero e a Hesíodo. Voltaire aponta, não sem preconceito, o caráter, para ele ridículo, de algumas descrições que Homero fazia dos deuses perante uma exigência racional mais forte. Trata-se de um movimento de crítica, podemos antecipar, bem afastado de Platão, pois Voltaire abordava os poemas do ponto de vista antropológico. Homero, então, seria um homem que se deixou levar pela imaginação e pelo devaneio pueril, já que sua razão ainda não lhe ditava orientações seguras: "Os homens tiveram a fraqueza de conferir a Deus uma figura humana, porque nada tinham visto acima do homem; mas é ridículo imaginar, com Homero, que Júpiter (Zeus) ou a suprema divindade tenha as sobrancelhas negras e os cabelos de ouro, e que não se pode sacudi-los sem abalar o céu" (Voltaire, 2008, p. 210).

Já Auerbach em seu livro *Mímeses: a representação da realidade na literatura ocidental*, de crítica literária, produção indispensável para quem, como nós, desbrava pelas possibilidades de relação entre literatura e filosofia, realiza no primeiro capítulo uma rica análise comparativa entre cenas da *Odisseia* e algumas passagens da Bíblia, contidas no Velho Testamento. Na comparação entre os estilos dos dois livros, presente logo no início da obra, no ensaio "A cicatriz de Ulisses"* (1971), Auerbach chama atenção para o relato de como o mundo (ou a representação literária da realidade) foi representado nesses dois documentos de nossa cultura. O autor não deixa de assinalar, ponto de curiosidade para nós – mas que confirma o que dissemos sobre a atualidade dos poemas –, que a obra homérica foi tema de correspondência entre dois grandes pensadores, Goethe e Schiller (1971, p. 3).

Adorno e Horkheimer (1985) propõem, por sua vez, uma interpretação interessante, ligada diretamente à tese por eles defendida em seu livro, de dois episódios da *Odisseia* sobre os quais já falamos brevemente: a fuga de Odisseu da caverna do ciclope Polifemo, no Canto IX, e a passagem em que o herói e sua tripulação navegam próximos das sereias cujo canto era sedutor e mortal, já no Canto XII do poema. Ali veríamos, segundo os autores, de uma maneira alegórica, o embate entre dominação, mito e trabalho. A dominação ficaria a cargo de Odisseu, que por um ardil da razão consegue passar pelas sereias e ainda ouvir seu canto; o mito, naturalmente, é representado pelas próprias sereias que são, em verdade, uma espécie de potência desconhecida e ameaçadora; por fim, o trabalho é relacionado aos remadores do barco, que representam a força manual. Eles, que não podem escutar o canto das sereias, pois seus ouvidos foram tapados com cera, deveriam simplesmente trabalhar em seu ofício, nada mais. Fica reservado a Odisseu ouvir o canto mágico sem, no entanto,

---

*   Odisseu também pode ser chamado de Ulisses, versão latina do nome.

perder a vida. A tese é: fruição artística e trabalho manual teriam sido separados um do outro desde o poema homérico.

Desde Homero e a *Odisseia*, segundo Adorno e Horkheimer (1985), teríamos em marcha o processo de esclarecimento em que vemos, gradativamente, a razão aparecer como dominadora em vez de ser um instrumento que nos forneceria autonomia. As aproximações que os dois autores sugerem entre o personagem Odisseu e o burguês, é verdade, nos parecem pouco exatas; no entanto, não cabe apontar agora os pontos de apoio da interpretação deles, cujo mérito é inegável, mas simplesmente mostrar a atualidade do poema homérico que ainda vem sendo discutido e interpretado pela filosofia.

Gagnebin (2006), em seu livro composto por ensaios chamado *Lembrar, escrever, esquecer*, problematiza a interpretação de Adorno e Horkheimer por um ponto de vista etimológico, ou seja, teria havido equívoco por parte desses autores em relação a um importante termo grego que baliza a interpretação deles. É o que Gagnebin diz no ensaio "Homero e a dialética do esclarecimento" (2006, p. 29). Vale dizer que, em outro ensaio presente no livro citado (2006, p. 13), a autora oferece uma interpretação muito perspicaz de **cultura** com base na leitura da *Odisseia*, analisando de maneira notável o episódio do ciclope presente no poema homérico, brevemente descrito aqui. Essas interpretações e os que ainda leem os poemas homéricos são, em grande parte, o que mantém a obra viva depois de longos três mil anos.

1.3
Poesia e mito: Hesíodo e a Teogonia

Ponto importante para nós, como já foi mencionado, é o fato de que a poesia, além de ser anterior à filosofia, estava vinculada, na Grécia arcaica*, a um discurso de ordem religiosa e mitológica, ainda que apresente uma sofisticação que não se encontra nos mitos de outros povos. Note que a poesia nessa época era identificada muitas vezes como um hino, normalmente cantado em homenagem aos deuses. A métrica do poema se ligava à ocasião em que era cantado e se diferenciava caso fosse louvor a algum deus, elogio a um falecido ou uma sátira. Homero, como vimos, canta na *Ilíada*, em versos característicos de epopeia, as grandes ações que tomaram lugar na Guerra de Troia e, com refinado estilo narrativo, constrói imagens sobre o passado longínquo dos gregos e sobre o jogo de paixões que acometeria tanto homens quanto deuses, moradores do Monte Olimpo. O objetivo principal talvez seja agradar o público e as cenas dramáticas são construídas para comover e deleitar a audiência. São os pontos de ação e clímax, de fato, que tornam a aventura saborosa mesmo para o gosto moderno.

A poesia de Hesíodo apresenta a mesma métrica homérica, adequada ao poema épico, mas tem um estilo bem distinto daquele, estando ligada a uma finalidade predominantemente instrutiva, pois, segundo nos parece, pretende mais do que agradar, instruir. É quase como um manual de mitologia, apresentando origens e linhagens de deuses e seres primordiais. Sua leitura, por esse motivo, é muito mais árida para

---

* A história da Grécia antiga se divide em algumas partes. O período arcaico, por exemplo, situa-se entre 800 a.C. e 480 a.C. Ele é posterior ao período convencionalmente chamado de *Idade das Trevas* e antecede à época clássica grega. A Grécia arcaica viu o aparecimento das primeiras *polis*, o aumento de colônias pelo Mediterrâneo e na costa do Mar Negro, assim como a valorização do teatro e da poesia escrita.

o leitor contemporâneo, dada a quantidade de nomes – por vezes em forma de catálogo e listas – e as várias referências que pontuam a obra.

Nascido na cidade de Ascra, na Beócia, Hesíodo viveu por volta do fim do século VIII a.c., início do século VII a.c., e é, ao lado de Homero, outro grande poeta da Grécia arcaica; mais do que isso, um exemplo importante para nossos propósitos. De seus escritos, dois deles chegaram até nós, resistindo ao longo tempo que nos separa de sua produção. Estamos falando de *O trabalho e os dias* e *Teogonia*. Ao que tudo indica, Hesíodo era agricultor, assim como boa parte dos helenos (gregos) daquela época. Ele é de um período que antecede o desenvolvimento de três instituições importantes para a sociedade ocidental tal como a conhecemos – o alfabeto, a moeda e a *polis* (cidade-Estado grega)*.

A leitura de Hesíodo e Homero permite-nos compreender e sintetizar a tradição mitológica grega, pois em suas obras eles agruparam muito das histórias em torno dos deuses e da existência dos homens que se ouviam naquela época. Como diz Malcolm Day, no livro *100 personnages clés de la Mythologie*, Hesíodo teria "colocado em ordem as histórias mitológicas existentes. Os mil versos de sua *Teogonia* constituíram a primeira tentativa para estabelecer uma genealogia que vai dos primeiros deuses aos heróis lendários" (Day, 2008, p. 5). A poesia mítica busca encontrar o sentido do mundo e a motivação da vivência humana. Qual o lugar dos homens, como tudo se formou? Se Homero nos fala de uma aventura humana em que o herói faz frente a obstáculos naturais e sobrenaturais,

---

* Sobre a *polis* grega, como estrutura política que abrigava um ambiente de debates públicos, é interessante a leitura do capítulo IV, "O universo espiritual da polis", do clássico estudo de Vernant, *As origens do pensamento grego* (2002, p. 53-72). Sobre algumas das implicações sociais da implantação da moeda, recomendamos ver o capítulo VI, "A organização do cosmos humano", da mesma obra (2002, p. 100-101), e no livro do mesmo autor *Mito e pensamento entre os gregos*, o capítulo 7, "Do mito à razão" (1990, p. 460-470).

Hesíodo, de outro modo, nos ensina como surgiram os deuses e todas as coisas da natureza, em um tipo de discurso que não se isenta de usar como recurso explicativo elementos fantásticos, de ordem mágica. Como diz Edith Hamilton, grande estudiosa da mitologia:

> Se Hesíodo é realmente o seu autor [da Teogonia], então podemos afirmar que esse camponês humilde, vivendo numa quinta solitária, longe da cidade, foi o primeiro homem na Grécia que ponderou sobre o modo como tudo aconteceu, o Mundo, o Céu, os deuses, a humanidade, e foi também o primeiro que tentou elaborar uma explicação adequada. Homero nunca se debruçou sobre tal problema. (Hamilton, 1983, p. 23)

É importante notar que a pretensão totalizante de dar conta de como os elementos da natureza se originaram será depois partilhada pela filosofia. No **poema genealógico** *Teogonia*, que significa "geração dos deuses"[*], composto por 1.022 versos hexâmetros datílicos[**], podemos ver claramente o que a aproximação da poesia com o mito representa. O termo *genealógico* se refere ao levantamento feito pelo poeta em que se detalha a árvore genealógica dos deuses, além de explicitar como teria se dado sua criação. Devemos ter em mente que, para os gregos, os deuses do Olimpo não existiam desde sempre; a tradição falava de entidades mais antigas do que eles, potências primitivas que no início dos tempos governavam o mundo. Além disso, os deuses não sabiam de todas as coisas, não eram oniscientes. Eles erravam e, por vezes, eram punidos,

---

[*] Para esclarecimento sobre o significado da palavra *teogonia*, ver a nota da página 28 deste capítulo.

[**] Os poemas são orientados por um ritmo que se manifesta em sua métrica. Os **versos hexâmetros** ou o **metro hexâmetro** é aquele dividido em dezesseis sílabas, sendo um dos mais antigos metros poéticos conhecidos, bem apropriados para temas graves, ou seja, pouco satíricos, pois relativamente extensos, o que ajuda a dar certo ar solene. Nas poesias épicas, o hexâmetro datílico era a métrica mais usada.

podiam se enraivecer por inveja ou ajudar por clemência. Eram muito semelhantes aos seres humanos; no entanto, eram imortais e dotados de poder extraordinário.

O objetivo dos versos hesiódicos é apresentar a genealogia de tudo o que existe: a formação do mar, do céu, da noite e do amor, por exemplo. Você já se perguntou algo assim? Pois é isso que Hesíodo pretende esclarecer e tal projeto conta com a ajuda, vale acrescentar, de seres divinos, as musas. São elas que lhe inspiraram o canto de maneira a relatar informações essenciais, de um tempo longínquo, e que respondem às inquietações mais profundas:

> *Elas um dia a Hesíodo ensinaram belo canto*
> *quando pastoreava ovelhas ao pé do Hélicon divino.*
> *Esta palavra primeiro disseram-me as Deusas*
> *Musas olimpíades, virgens de Zeus porta-égide:*
> *"Pastores agrestes, vis infâmias e só ventres,*
> *sabemos muitas mentiras dizer símeis aos fatos*
> *e sabemos, se queremos, dar a ouvir revelações".*
> *Assim falaram as virgens do grande Zeus verídicas,*
> *por cetro deram-me um ramo, a um loureiro viçoso*
> *colhendo-o admirável, e inspiraram-me um canto*
> *divino para que eu glorie o futuro e o passado, [...].* (Hesíodo, 2014, p. 103)

No caso de Hesíodo, é emblemático o modo como ele articula o início do poema, de maneira a deixar claro que ele teria ganhado a capacidade de cantar poeticamente por um dom oferecido pelas musas, sobre quem já falamos. Trata-se das nove filhas de Zeus com a deusa da memória, Mnemosine. Elas representam a poesia épica, a tragédia, a história, a dança e a comédia, para citar alguns exemplos. São divindades criadas para cantar as vitórias de Zeus sobre o jugo dos titãs. Considere, por um momento, a probabilidade de que as musas representem os primeiros poetas cuja memória se perdeu no tempo. Hesíodo, eis o que nos importa notar, não se considera autor do que vai cantar, mas porta-voz das musas. Ele obteve a capacidade, como diz o final da citação, de saber o futuro e o passado.

A narrativa vincula-se, como vimos, a uma inspiração. O agricultor "só ventre", "pastor agreste", ou seja, cuja ocupação envolve principalmente conseguir o que comer, e que além disso apresenta pouco refinamento em seus modos, aprendeu das musas a história do começo do mundo e a genealogia dos deuses. É isso o que significa chamar a *Teogonia* um poema genealógico.

No começo, antes mesmo de qualquer criação, quando nenhuma lei ou divindade regia o universo, existia o caos (força originária representada pelo vácuo ou o vazio primordial). Ele é a primeira entidade a ter estatuto ontológico, a existir, mesmo não tendo personalidade ou forma definida. Como você pode notar, o caos existia antes* dos deuses; isso significa que não foram os seres divinos que criaram o universo. Do caos, nasceram por divisões, ou seja, ainda sem relação sexual de qualquer

---

* Temos de atentar que o tempo, segundo a perspectiva do poema, não é o mesmo que para nós. Dizer que o caos veio **antes** não tem, no poema, implicação propriamente cronológica, mas sim ôntica, e se liga à prioridade de existência. Não existiria, nesse contexto, um tempo absoluto, no qual vão se inserindo os acontecimentos. Para saber mais sobre o assunto, leia a análise feita por Jaa Torrano sobre o tema, da qual citamos uma parte, simplesmente para problematizar nossas convicções, com as quais muitas vezes confrontamos o texto: "O tempo como pura extensão e quantificabilidade é uma representação elaborada por nossa cultura moderna e exclusivamente nossa, não há isso em Hesíodo nem ela é comum a outras civilizações. É difícil para nós sequer pensar essa concepção de tempo como mero traço cultural, pois o histórico sem dúvida representa para nós modernos uma realidade última que não só é o objeto constitutivo das Ciências Históricas como ainda confere inteligibilidade a nossas vidas [...]" (Hesíodo, 2014, p. 81).

espécie, deuses que são chamados de *primordiais*: Eros, o amor na forma de desejo, podendo ser violento; Gaia, a personificação da Terra; Érebo, personificação das trevas; e Nyx, que representa a noite. De Gaia nasce Urano, o céu. Urano faz chover sobre sua mãe águas férteis responsáveis pelo aparecimento de flores, animais e outras criaturas da natureza. Atente-se para o fato de que elementos naturais, como o céu acima de nós e o movimento da Terra que possibilita a noite e o dia, no discurso poético mitológico, são tidos como entidades vivas que se relacionam entre si e tomam decisões orientadas pela vontade. Outro ponto digno de atenção é o caráter explicativo da descrição, que pretende dar conta de como tudo se originou.

O leitor do poema entrará ainda em contato com titãs, nascidos da união entre Gaia e seu filho Urano, que são entidades que antecedem os deuses do Olimpo, como é o caso do Oceano, um grande rio que, se acreditava, circundava o mundo, e Cronos, aquele que destronou Urano, seu pai, em um confronto violento que terminou com a castração deste último. Histórias de deuses que destronam outros de gerações mais antigas, relações sexuais e castrações também podem ser encontradas em mitos de origem dos sumérios, babilônios e hititas, para citar alguns exemplos. O mito hesiódico narra ainda o nascimento de Afrodite, que saiu da espuma formada pelo sangue misturado ao esperma de Urano: "Veio com a noite o grande céu [Urano], ao redor da Terra [Gaia] / desejando amor sobrepairou e estendeu-se / a tudo. De tocaia o filho [Cronos] alcançou com a mão / esquerda, com a destra pegou a prodigiosa foice / longa e dentada. E do pai o pênis / ceifou com ímpeto e lançou-o a esmo" (Hesíodo, 2004, p. 111).

Cronos – que, em conchavo com sua mãe, Gaia, tivera êxito em tomar o lugar de seu pai, Urano –, teve destino parecido, pois seu filho arrebatou a autoridade suprema do Olimpo. Como você desde já pode perceber, a história dos deuses envolve vários confrontos, alianças e enganos, fora o fato de que histórias como do pai que come os filhos ou do filho que arranca o pênis do pai são elementos que nos permitem uma leitura freudiana dos mitos, mas esse não é nosso objetivo.

Tentemos antes, ainda que seja somente uma postura que dificilmente será concretizada em sua intenção, colocar os autores tratados em seu solo de origem ou o mais próximo disso. O que essa atitude significa? É a tentativa de não projetarmos nossas concepções sobre os mitos, de modo a abafar as peculiaridades próprias a eles e seu modo de interpretar o mundo. É fácil para nós, leitores do século XXI, julgarmos os mitos antigos como meros ornamentos curiosos, de pessoas ingênuas que acreditavam em coisas absurdas. Não façamos isso. Até mesmo porque, em meio a cenas fantásticas, muitas vezes mágicas, que a mitologia grega nos apresenta, podemos perceber – eis o que mais nos interessa – uma abordagem à natureza sofisticada e de caráter totalizante-explicativo. Não é à toa que Heródoto, chamado de "o pai da história", disse: "Desde há muito que os Helenos [gregos] se destacaram em relação aos Bárbaros como sendo uma raça de espírito mais arguto e menos dado ao absurdo" (citado por Hamilton, 1983, p. 11). Pelo pouco que pudemos ver do poema, é possível perceber o detalhamento e a minúcia da explicação de Hesíodo.

Para os povos pré-históricos europeus, por exemplo, as intempéries da natureza eram algo que os ameaçava constantemente, pois não tinham todas as condições de se precaver de uma seca não prevista, do excesso de chuva ou do frio avassalador. Os fenômenos naturais, cuja causa era desconhecida para os primeiros homens, lhes pareciam dotados de poderes mágicos que poderiam ser benévolos ou terríveis. Essas forças incompreendidas, em muitos casos, eram apaziguadas (pelo menos se tentava isso) com sacrifícios humanos.

Encontramos, nos escritos de Homero e nos de Hesíodo, um tipo de mitologia mais sofisticado, detalhado, no qual as forças da natureza ganharam forma definida e sentido mais compreensível pela razão. Notemos, por um instante, o caso da chuva. Como ela se forma e de onde vem? Entre os gregos, ela era explicada pelo derramar de água caída de vasilhas sendo carregadas. Parece, à primeira vista, uma explicação bem absurda, no entanto, devemos prestar atenção para a série lógica que apoia essa explicação. Se você enche uma vasilha gigante de água e pede a crianças também gigantes para as transportarem e se elas começam a correr em vez de andar calmamente, é natural que derramem um pouco de água. Essa racionalização fantasiosa, se colocada nesses termos, acontece também com os deuses. Destrinchemos esse ponto, pois é ele que vincula a filosofia nascente à poesia mitológica.

Os deuses da Mesopotâmia ou do Egito, podemos facilmente notar, não são figuras humanas, mas seres muitas vezes enormes, em que se veem misturados traços humanos e animalescos, como é o caso da esfinge. Nada mais distante das representações gregas dos deuses, em que as figuras eram belas e de formas delicadas. As **divindades antropomórficas** seguiam uma lógica de comportamento, ainda que tortuosa, e tinham uma função específica; além disso, se estendem atrás delas uma genealogia que poderia ser contada, como o foi. O mundo dos deuses vai, sob a forma do mito grego, se descortinando. Eis o caráter totalizante-explicativo do mito hesiódico.

Ressaltemos a diferença de abordagem em relação à natureza, de acordo com Hamilton (1983), entre os gregos e outros povos que os antecederam. Para os homens primitivos que povoavam a mata pré-histórica,

> *A floresta virgem ocultava horrores [...] [,] nela reinava o Terror, acompanhado de sua íntima colaboradora, a Magia, e da sua defesa mais comum, o Sacrifício Humano. Então, embora, erradamente, só determinados rituais mágicos, absurdos (sic) mas portentosos, ou qualquer oferta feita à custa do sofrimento e da dor podiam dar alguma esperança à humanidade de vir a escapar à ira desta ou daquela divindade.*
> (Hamilton, 1983, p. 12)

Já entre os povos gregos, de onde saíram importantes aedos, notamos uma maneira de explicar a natureza que dará margem para o aparecimento da filosofia. Como disse Heródoto, já não estamos no terreno do puro absurdo. Na mitologia grega, é verdade, se abre para nós

> *um mundo humanizado, homens libertos do medo paralisante perante o desconhecido onipotente. O absurdo aterrador venerado noutras regiões e os espíritos terríficos, que enxameavam a terra [...] foram banidos da Grécia. Talvez pareça estranho afirmar que os autores dos mitos não gostavam do irracional e tinham vincada predileção pelos fatos concretos [...] quem quer que as leia com atenção (as histórias da mitologia grega) acaba sempre por descobrir que aquilo que é mais absurdo também acontece num mundo essencialmente racional [...].* (Hamilton, 1983, p. 16)

É dessa nova maneira de se confrontar com as coisas que nos rodeiam que a filosofia ganha força, pois ainda que se afaste da poesia mitológica, ela assume a mesma tarefa totalizante, aumentando ainda mais o grau de exigência racional no que se refere à tentativa de explicar a natureza. Sobre a obra de Homero, Vernant (2002, p. 42) disse: "poesia épica que, no seio mesmo da religião, tende a afastar o mistério".

Note que, à parte o conteúdo da *Teogonia*, ou seja, as ações descritas e as figuras exibidas, apresenta-se um objetivo mais fundamental, o de revelar o mundo como **ordem**, explicando como ele pôde vir a ser. Essa pretensão totalizante é digna de nota, pois essa afinidade ordenadora pode ser entendida como prenúncio do que a filosofia levará às últimas consequências. Na esteira de Jaa Torrano (2014, p. 18), na introdução à sua tradução do poema de Hesíodo, podemos dizer que "A tentativa globalizadora de sinopse dos mitos com a qual a *Teogonia* se esforça por organizá-los em torno da figura e da soberania de Zeus é de fato o primeiro (ou um dos primeiros) alvor[*] da atividade unificante, totalizante e subordinante do pensamento racional".

1.4
Filosofia e razão

Ainda que possamos enxergar, com algum cuidado, o discurso poético mitológico como um prenúncio do pensamento filosófico racional, ele se constrói de modo bem distinto. Vejamos agora um pouco do que caracteriza o **discurso racional argumentativo**, isto é, a filosofia. Sem nos preocuparmos com investigações que procuram saber o porquê de ter sido a Grécia o berço dessa nova atividade intelectual, é interessante apontar, todavia, juntamente com Chaui (2002), que a atividade filosófica surge primeiramente como uma tentativa de explicação **racional** da origem e ordem do mundo em que vivemos. Isso significa que o filósofo não aceitará nenhum fato envolvendo dados fantásticos ou mágicos, como vimos no discurso poético mitológico. Isso se deve ao fato de que o discurso filosófico é caracterizado por se valer unicamente de elementos racionalmente explicáveis, construídos com argumentos concatenados e orientados por regras lógicas. Apesar da diferença de procedimento, é flagrante a semelhança do objetivo do discurso filosófico comparado ao da poesia mitológica.

Nesse processo racionalizante, vale a pena ressaltar um interessante movimento teórico em relação ao discurso poético mitológico,

---

* Entenda-se *amanhecer* como a primeira luz da aurora.

o de **naturalização do mito**. Vejamos o que isso significa. As figuras divinas, aceitas como entidades mágicas no poema de Hesíodo, como Gaia e Urano – personagens mitológicos com desejos e personalidade –, são transpostos pelos primeiros filósofos para um regime discursivo racional, isto é, deixam de ser considerados entidades e passam a ser representados como elementos naturais (sem emoções) que compõem nosso entorno; de deuses passam a ser coisas – o oceano, o céu e a terra, para citar três casos. Mudança de perspectiva importante. Os fenômenos naturais, como a chuva – antes vista como resultado do derrubar de água do interior de cântaros –, passam a ser explicados, por assim dizer, de modo mais racional, como processos regidos por leis físicas que a filosofia busca entender e explicar.

Estamos aproximando-nos de três termos cujo significado devemos saber identificar, pois caracterizam, em grande parte, a pretensão da filosofia e a do mito. Primeiro, *teogonia**, que dá título ao poema de Hesíodo; depois *cosmogonia***; e, por fim, *cosmologia*. Hesíodo realiza uma teogonia, ou seja, narrativa que relata o nascimento ou a origem dos deuses. De acordo com Vernant (2002, p. 122-123), podemos extrair três traços fundamentais que distinguem as teogonias gregas:

1. O universo é compreendido com base em uma divisão hierárquica de poderes, algo próximo das relações humanas.
2. A ordem não se deve a uma concatenação causal, mas à força e à iniciativa de um agente.

---

*   Palavra de origem grega, composta pela união dos termos *théos* (deus) e *gonia* (que pode ser entendido como "ação" ou "ato de criar"; tem mesma raiz de "genitor", por exemplo). Ver a nota da página 28 deste capítulo.

** Entendida como a geração do mundo por ação de seres divinos, também atrelada ao mito

3. O mundo é retratado nos moldes de uma monarquia em que o chefe supremo estabelece a cada uma das potências divinas sua posição, prerrogativas e função nessa rede de relações.

A filosofia nascente, de modo diverso, vai tratar de cosmologias, isto é, da "explicação da ordem do mundo, do universo, pela determinação de um princípio originário e racional que é origem e causa das coisas e de sua ordenação" (Chaui, 2002, p. 37). Um princípio originário e racional não aceitará que uma deusa nasça do esperma misturado ao sangue peniano de um deus que fora castrado pelo filho. A exigência aqui é de outro nível. A filosofia, em certo sentido, mesmo que se encontre próxima, se posiciona como a racionalização do mito*.

Qual é, então, esquematicamente falando, a principal diferença entre a filosofia grega nascente e o poema mitológico? O discurso dito filosófico pretende ser argumentativo e racional, ou seja, se desenvolve por gradação lógica, com base em teses, premissas, argumentos e conclusão, de modo a encontrar respostas inquestionáveis para as perguntas que busca responder. A poesia mitológica, de outro modo, estava vinculada ao fantástico. Podemos descrevê-la como um discurso que tenta dar conta das origens do mundo e dos deuses se valendo de elementos maravilhosos. É um discurso que não apela para as demonstrações racionais, mas usa elementos mágicos e imagens sobrenaturais como fatores explicativos.

Depois de Sócrates, vale dizer, a filosofia assumiu uma tarefa moral e não simplesmente cosmogônica**. Ele, no século IV a.C., interrogava seus concidadãos buscando saber deles o que, de fato, é o certo e o errado; como diferenciamos o justo do injusto e, também, a coragem

---

* Sobre esse ponto é interessante a leitura do capítulo 7, "Do mito à razão", do livro de Vernant, *Mito e pensamento entre os gregos* (1990, p. 439-415).

** Derivado de uma cosmogonia.

da intemperança. Sem nos determos muito a essa questão, basta dizer que do ponto de vista estilístico, o filosofar socrático, permeado por uma sutil **ironia** e com um **aspecto dialógico*** muito forte, traz em si alguns recursos que serão amplamente usados pela literatura (ainda que ele não tenha nos deixado nenhum livro escrito). Ironia que, em Sócrates, se manifestava, naturalmente, com base no artifício de quem afirma o contrário daquilo em que acredita.

Sócrates é visto por muitos como o patrono da filosofia, ele que passou muitos de seus dias perambulando por Atenas, sua cidade natal, questionando seus concidadãos sobre as coisas que eles faziam. Mais do que isso, mostrava que eles não tinham muita ideia daquilo sobre o que diziam saber. Sócrates foi filósofo por excelência; questionador perspicaz, dizia nada saber, o que não o impedia de investigar as convicções das outras pessoas, mostrando com grande propriedade e ironia aguda como elas também nada sabiam, mesmo que dissessem serem portadoras de conhecimento seguro. Afastando-se de investigações sobre a natureza, utilizava-se de sua razão para conhecer as coisas que orientam nossa conduta. Pautava sua vida pelo crivo da razão e, como relata Platão (1991, p. 22) na *Defesa de Sócrates*, dizia que "a vida sem exame não é vida digna de um ser humano".

Sua ironia era usada como vestimenta de inocência que escondia um questionador sagaz; ou seja, Sócrates – com uma aura de humildade – perguntava a seu interlocutor, na maioria das vezes alguém reconhecidamente competente na matéria discutida, o que ele entendia de seu ofício. Tudo se passava como se ele estivesse aprendendo, no entanto, ao menor deslize lógico de seu adversário, ele mostrava as fraquezas da argumentação que tinha diante de si. Sua modéstia inicial, então,

---

* Relacionado ao diálogo.

dava lugar a uma atitude cheia de artifícios, que trazia menos certezas fixas do que questionamentos corrosivos, capazes de perturbar o que era visto como certo. Algo que, por isso mesmo, causou incômodo a muitos atenienses. No primeiro livro do diálogo platônico, *A República*, um dos interlocutores de Sócrates chega a se irritar com esse jeito tão característico: "Ao ouvir essas palavras, Trasímaco soltou uma risada sardônica e exclamou: – Ó Hércules! Aqui está a habitual ironia de Sócrates! Eu sabia e disse a estes jovens que não quererias responder, que fingirias ignorância, que farias por não responder às perguntas que te fizessem!" (Platão, 1999, p. 18).

Colocando tudo sob a tutela da razão, Sócrates chocou-se com a tradição e os preconceitos dos atenienses. Foi acusado por seus concidadãos de perverter a ordem e, mantendo sua ironia e coragem, aceitou a condenação à morte em 399 a.C., tomando cicuta – um forte veneno –, quando poderia ter fugido, ajudado por seus discípulos.

1.5
Discurso vulgar e discurso não vulgar

Filosofia e poesia se afastam entre si em virtude de dois fatores principais: seus objetivos e seus modos de operação. Em relação à poesia*, a disposição dos versos em uma página adverte nossos olhos de que se trata um poema**, e nossos ouvidos reconhecem logo a sonoridade e o ritmo dos versos que a caracterizam. Os versos de um poema têm ritmo e sonoridade que não se confundem com a prosa. Valéry (1999) chega a dizer que a prosa está para a poesia como a caminhada está para a dança.

---

* Entendemos poesia nesta obra como uma escolha estilística que pode estar impressa tanto nas prosas quanto nos poemas.

** Entendemos poema nesta obra como um gênero literário específico.

O conteúdo narrado, além disso, não se assemelha aos assuntos sobre os quais normalmente conversamos no cotidiano. As palavras de um poema podem ter sentido reatualizado para favorecer os voos da imaginação do poeta. As questões que um poeta nos coloca têm (ou podem ter) uma profundidade que ultrapassa a superficialidade dos afazeres ordinários. Buscam desbravar as inquietações que a própria condição humana nos apresenta. Eis uma atividade que, mesmo na forma de uma pergunta simples (o que é a morte?) não precisa necessariamente chegar a uma resposta positiva para ser bem-sucedida.

Já a filosofia promove um tipo de reflexão, ou melhor, propõe uma investigação e chega a seus resultados por via estritamente racional. Estamos falando de conhecimentos certos e universais, alcançados com base em elementos lógicos que se juntam, legitimando alguma conclusão. No entanto, é preciso lembrar de que a filosofia e a poesia se unem em um aspecto importante, pois ambas representam uma forma de discurso que podemos chamar de *não vulgar*. Vale a pena ressaltar que *vulgar*, aqui, nada tem a ver com xingamentos ou conduta questionável. Expliquemos o ponto. Tanto o filósofo quanto o poeta se separam da linguagem cotidiana ou vulgar para desbravar outro reino de possibilidades: o das essências e o da verdade. As conversações cotidianas em forma de prosa – a mesma que o comerciante estabelece com seu comprador, que o político usa durante seus afazeres rotineiros ou que o soldado tem com seus companheiros militares – são exemplos de discursos vulgares: "A Filosofia irá diferenciar-se da palavra dos guerreiros e dos políticos porque possui uma pretensão específica, herdada dos poetas [...] não deseja apenas argumentar e persuadir, mas pretende proferir a verdade como aquilo que é o mesmo para todos" (Chaui, 2002, p. 44).

O discurso vulgar não se preocupa com o significado último dos termos, sua origem primeira ou a essência das coisas. Imaginemos que alguém pergunte o preço de algum produto vendido pelo hipotético comerciante. Ele não irá questionar o cliente sobre a essência dos números: "Eles são entidades existentes por si mesmas ou construções mentais?" Um oficial do exército, por sua vez, não entrará em pormenores sobre a essência da virtude caso tenha de punir um soldado por não ter atendido a uma ordem direta proferida por ele. Nenhum deles, nessas circunstâncias, se preocupará com a formação da vida e do mundo. Essas questões que buscam pela essência ultrapassam o terreno da conversação vulgar, mas estão no cerne da preocupação da poesia mitológica e da filosofia.

1.6
Filosofia como poesia na Grécia antiga

Depois desse panorama inicial, considere por um momento os problemas que aparecerão se quisermos fixar autores em campos fixos do saber, rotulando seus respectivos discursos como estando lá ou acolá: "este autor é filósofo" ou "este outro é poeta". A filosofia nascente, cujo modo de operação estamos tentando diferenciar do discurso poético (vinculado que era ao mito), aparece justamente sob a forma de poesia na Grécia antiga. Lembremos, por um instante, somente a título de ilustração, dos filósofos pré-socráticos.

Parmênides, por exemplo, que nasceu na cidade de Eleia, na Grécia, e viveu no século VI a.C., junta poesia e filosofia quando propõe uma reflexão racional com base em versos hexâmetros – mesma métrica de Hesíodo, vale notar. Na esteira de Chaui (2002), podemos dizer que Parmênides foi o primeiro filósofo a escrever em versos. Acrescentamos que ele foi um dos primeiros filósofos em sentido geral. Infelizmente, apenas fragmentos de seu poema chegaram até nós; porém, por eles podemos perceber que o discurso mágico (próprio da poesia mítica) é substituído por um tipo de discurso argumentativo e encadeado por uma série lógico-causal mais exigente. Apesar dessa diferença importante, devemos chamar atenção para o fato de que, no caso de Parmênides, não podemos deixar de reconhecer algo fundamental: "O poema é Filosofia" (Chaui, 2002, p. 89) – afirmação que complica todo o esquema feito por nós, se ele busca diferenciar nítida e claramente poesia e filosofia.

Isso dificulta, então, qualquer investigação que tente estabelecer os dois termos como elementos fixos e em lados distintos do campo do saber. Até mesmo porque a história da relação entre filosofia e literatura é repleta de peripécias, como veremos nas páginas que seguem.

Síntese

Neste capítulo, vimos elementos introdutórios sobre dois grandes poetas da Grécia arcaica: Homero, autor da *Ilíada* e da *Odisseia*, e Hesíodo, que escreveu a *Teogonia*. Com base na análise de seus poemas, apontamos que a filosofia, conectada à prática poética, surge com a pretensão de se afastar do discurso mitológico, valendo-se predominantemente da razão para responder às questões postas pela investigação. Vimos também que tanto poesia quanto filosofia se afastavam do discurso entendido como vulgar e, portanto, se localizavam em uma atmosfera parecida – o reino das essências. A pretensão de ordem totalizante que ambas trazem é mais um ponto de aproximação que deve ser levado em conta. Em seu início, a filosofia aproximava-se da poesia, pois ambas participavam de uma atmosfera semelhante. No entanto, ao mesmo tempo se encontravam radicalmente separadas pelo método usado: o mitológico em relação aos poetas, e o lógico-racional utilizado pelos primeiros filósofos.

Indicações culturais

Filme

> ULYSSES. Direção: Mario Camerini, Mario Brava. Milão: Lux Filmes, 1954. 117 min.
>
> O filme, do gênero aventura, e que hoje é considerado um clássico, é uma adaptação do diretor italiano Mario Camerini do poema homérico *Odisseia*. Estrelado por Kirk Douglas, apresenta algumas das aventuras pelas quais o herói Odisseu teve de passar antes de voltar ao seu lar, em Ítaca, após a vitória dos gregos sobre os troianos. Alguns dos episódios retratados são a fuga da caverna do ciclope Polifemo, o estratagema de Odisseu para escapar do efeito mortal

do canto mágico das sereias e a estadia do herói na ilha da feiticeira Circe, que podia transformar homens em animais.

Livro

> VERNANT, J. P. **As origens do pensamento grego**. Tradução de Ísis Borges B. da Fonseca. Rio de Janeiro: Difel, 2002.

Esse ensaio se apresenta como uma obra introdutória, importante para quem se interessa pela filosofia e pela cultura grega. Em estilo fácil de acompanhar e com linguagem clara, a obra consegue satisfazer tanto o estudante iniciante quanto o leitor já familiarizado com o tema. Recomendamos também, naturalmente, a leitura das outras obras de Jean-Pierre Vernant.

> GAGNEBIN, J. M. **Lembrar, escrever, esquecer**. São Paulo: Ed. 34, 2006.

O livro reúne 14 ensaios, alguns deles tratando de maneira exemplar algumas articulações entre mito, história, literatura e filosofia. Podemos citar os dois primeiros ensaios do livro como profundamente importantes para nossos propósitos: "A memória dos mortais: notas para uma definição de cultura a partir de uma leitura da Odisseia" (p. 13-27) e "Homero e a dialética do esclarecimento" (p. 29-37).

Atividades de autoavaliação

1. Indique, com base na leitura do capítulo, se as afirmações a seguir são verdadeiras (V) ou falsas (F).
   - ( ) A filosofia pode ter surgido como forma discursiva que se afastava daquela que podemos chamar de *poético-mitológica*.
   - ( ) Se a poesia de caráter mitológico e a filosofia nascente têm diferenças importantes, ambas apresentam uma importante

característica em comum, a de representar um tipo de discurso totalizante, que busca explicar a natureza das coisas.

( ) A leitura de poesias na Grécia arcaica era uma maneira de as pessoas se voltarem para si mesmas, por meio de processo introspectivo de aproximação da verdade.

( ) A *Teogonia*, poema de Hesíodo, pode ser entendida como uma obra com índole didática, pois explica a origem e as linhagens dos deuses, instruindo os gregos em relação a suas tradições mitológicas.

Assinale a alternativa que corresponde à sequência correta:

a) F, V, F, V
b) V, F, V, F
c) V, V, F, V
d) V, F, F, F

2. Assinale a alternativa correta sobre a importância do poeta para a Grécia do período que analisamos aqui:

a) O poeta-cantor ou aedo, na Grécia arcaica, era uma figura que tinha liberdade para fazer piadas sobre o próprio rei; era uma espécie de bobo da corte.

b) As rimas eram fundamentais para a poesia ser bem-aceita, já que desse modo ela seria mais facilmente lembrada.

c) Em uma sociedade sem alfabeto, a figura do poeta era especialmente relevante, pois ele ajudava a preservar a tradição e a história de um povo.

d) A poesia sempre foi vista como uma atividade voltada para o lazer, sem implicações sociais importantes.

3. Em relação ao discurso vulgar, assinale a alternativa incorreta:
   a) Discurso vulgar é considerado o tipo de conversação que temos rotineiramente, sem pretensões investigativas.
   b) O discurso vulgar era taxado como irracional e por isso foi desacreditado pela maioria dos homens cultos.
   c) Nem a filosofia nascente nem a poesia utilizavam o discurso vulgar como veículo de transmissão de ideias.
   d) Investigar a essência de fenômenos naturais não é algo que fazemos quando, por exemplo, fornecemos as direções para que o taxista nos leve até em casa.

4. Levando em conta o que foi estudado no capítulo, assinale verdadeiro (V) ou falso (F) para as seguintes considerações sobre Homero e Hesíodo.
   ( ) Homero é considerado autor de um importante poema épico, na verdade, uma das mais antigas obras literárias da cultura ocidental de que temos conhecimento. Por ser épica, a *Ilíada* trata da geração (como surgiram) e função (importância hierárquica) dos deuses.
   ( ) Hesíodo foi um poeta semideus, filho das musas, e aprendeu com elas a cantar de modo mágico.
   ( ) Hesíodo e Homero são considerados responsáveis por cristalizar com suas obras a tradição mitológica dos gregos do período arcaico.
   ( ) A *Teogonia*, de Hesíodo, por instruir os homens sobre as divindades primitivas e o modo como surgiram todas as coisas que formam a natureza, é considerado um poema pedagógico.

Assinale a alternativa que corresponde à sequência correta:
a) F, F, F V
b) F, V, V, F
c) V, F, F, V
d) F, F, V, V

5. Sobre a filosofia nascente, marque a alternativa correta:
   a) Com grande afinidade por teogonias, a filosofia nascente discorria principalmente sobre as relações amorosas envolvendo os deuses.
   b) A cosmologia, diretamente relacionada a um tipo de explicação fantasiosa, era recusada pela filosofia.
   c) A filosofia sempre foi completamente contrária à poesia, acusada de ser mero entretenimento.
   d) No início, a poesia se manifestou justamente como poesia, apesar de cobrar rigor lógico e racional em suas explicações sobre a ordem que rege o mundo.

Atividades de aprendizagem

Questões para reflexão

1. Descreva, em linhas gerais e valendo-se de termos como *teogonia* e *cosmologia*, por que a filosofia nascente pode ser vista como um processo de investigação que se afasta da poesia mitológica.

2. Com base no que estudamos, responda: apesar das diferenças que analisamos entre o discurso filosófico e o poético-mitológico, comente dois importantes pontos de aproximação.

Atividade aplicada: prática

Escolha cinco deuses da mitologia grega dentre os mencionados neste capítulo e redija um pequeno texto apresentando suas características físicas e traços gerais da personalidade. Procure por imagens que os retratem, como pinturas ou fotos de esculturas.

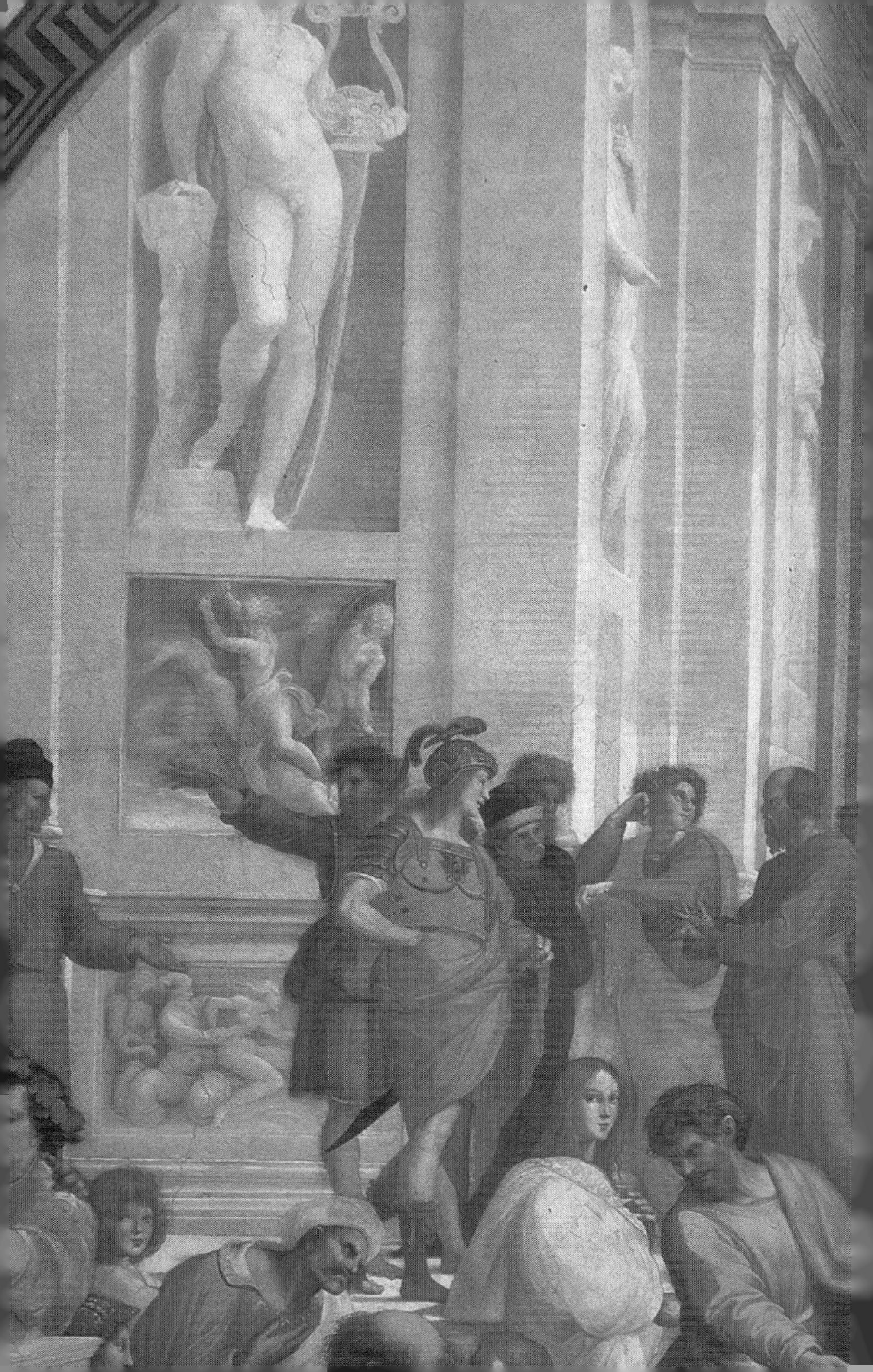

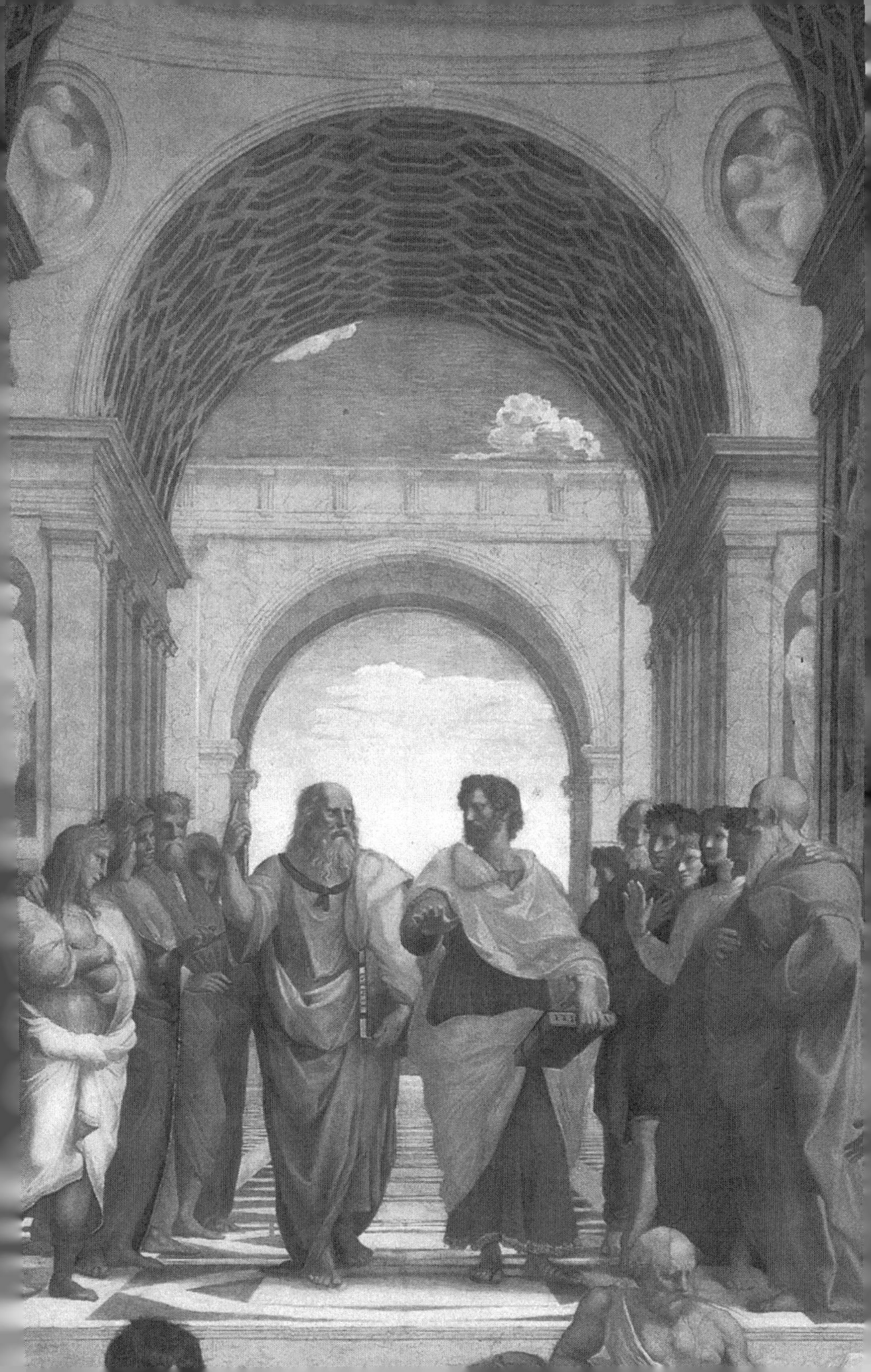

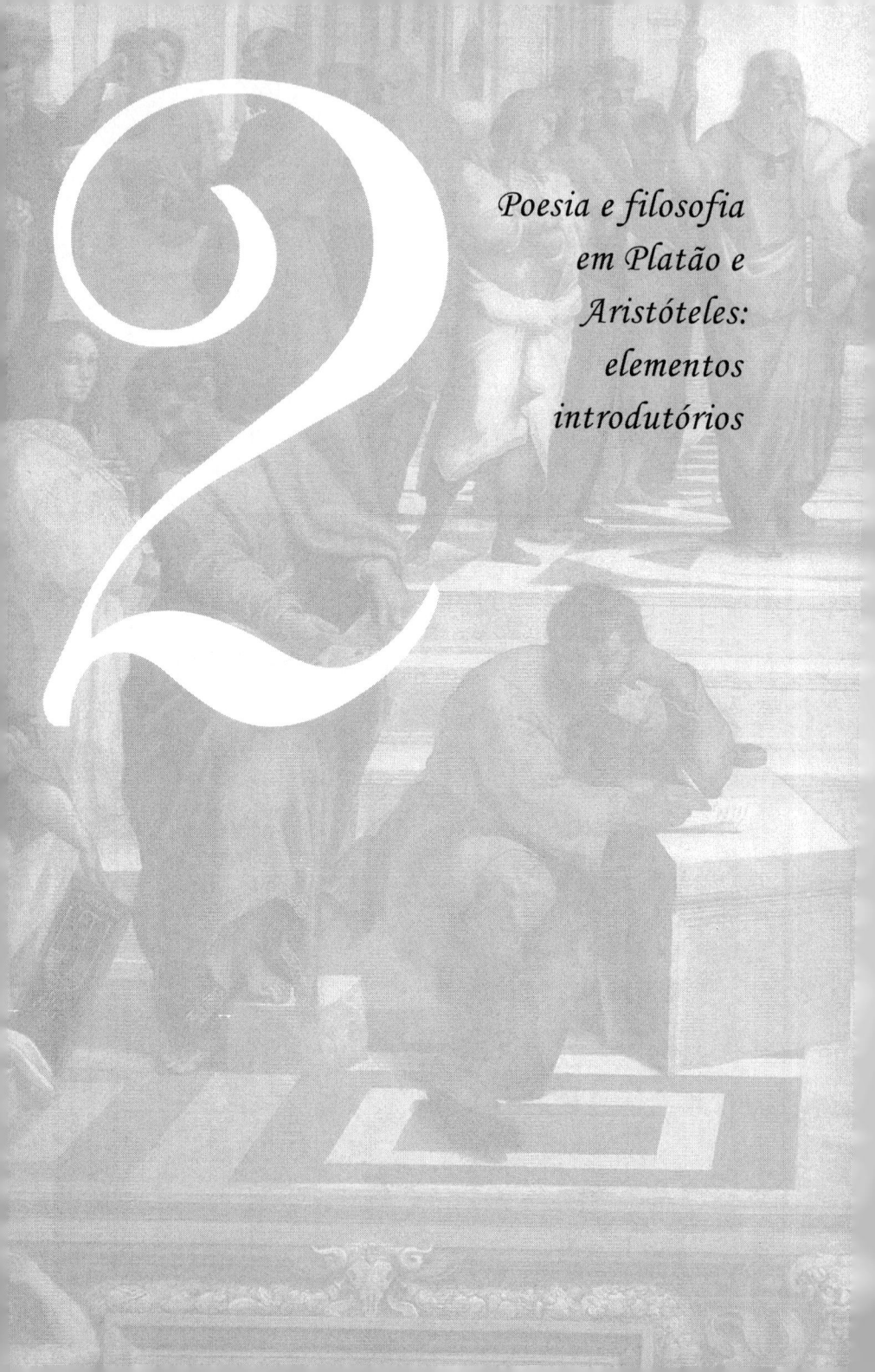

2

Poesia e filosofia em Platão e Aristóteles: elementos introdutórios

Neste capítulo, teremos a oportunidade de analisar introdutoriamente a crítica feita por Platão aos poetas, em seu famoso diálogo A República (1999). Nossos comentários aos poetas gregos Homero e Hesíodo ganharão ainda mais importância, dado que muitos exemplos usados por Platão se relacionam a eles. Explicitaremos o que leva o filósofo ateniense a agir de modo tão crítico e rigoroso em relação aos poetas, explicitando duas etapas de sua crítica: a pedagógica e a epistemológica. Em um segundo momento, falaremos sobre Aristóteles; de sua imensa produção intelectual nos deteremos somente na Poética (2011), assinalando um movimento de contraposição em relação à crítica platônica, já que Aristóteles aproxima a atividade filosófica e a poética. De que maneira ele faz isso? Vamos tentar compreender.

2.1
Platão e Atenas, reduto das artes

Depois do que vimos no capítulo anterior, podemos dizer sem muita ousadia que filosofia e literatura dialogam há muito tempo. Mais do que isso, podemos acrescentar que, em muitos casos, esse contato foi feito de maneira ambivalente, com momentos de aproximação e renúncia. Se os primeiros filósofos foram poetas e escreveram em versos, como Parmênides, outros pensadores, como Platão, nascido em Atenas por volta de 429 a.C., se mostram de alguma maneira contra a poesia. Vamos compor melhor os elementos desse quadro teórico que começamos a explicitar.

Platão viveu em uma época em que Atenas, de modo mais intenso do que outras cidades, havia desenvolvido e estimulado as artes como pouco se viu antes disso: falamos da Era de Ouro ateniense, do período que os historiadores chamam de *clássico*. Lá, foi testemunhado, por exemplo, um desenvolvimento extraordinário das artes, como é o caso das tragédias, manifestação artística que até hoje nos comove, além de terem sido desenvolvidas, de maneira impressionante, a arquitetura e a escultura. Péricles, famoso líder político ateniense, é emblemático em relação ao que estamos dizendo, pois reuniu perto de si, para citar alguns exemplos, pensadores, artistas, engenheiros e também arquitetos; dessa maneira, acabou atuando como grande incentivador do conhecimento e das artes.

Sob sua iniciativa foi erguido o Parthenon, templo dedicado à deusa Atena, protetora da cidade. Localizado no alto da colina Acrópole, defesa natural de Atenas contra ataques inimigos, esse templo foi na época uma construção sem precedentes, tanto pelo alto custo quanto pela inovação arquitetônica ou mesmo pela beleza. O Parthenon é um dos pontos altos da arte grega e suas ruínas, vestígios ou pequeno indício da magnanimidade que antes essa construção ostentava, são admiradas até hoje por turistas do mundo inteiro.

Platão, é verdade, não viu apenas o período áureo ateniense, uma vez que acompanhou também o momento de declínio da cidade, dada sua derrota e a de seus aliados para Esparta, na série de conflitos que ficaram conhecidos como *Guerra do Peloponeso*. Atenas, como sabemos, perdeu o conflito e a preeminência política na Grécia. Mas voltemos a Platão e sua crítica à poesia.

2.2
De que poesia falava Platão?

O mais brilhante dos discípulos de Sócrates é ambivalente em seu posicionamento em relação à poesia, pelo menos se tomarmos em mãos o diálogo *A República*. É importante que percebamos a nuance do texto. Quando ele trata pela primeira vez da poesia no diálogo citado, o filósofo se mostra contra certo tipo de fazer poético. Atente-se para a cláusula condicional *certo*; ela significa que nem toda atividade poética está sendo criticada, mas somente uma possibilidade de manifestação da poesia. No desenrolar do diálogo, contudo, Platão retoma o assunto e se posiciona de modo mais radical, aumentando o campo de ação da censura, que passa a se estender para toda poesia imitativa. O ápice desse processo crítico se dá com a famosa passagem, sobre a qual falaremos mais detalhadamente, em que Platão defende a expulsão dos poetas da cidade ideal. Mas por que eles são escorraçados?

Se não bastasse a ambivalência apontada anteriormente, há outro elemento que merece atenção, pois complica o quadro exposto até aqui. Platão apresenta aspectos poético-literários muito marcantes em seus textos, como veremos mais adiante. Antes de analisarmos o texto platônico, cabe ainda outro apontamento introdutório. Seguindo na esteira da *Enciclopédia de filosofia da Stanford*, no verbete sobre Platão escrito por Griswold (2015), é interessante ter em mente o grau de dificuldade que existe quando desbravamos o tema da poesia no período grego em que Platão vivia, algo que já assinalamos brevemente. Voltemos ao ponto sob outro ângulo, para que evitemos anacronismos, projetando nossas pré-concepções nos textos que serão lidos aqui.

A poesia da qual Platão fala, feita em seus dias, tinha caráter público, isto é, normalmente não era escrita e, portanto, não era lida individual e particularmente como acontece hoje. Mesmo os textos escritos eram lidos em voz alta para uma audiência de tamanho variável. De acordo com o verbete que citamos há pouco, Platão provavelmente estava levando em conta recitações acompanhadas por música e performances realizadas no teatro quando falava da poesia.

A atividade poética de então, vale ressaltar, tinha estatuto diferente do que tem hoje: para começar, era cantada, muitas vezes com acompanhamento musical, e entre os gregos exercia função multivalente, ou seja, tanto entretinha quanto educava as pessoas. Sua função militar também é digna de nota. Além de entreter e educar, também ritmava os passos das famosas falanges* antes de entrarem em batalha. Ademais, era mais influente do que a filosofia, atividade que ainda vinha se consolidando. Jaa Torrano, tradutor da *Teogonia*, em estudo que antecede a tradução do poema, ressalta a importância da poesia no período:

---

* Formação militar grega que se posicionava formando um retângulo composto por homens de infantaria fortemente armados, munidos com capacete, peitoral, caneleiras, escudo, uma grande lança e uma espada de tamanho pequeno.

Durante milênios, anteriores à adoção e difusão da escrita, a poesia foi oral e foi o centro e o eixo da vida espiritual dos povos, da gente que – reunida em torno do poeta numa cerimônia ao mesmo tempo religiosa, festiva e mágica – a ouvia. Então, a palavra tinha o poder de tornar presentes os fatos passados e os fatos futuros, de restaurar e renovar a vida. (Torrano, 2014, p. 19)

Devemos reconhecer, portanto, que a poesia fazia parte do cotidiano dos gregos com uma importância que não saberíamos entender simplesmente comparando-a segundo os moldes atuais. Além disso, o poeta, como no caso de Hesíodo, era um aedo, poeta-cantor que se dizia inspirado pelas musas. Torrano (2014, p. 35-37) aproxima a figura do aedo aos chefes políticos da época, apontando a importância do uso da palavra em uma sociedade cujo alfabeto ainda se difundia. Era principalmente pela boca do poeta, então, que os gregos entravam em contato com o mundo dos deuses, sua história e, consequentemente, sua identidade cultural.

Pense no seguinte: em uma sociedade sem alfabeto, antes do nascimento da *polis* (tipo de sociedade bastante complexa), o poeta-cantor detinha e transmitia conhecimentos fundamentais para preservar a memória de um povo. Era o comunicador mais avançado em uma sociedade cujo conhecimento se dava por via oral, dada a ausência de um instrumental teórico para a prática da escrita. O entendimento sobre o mundo e a história das pessoas era transmitido, portanto, pelo aedo. Ainda de acordo com Torrano (2014, p. 16),

Nesta comunidade agrícola e pastoril anterior à constituição da pólis e à adoção do alfabeto, o aedo (isto é, o poeta-cantor) representa o máximo poder da tecnologia de comunicação. Toda a visão de mundo e consciência de sua própria história (sagrada e/ou exemplar) é, para este grupo social, conservada e transmitida pelo canto do poeta.

O ponto para o qual gostaríamos de chamar atenção é o de que a participação do poeta, no contexto em que estamos agora inseridos, tinha uma importância que ultrapassava o mero deleite estético. Devemos estar atentos, então, para o fato de que sua participação em sociedade estava atrelada a fortes elementos político-sociais. Se ele não era ligado à arte militar ou a algum estamento religioso, conservava e transmitia conhecimentos essenciais para salvaguardar a identidade cultural da comunidade. Poesia, nesse caso, estava longe de ser apenas entretenimento.

2.3
A República de Platão e a expulsão dos poetas da cidade ideal

Tomemos o famoso diálogo platônico *A República*, escrito no início do século IV a.C., buscando entender, de modo geral, como Platão via a poesia e o motivo para ter expulsado os poetas da cidade ideal. Nesse livro, escrito em forma de **diálogo**, gênero de escrita filosófica inventado por Platão, acompanhamos uma investigação a partir de conversações encabeçadas pelo personagem Sócrates sobre temas como definição de justiça, características de uma cidade justa, entre outros tópicos, como é comum em uma conversação espontânea. Mas essa conversação não é do tipo vulgar, pois tenta encontrar a essência de algo, a justiça. Sócrates serve como uma espécie de guia filosófico-racional, censurando seus interlocutores sempre que entram em contradição ou quando não fazem uso correto da razão.

A história se inicia de modo casual, como costuma acontecer com os diálogos platônicos. Estamos no porto dos Pireus, nos arredores de Atenas, e lá Sócrates se encontra com um amigo, Polemarco, e por ele é chamado para participar de uma festa em sua residência. Uma vez lá, Sócrates trava conversa com outras pessoas, como o pai de Polemarco, um ancião de nome Céfalo, e com ele inicia uma conversa que durará toda a noite e arregimentará outros participantes. Vejamos então como se inicia essa conversação.

Os personagens chegam à casa de Polemarco. Seu pai, Céfalo, fala com Sócrates sobre um tema que não é muito corriqueiro, mas ainda pode ser visto como vulgar: o medo que acomete os que estão próximos da morte em relação ao modo como viveram seus dias. Não é por acidente que Céfalo, de modo a exemplificar e legitimar sua questão, cita poetas como fonte de autoridade. Para o ancião, o medo não abalaria aqueles que agem de modo justo, como já havia dito o poeta Píndaro, que é citado para confirmar a hipótese de que uma vida justa não deixa margem para o medo, que advém com a aproximação da morte:

> *aquele que sabe não haver cometido injustiças sempre alimenta uma doce esperança, benévola ama da velhice, como declara Píndaro. São encantadoras as palavras deste poeta, ó Sócrates, a respeito de quem tiver levado uma existência justa e pura:*
> "*a doce esperança*
> *que lhe acalenta o coração acompanha-o*
> *qual amada velhice, a esperança que governa, mais que tudo,*
> *os espíritos vacilantes dos mortais.*". (Platão, 1999, p. 9)

O personagem Céfalo, cabe lembrar, segundo o texto, cita de cabeça esses versos e também alguns versos de Sófocles, o que representa muito bem o caráter didático da poesia que tentamos assinalar nas páginas anteriores; ora, desde jovens os gregos lidavam com a poesia como ferramenta educacional, como parece ser o caso de Céfalo. Ao defender uma noção de justiça que se relaciona com o comportamento sincero, manifestado, por exemplo, pela ausência de dívidas, seja com os homens, seja com os deuses, o ancião não deixa de usar mais um poeta como argumento de autoridade, Simônides (Platão, 1999).

Apoiado pela autoridade dos aedos, o homem grego balizava sua conduta com base em versos cantados para ele quando criança e repetidos até uma idade avançada, como é o caso emblemático que estamos descrevendo. Lembramos que Hesíodo e Homero também serão usados como argumento de autoridade no Livro II de *A República*, mas por outro interlocutor de Sócrates.

2.3.1 Crítica pedagógica à poesia

O segundo livro do diálogo – ele se divide em dez – inicia o tratamento da poesia como tema a ser debatido, já que antes foi usada, mas como fonte de autoridade. Agora, de outro modo, será avaliada nela mesma. Desde o começo da discussão, Platão tem ressalvas em relação aos seus efeitos, ainda que perceba sua grande importância. A crítica, que em um primeiro momento se reveste de aspectos pedagógicos, se dirige às descrições prejudiciais que os poetas faziam dos deuses. Mesmo que os deuses gregos fossem retratados de modo mais racional, mais próximos aos humanos do que os deuses egípcios, por exemplo, o nível de exigência racional da filosofia é maior e problematiza a imagem poético-mitológica das entidades divinas.

A pressuposição aceita pelo personagem Sócrates é a de que um deus deve ser bom, além de ser imbuído de justiça e também honesto, de modo que ele censura as descrições consideradas levianas dos poetas:

> Sócrates – *É impossível, portanto, admitir, de Homero ou de qualquer outro poeta, erros acerca dos deuses tão absurdos como estes:*
> *"Dois tonéis se encontram no palácio de Zeus,*
> *Um repleto de fados felizes, e outro, infelizes,"*
> *e aquele a quem Zeus concede dos dois*
> *"ora experimenta do mal, ora do bem";*

mas o que só recebe do segundo, sem mistura,
"a devoradora fome persegue-o sobre a terra divina";
e ainda que Zeus é para nós
"dispensador tanto de bens quanto de males." (Platão, 1999, p. 68)

Os versos citados por Sócrates, como se pode perceber, mostram Zeus suscetível a fornecer tanto bens quanto males aos homens, sendo motivo de sofrimento – quando assim o desejar – ou felicidade, se assim for de seu gosto; no entanto, sendo um deus, é necessário que seja também justo e magnânimo, algo que não se coaduna ao aspecto oscilante que a citação apresenta. Sócrates, em vez de aceitar uma figura divina injusta, prefere censurar a descrição do poeta. Isso porque ela não representa bem os deuses, de acordo com critérios racionais. Para Sócrates, as potestades* não podem instigar homens a violar juramentos ou tratados, como narravam alguns poetas, muito menos será admitido que os moradores do Olimpo** disseminem entre os homens crimes, quando desejam arruinar alguém (Platão, 1999).

O que dizer, então, da descrição que pinta os deuses mudando sua forma para melhor enganar os homens? "Sócrates – Que nenhum poeta, pois, meu amigo, nos diga que 'os deuses sob o aspecto de remotos estrangeiros, e assumindo todas as formas, percorrem as cidades'" (Platão, 1999, p. 70). Outros exemplos são listados como negativos e vimos – quando analisamos Homero e Hesíodo – um pouco das atitudes moralmente questionáveis dos seres divinos. Assim, versos poéticos que retratam deuses em situação de quase desespero, tomados por lamentos após a morte de algum herói, são considerados incompatíveis com os atributos

---

*   Entenda-se *divindade*.
** Segundo os gregos antigos, os deuses habitavam o Olimpo, a montanha mais alta da Grécia.

divinos. Quando, enfim, os poetas os pintarem como seres enganadores, invejosos e avarentos, eles deverão ser censurados: "Quando um poeta falar assim dos deuses, ficaremos irritados, não faremos coro com ele e não permitiremos que os mestres se sirvam das suas fábulas para a educação da juventude [...]" (Platão, 1999, p. 73).

O argumento desenvolve-se retirando uma implicação pedagógica, por assim dizer, de tais características consideradas moralmente questionáveis do discurso poético, exemplificadas no Livro II.

Os poetas que procederem dessa maneira tanto prejudicam as crianças que estão em processo de aprendizado quanto os homens que porventura tentarem se espelhar em tais ações. Cabe notar que essa etapa da censura platônica diz respeito apenas ao conteúdo do poema, seu caráter exemplar. Essa é, por tal motivo, uma abordagem que chamamos de *pedagógica*; no entanto, veremos que a crítica não se interrompe aí. Ela assumirá teor metafísico e epistemológico no Livro X, que analisaremos a seguir. A investigação empreendida pelo filósofo ateniense se dirigirá para o valor da poesia em sua relação com a cidade ideal e, além disso, para o valor do poeta como comunicante, ou seja, para o tipo de conhecimento que realmente pode ter.

2.3.2 *Crítica epistemológica à poesia*

Sócrates, no Livro X, afirma sem rodeios algo que particularmente nos interessa: "é antiga a dissidência entre Filosofia e a poesia [...]" (Platão, 1999, p. 337). O que exatamente podemos concluir disso? Primeiro, se Platão critica a poesia, não foi responsável por deflagrar a querela; na verdade, ele já a encontrou em atividade e, mais do que isso, estamos falando de uma disputa que remontava a tempos passados. Desde Platão, portanto, no século IV a.C., o conflito entre poesia e filosofia era antigo. Como foi mencionado no primeiro capítulo, a origem do discurso filosófico está ligada justamente a uma tentativa de afastamento do discurso mitológico.

Confirmação dessa antiga querela e da anterioridade da poesia é a continuação do trecho citado anteriormente. Os poetas teriam criticado os filósofos, mas como? A filosofia seria, diz o Livro X, "a cadela arisca que late para o dono" (Platão, 1999, p. 37). Vale a pena notar que Sócrates, como sabemos por meio do relato de Platão em *Defesa de Sócrates*, foi condenado à morte por ingestão de cicuta pelo tribunal ateniense, em 399 a.C. Havia na ocasião três acusadores; dentre eles, talvez não por coincidência, estava o poeta Meleto, que solicitou a pena capital*. Mas voltemos à questão: por que os poetas foram expulsos da cidade platônica? Para compreendermos o ponto, precisamos responder a outra questão: o que realmente sabem os poetas e qual a fonte de seu conhecimento? Questão de suma importância, dado o caráter pedagógico que a poesia tinha na época. O que sabem, enfim, aqueles que são responsáveis por transmitir elementos fundamentais da tradição?

2.4
Poesia mimética e o mundo das ideias

Das coisas que vemos, ouvimos e tocamos – tudo o que é captado por nossos sentidos –, como um rio que passa calmamente ao nosso lado, o sol que nos aquece ou mesmo a formiga que inadvertidamente caminha por entre nossos pés e talvez nos pique, todas essas coisas não são verdadeiras no sentido mais rigoroso do termo. Elas seriam, de acordo com Platão, meras cópias, mas de quê, exatamente? De uma ideia. Haveria mesmo uma espécie de reino, o mundo das ideias, em que poderíamos encontrar a formiga original, perfeita porque ideal e

---

* Pena capital tem o mesmo sentido de pena de morte.

de caráter imutável. A ideia de formiga em nossa mente seria mais real do que aquela formiga particular que nos pica, isso porque o inseto particular que nasce e morre é acometido por mudanças, diferente da ideia de formiga, imutável e eterna.

Nossos sentidos muitas vezes nos enganam, como você pode facilmente concluir ao ver um graveto parcialmente submerso na água. Ele parece torto, contudo, sabemos que a água não o entorta: trata-se de uma ilusão de ótica. Como poderíamos, então, separar inquestionavelmente a realidade da ilusão, se nossos sentidos não são totalmente confiáveis? Essa parece ser a questão central. É o que a teoria das formas de Platão tenta dar conta. Ela explicará o que é real em sentido absoluto, isto é, aquilo que não é passível de mudança ou corrupção: algo que nos permite conhecimento certo e inquestionável.

Segundo Platão, brevemente falando, as ideias representam a realidade última das coisas. Elas não são resultado da esperteza dos homens ou de sua inteligência, elas existiriam objetivamente, sendo a essência daquilo que vemos ao nosso redor. As ideias seriam imutáveis e não envelheceriam, portanto, teriam como característica a eternidade. Nossos sentidos lidam com o mundo sensível – que para Platão é um mundo de aparências e em constante mudança; eles captariam, desse modo, a representação imperfeita de uma ideia. O **mundo sensível**, devemos entender, seria para Platão o campo da opinião e da aparência, já o **mundo das ideias** (inteligível) seria formado por objetos matemáticos e conceitos, tendo mais realidade do que o mundo sensível.

Segundo Platão, concebemos uma ideia antes do objeto material, e disso se segue que a ideia é mais essencial, contendo mais realidade do que os objetos captados por nossos olhos, ouvidos e mãos. Analisemos um caso para melhor entendermos o ponto. Se concordamos que a cama sobre a qual nos deitamos para dormir tem uma forma primeira – ideal – que teria sido criada pelo próprio Deus, teremos que conceder, junto com Platão, que o artesão, ao construir uma cama, não faz mais do que copiar aquela forma mais essencial, a ideia de cama.

O que vemos o artesão construir não é a cama em sua essência, mas, sim, a cópia de uma ideia, passível de corrupção e deterioração. O artesão é, nesses termos, um copiador. Não é tão fácil concordar – você deve estar pensando – que uma ideia, algo abstrato e sem contornos físicos, seja mais real do que a própria coisa que vemos diante de nós. Mas é justamente por ser uma abstração que a ideia traz em si o caráter de inalterabilidade e eternidade, sendo então passível de conhecimento. Continuemos tentando entender o encadeamento argumentativo de Platão, evitando confrontá-lo com nossos preconceitos, antes de ter entendido sua perspectiva, mesmo porque não nos cabe agora questionar a teoria platônica das ideias. Sigamos com nosso exemplo.

O artesão, sempre que constrói algum objeto, no caso, uma cama, o faz com base na ideia ou forma ideal da cama, certo? De fato, é preciso que o artesão pense previamente sobre o que vai fazer. Imaginemos agora que um pintor desenhe em um quadro a cama que o artesão construiu. O que isso significa para nós? Em um plano superficial, significa que ele está pintando um objeto que o artesão construiu, porém, devemos lembrar que a cama feita por ele está afastada da cama real, pois ela é uma cópia da ideia da cama. Então, de um ponto de vista mais fundamental ou metafísico, o pintor pode ser considerado alguém que copia uma cópia. Vejamos um esquema ilustrativo para tentarmos entender o ponto.

> 1. ideia de uma cama → mundo das ideias: conceitos
> 2. cama construída → realidade: fenômenos naturais
> 3. cópia ou representação de uma cama → trabalho do artista/poeta

Repare no esquema. O mundo das ideias diz respeito a conceitos e objetos matemáticos. Pensemos na ideia *cama*, localizada em 1; ela faz parte do mundo das ideias (imutável e eterna) e tem, por isso, mais realidade do que o próprio objeto, a cama, que está em 2 por ser uma cópia da ideia. Essa cópia, representada pelo trabalho do marceneiro, tem mais realidade do que a representação proposta por um pintor, em 3, pois ele copia o que já é uma cópia. O que podemos concluir disso? Que o pintor, assim como o poeta, está afastado por dois graus da verdade. Voltemos ao poeta e vejamos como as coisas se passam com ele:

> *Sócrates – Tomemos como princípio que todos os poetas, a começar por Homero, são simples imitadores das aparências da virtude e de outros assuntos de que tratam, mas que não atingem a verdade. São semelhantes nisso ao pintor de que falávamos há instantes, que desenhará uma aparência de sapateiro, sem nada entender de sapataria, para pessoas que, não percebendo mais do que ele, julgam as coisas segundo a aparência?*
> *Glauco – Sim.* (Platão, 1999, p. 328)

Vemos desse modo que Platão, se valendo do personagem Sócrates, recusa o valor pedagógico da poesia tal qual praticada por Homero por motivos epistemológicos, porque este último não saberia realmente sobre o que estava falando. Ora, ele imita uma aparência. Os poetas, de acordo com essa perspectiva, são prejudiciais politicamente, pois são meros imitadores, sem conhecimento efetivo daquilo que imitam: eles conhecem unicamente a aparência das coisas sobre as quais falam. Homero tratou de guerras em seu poema, mas pergunta Sócrates a seu interlocutor:

Quantas batalhas ele coordenou, qual seu conhecimento efetivo sobre a arte militar? Quase nenhum, seu interlocutor reconhece. Quantos homens valorosos ele educou? – continua Sócrates, e seu interlocutor é obrigado a responder novamente: nenhum. "Sócrates – [...] mas achas, Glauco, que se Homero tivesse estado mesmo em condições de instruir os homens e torná-los melhores, possuindo o poder de conhecer, e não o de imitar, não teria feito muitos discípulos que o teriam honrado e estimado?" (Platão, 1999, p. 328).

Além do fato de Homero e outros poetas imitativos não conhecerem realmente aquilo sobre o que falam, seus poemas seriam prejudiciais para a educação das crianças por mostrarem cenas inapropriadas. Perceba que temos duas frentes de ataque à poesia. A primeira podemos dizer que é filosófica e envolve o fato de o poeta não ter conhecimento daquilo sobre o que fala, e a segunda é uma crítica de ordem pedagógica: o conteúdo tratado é inapropriado para a educação das crianças. O que isso quer dizer? Diante de deuses representados como figuras ambíguas que se valem de meios tortuosos para conseguir o que desejam como, de fato, vemos em Homero, o personagem Sócrates intervém dizendo que seres divinos não poderiam agir de modo tão leviano: "Quando um poeta falar assim dos deuses, ficaremos irritados, não faremos coro com ele e não permitiremos que os mestres se sirvam das suas fábulas para a educação da juventude" (Platão, 1999, p. 73).

> A poesia imitativa e os poetas, como Homero e Hesíodo, serão expulsos da cidade ideal porque narram assuntos sobre os quais não conhecem completamente; mais do que isso, usando o discurso direto o poeta faz com que os deuses falem e ajam, como se fossem eles mesmos. Os poetas estariam afastados por dois graus da verdade, o que comprometeria sua capacidade de ensinar algo positivo. Por exemplo, quando Homero retrata temas que envolvem cenas nas quais os deuses aparecem dotados de atributos que não deveriam pertencer a criaturas elevadas, comete uma deturpação prejudicial, pois fornece exemplos deslocados da atitude de um deus.

Eis, de maneira panorâmica, o modo como Platão trata da poesia em seu famoso diálogo político. Os comentadores, é verdade, discutem muito sobre as implicações dessa crítica e propõem interpretações por vezes discordantes, porém não é esse nosso objetivo atual.

Interessante notar que, apesar de criticar a poesia, Platão é um autor com traços poéticos bem marcados e não deixa de trazer elementos dramáticos ao seu texto. A forma dialógica de seus textos aponta para uma atitude literária, e as muitas imagens que ele usa para ilustrar suas teses reforçam ainda mais sua característica poética. Ainda que critique os poetas, ele fala como se fosse um. O que dizer das alegorias platônicas, como a da caverna, presente no Livro VII do diálogo *A República*? Essa tensão, como mostra Gagnebin (2006, p. 205), entre a discursividade que é própria à filosofia e as outras formas de discurso, como a poesia épica, trágica ou cômica, era parte fundamental do modo como a reflexão filosófica se dava na Antiguidade.

O diálogo, gênero preferido por Platão e inventado por ele, não foi escolhido por acidente. O texto narrativo tem como característica a fixidez, a perspectiva congelada, a ausência de interlocutor e, enfim, o dogmatismo. O diálogo é mais oscilante, flui de uma posição para outra e, dessa maneira, permite que o tema tratado possa ser abordado em toda sua complexidade. Sócrates, protagonista de muitos dos diálogos platônicos, tem um procedimento relativamente simples. O personagem conversa com seu interlocutor, o questionando, estabelecendo, assim, um movimento de ida e volta, concordância e desentendimento, em busca da verdade sobre um tema específico. Para que haja entendimento, é preciso, então, purificar os conceitos, é preciso que saibamos o significado do que dizemos.

Esse é um exercício essencialmente filosófico; de fato, quando pensamos cuidadosamente sobre o assunto, existe a possibilidade de percebermos algo inquietante: que não sabemos de modo preciso o que significam muitas das coisas sobre as quais falamos. É o que os **diálogos aporéticos** colocam em evidência de maneira exemplar. Aporia significa "sem saída", algo que termina em impasse. Um diálogo que tenha essa característica é aquele cujo fim não acompanha uma resposta objetiva para a questão investigada. E nem sempre a filosofia chega a respostas inquestionáveis; sua afinidade está mais ligada a um modo rigoroso de questionar.

2.5
Aristóteles e a poesia: uma reaproximação com a filosofia

Aristóteles nasceu em uma pequena cidade na região macedônica da Grécia, chamada Estagira, provavelmente em 384 a.C. Ele é um dos maiores filósofos de nossa tradição ocidental. Os dados sobre a infância e adolescência de Aristóteles são escassos, mas sabemos que tendo cerca de 18 anos ele foi estudar com Platão, sendo durante muito tempo seu discípulo, filiado à academia platônica até a morte de seu mestre. Não tendo sido eleito líder sucessor da academia de Platão, Aristóteles fez algumas viagens até que, por volta de 343 a.C., foi convidado pelo Rei Felipe, da Macedônica, para ser tutor de seu filho Alexandre, que mais tarde receberia o epíteto *o Grande*.

Posteriormente, Aristóteles dirigiu sua própria escola filosófica, o Liceu, e seus frequentadores foram chamados de *peripatéticos** em virtude da alameda pela qual Aristóteles e seus alunos caminhavam, debatendo temas filosóficos. Lá se estudavam vários assuntos, como lógica, matemática, botânica, política e ética. Seus escritos transitam por uma grande quantidade de matérias, o que demonstra seu vasto conhecimento. Vale notar que a maior parte de suas obras não chegou até nós; muitas delas se perderam, por exemplo, quando do incêndio da biblioteca de Alexandria. Livros sobre metafísica, ética, política, poesia e retórica, constituição das *polis* gregas, sobre a língua dos bárbaros, para citar alguns exemplos. Devemos lembrar que Aristóteles se interessou também pelo que chamamos hoje de *biologia*, propondo uma taxonomia de plantas e animais que influenciou muitos estudiosos depois dele. Mas o que interessa, para nosso estudo aqui, é o que Aristóteles diz sobre a poesia.

A obra chamada *Poética* chegou até nós incompleta, porém, o texto ao qual temos acesso apresenta um relevante estudo sobre duas das mais importantes formas de poesia do período, a **épica** e a **trágica**. O livro serviu como guia de autores durante muito tempo e os temas nele tratados ainda hoje movimentam controvérsias entre comentadores. Vejamos agora o modo como a poesia é entendida pelo filósofo.

Aristóteles discorre principalmente sobre a tragédia: o que a caracteriza, quais são seus elementos constitutivos, suas divisões, enfim, quais regras de estrutura e estilo devem ser seguidas para que um poeta seja

---

* *Peripatético* é uma palavra cuja raiz vem do grego e significa "o que passeia".

um bom autor trágico. Essas regras se mantiveram como orientadoras da produção teatral até que, já no século XVI d.C., Shakespeare propusesse alterações significativas a esse esquema. Isso demonstra a importância de Aristóteles para o tema.

O ponto para o qual queremos chamar atenção é o movimento teórico proposto por Aristóteles, diferente do de Platão por aproximar a poesia da filosofia. E como ela é definida? *Poética*, título da obra aristotélica (em grego, *poiesis*) diz respeito a uma criação, mas com acepção de produto. O cuidado com os termos não é simples erudição, porque o sentido da palavra marca grande diferença entre o que os aedos faziam. Como estamos vendo, o poeta seria um fazedor de versos, em outras palavras, alguém que faz algo pelo conhecimento de certas regras. Não estamos mais falando daquela figura que reivindicava ser veículo das musas. A poesia ganha, em acordo com Aristóteles, aspecto de ofício, e o poeta, de alguém que poderia vender sua habilidade.

Assim como em Platão, para Aristóteles a poesia é uma arte de caráter imitativo (mimético). Isso é importante, contudo, ainda que os dois autores pensem a *mimesis* como central em relação à poesia, o valor da imitação parece ser diferente para eles. Segundo Aristóteles, a propensão à imitação é instintiva nos homens e foi o que motivou o aparecimento da poesia, além do prazer que sentimos ao contemplá-la:

> *É possível perceber que toda a poética tem na sua origem duas causas, ambas naturais. De fato, no ser humano a propensão à imitação é instintiva desde a infância, e nisso ele se distingue de todos os outros animais; ele é o mais imitativo de todos, e é através da imitação que se desenvolve seus primeiros conhecimentos.* (Aristóteles, 2011, p. 44)

E o que a poesia imita? As paixões que nos movem e as ações pelas quais damos orientação à nossa vida, mas também os traços fundamentais que perfazem nossa personalidade, isso com base em narrativas, sons, gestos e mesmo formas, a depender do tipo de poesia de que estamos falando. Como você já está advertido, quando nos referimos à poesia na Grécia arcaica isso não quer dizer que falamos de uma atividade poética que se assemelhe àquela que vemos nos dias de hoje. Perceba, por exemplo, que enquanto arte imitativa, a pintura, a música e o teatro também serão considerados por Aristóteles como poesia (*poiesis*). O teatro usará gestos, a música utilizará o ritmo, a dança tanto o ritmo quanto o gesto e a escultura, por fim, as formas e as cores: tudo isso será tido por poesia.

Sabemos agora que ela, em seus vários aspectos, é uma forma de imitação, mas não de qualquer tipo. Podemos acompanhar a representação de personagens admiráveis, outros de caráter perverso ou mesmo personagens que se assemelham a pessoas normais, ou seja, nem heróis nem vilões. Os personagens representados seriam responsáveis pela diferença essencial entre a comédia e a tragédia. A primeira representa pessoas de caráter flexível, com traços de ridículo: "O ridículo, de fato, compreende qualquer defeito e marca de disformidade que não implicam em dor ou destruição" (Aristóteles, 2011, p. 47). Já a tragédia nos apresentaria um protagonista com personalidade e força mais elevadas do que vemos no comum das pessoas: um rei, por exemplo, ou alguém politicamente importante, normalmente é representado pela tragédia, que é a imitação de uma ação séria.

O que define um discurso como poético, segundo Aristóteles, está estreitamente ligado à sua estrutura, mas também ao seu conteúdo. Górgias, um sofista do século V a.C., em seu *Elogio de Helena*, documento que se encontra traduzido no livro de Barbara Cassin (2005, p. 297), diz: "Considero e defino toda a poesia como um discurso sob medida".

Devemos entender *sob medida* não como algo feito por encomenda, mas, sim, como um discurso (no original, *logos*) feito com métrica. Posição diferente da de Aristóteles. Segundo ele, ainda que façamos um texto em versos, isso não quer dizer que será poético. Por exemplo, se colocarmos o texto de Heródoto sobre a história do confronto entre os gregos e persas em versos, isso por si só não fará do texto uma poesia. De mesmo modo, um discurso envolvendo assuntos de medicina ou física não será poesia somente porque foi versificado.

Se Aristóteles, assim como Platão, trata a poesia como arte eminentemente imitativa – vimos que Platão toma a poesia como cópia da cópia, afastada dois graus da verdade –, diferente do autor de *A República*, ele não expulsará os poetas da cidade por serem meros copiadores. Para Aristóteles, as pessoas seriam criaturas com propensão à imitação e os poetas nos mostrariam, em certa medida, traços universais, manifestados em uma categoria de homem descrita na tragédia. Segundo ele, o poeta imita ações, mas quando assim o faz, manifesta **arquétipos** ou tipos humanos universais.

Nós queremos chamar atenção para a passagem em que Aristóteles compara a poesia e a história, presente no Capítulo IX da *Poética* (2011). Ele fala dos objetivos de cada um desses discursos e segue dizendo que não é trabalho do poeta narrar retrospectivamente algo que já aconteceu, porém representar o que poderia acontecer, ou seja, o que é possível, verossímil e também necessário – características que aproximam o poeta do fazer filosófico. Como já adiantamos, não é simplesmente pela estrutura do texto que o historiador e o poeta se diferenciam, ou seja, pelo modo como o discurso se apresenta: em prosa ou em verso. Poderíamos, vale repetir, colocar a obra de Heródoto em versos que isso não faria dele um poeta. Mas no que, então, o poeta e o historiador se diferem exatamente? Vejamos o que esse longo e famoso trecho do livro diz:

> *Do que foi dito, também fica evidente que não é função do poeta realizar um relato exato dos eventos, mas sim daquilo que poderia acontecer e que é possível dentro da probabilidade ou da necessidade. O historiador e o poeta não se diferenciam pelo fato de um usar a prosa e o outro, versos. A obra de Heródoto poderia ser versificada, com o que não seria menos obra de história, estando a métrica presente ou não. A diferença está no fato de o primeiro relatar o que aconteceu realmente, enquanto o segundo, o que poderia ter acontecido. Consequentemente, a poesia é mais filosófica e mais séria do que a história, pois a poesia se ocupa mais do universal ao passo que a história se restringe ao particular.* (Aristóteles, 2011, p. 55)

Descrita como sendo mais elevada e mais filosófica do que a história, a poesia ganha um estatuto, como estamos vendo, diferente daquele que encontramos no Livro X da obra *A República*. Para Aristóteles, o poeta não nos ilumina sobre o passado como o historiador faz muito bem, dizendo como as coisas aconteceram em um momento por vezes remoto. O poeta nos ensina sobre nós mesmos, como indivíduos humanos; ele não fala do ocorrido, mas sobre como as coisas poderiam acontecer. Diferença fundamental.

Os personagens da tragédia, desse modo, devem ser encarados como emblemáticos, no sentido em que são arquétipos ou tipos humanos e por isso guardam em si a mesma universalidade que o discurso filosófico. Isso não quer dizer que este discurso seja idêntico ao poético. Longe disso. Nesse ponto, estamos mais uma vez de acordo com Marilena Chaui, quando diz que "A poesia, ao contrário da Filosofia, não é um conhecimento teórico da natureza humana, mas imita ações e sentimentos, feitos e virtudes, situações e vícios dos seres humanos"

(Chaui, 2002, p. 483). A poesia não trabalha com conceitos nem tem afinidades com cosmologias; ela é imitativa, porém, é um tipo de imitação cuja pretensão de universalidade a aproxima da atividade filosófica. Guardada a diferença entre filosofia e poesia, importa insistir sobre o seguinte ponto: a poesia tem, sim, uma pretensão que a aproxima da atividade filosófica – atingir o universal, o que a diferencia do trabalho do historiador. *Universal* aqui é entendido como manifestação de tipos humanos ou, se preferirmos, uma categoria universal do humano. Uma tragédia como *Édipo rei* (Sófocles, 2015) por exemplo, ainda que fale do indivíduo Édipo e dele narre as aventuras, trata de algo mais amplo do que a individualidade do personagem, ou seja, do destino humano.

O personagem aparece na poesia como trampolim para que a narração tenha uma forma específica e atinja o público em suas emoções, porém, esse mesmo personagem é o mote para que o universal se manifeste. O historiador, por seu lado, fala simplesmente de indivíduos, isto é, fica restrito ao âmbito particular. Ele nos fala de Alcibíades, Péricles ou Demóstenes, mas somente com base em seus feitos, índole e relevância de cada um deles para a história. Já o poeta usa um homem específico para tratar de algo mais amplo e filosófico. Eis a diferença central entre poesia e história.

Síntese

Neste capítulo, falamos sobre a censura platônica aos poetas tal qual contida no diálogo A República, analisando os motivos que levaram o filósofo a sugerir em seu livro que eles fossem expulsos da cidade idealizada pelo personagem Sócrates. Aprendemos também que a crítica de Platão se divide em duas frentes: em um primeiro momento, é de ordem pedagógica, mas no Livro X ela ganha maior alcance, revestindo-se de um aspecto também epistemológico. Vimos ainda como Aristóteles, que foi discípulo de Platão, se afastou deste último em sua obra Poética, pois aproxima a poesia da filosofia, diagnosticando que ambas dividiriam uma importante característica que as diferenciaria da história: a pretensão à universalidade.

Indicação cultural

Filme

> WAKING Life. Direção: Richard Linklater. Estados Unidos: 20th Century Fox Home Entertainment, 2001. 101 min.
> O filme embaralha elementos da realidade e do sonho, promovendo instigantes debates filosóficos e religiosos sobre temas como o sentido da vida e a possibilidade de vida após a morte. Parece interessante para se questionar o que, de fato, é a realidade.

Atividades de autoavaliação

1. De acordo com o que estudamos neste capítulo, aponte como verdadeiras (V) ou falsas (F) das seguintes afirmações sobre poesia e Platão.

    ( ) A poesia, tal qual entendida na Grécia antiga, era revestida de uma importância pedagógico-social que dificilmente compreenderíamos com base no modo como ela é percebida contemporaneamente.

( ) No diálogo *A República*, de Platão, notamos um processo de crítica à poesia que se amplifica no decorrer da obra.

( ) A primeira parte da censura platônica, presente no Livro II, é de ordem pedagógica e se caracteriza por um estudo do aparato cognitivo das crianças e sua capacidade de apreender as figuras retóricas utilizadas pelo poeta.

( ) Os poetas são expulsos da cidade ideal platônica por serem figuras subversivas, não adaptadas à vida em comunidade.

Assinale a alternativa que correspondente à sequência correta:

a) F, V, F, F
b) V, F, V, V
c) V, V, F, V
d) V, V, F, F

2. Sobre a crítica pedagógica de Platão em relação à poesia, presente no diálogo *A República*, assinale a alternativa correta:

a) Platão era contra a utilização da poesia como modo de avaliação do estudante, pois privilegiando a imaginação, o ensino da poesia impedia que o aluno contemplasse a verdade.

b) O grau de exigência racional do personagem Sócrates problematizava as descrições que os poetas faziam sobre os deuses, muitas vezes contraditórias e explicitando seres divinos com comportamentos moralmente questionáveis.

c) A crítica pedagógica de Platão à poesia se liga a um processo histórico conhecido pelo aumento considerável do número de escolas na Grécia antiga, além da importação de professores de regiões vizinhas, como o Egito.

d) A poesia mimética seria prejudicial, pois quem a ela fosse exposto teria dificuldades de pensar por si mesmo, sendo apto a simplesmente imitar comportamentos apresentados pelo poeta com base em suas narrações.

3. Sobre a crítica de ordem epistemológica realizada por Platão aos poetas, marque a alternativa falsa:

a) Os poetas, meros imitadores, não sabem realmente do que falam, pois estão afastados da verdade.

b) O mundo das ideias é aquele em que se localizam os conceitos e as figuras matemáticas, formas perfeitas porque são imutáveis e eternas.

c) A crítica epistemológica é importante porque, para atestar o grau de credibilidade do poeta, precisamos saber o que ele pode conhecer.

d) Os poetas são socialmente irrelevantes, valendo-se mais da imaginação do que da razão, servem unicamente para entretenimento dos jovens e adultos.

4. Sobre o tema da poesia, de acordo com Aristóteles, marque falso (F) ou verdadeiro (V) em relação às afirmações a seguir. Depois, assinale a alternativa que corresponde à sequência correta:

( ) O fato de a poesia ser mimética não é problemático para Aristóteles, pois somos criaturas essencialmente miméticas e essa característica impulsionou o aparecimento da poesia.

( ) Poesia e filosofia, de acordo com Aristóteles, são praticamente a mesma coisa, a única diferença é a cadência imprimida pelos versos poéticos.

( ) O historiador fala sobre o que aconteceu, ao passo que o poeta – inspirado pelas musas – nos prepara com base em previsões oraculares para um futuro iminente.

( ) A tragédia, por se valer de traços humanos universais – comuns a todas as pessoas – pode ensinar sobre nós mesmos de modo que nenhum historiador poderia fazer ao descrever uma figura particular.

   a) V, F, V, V
   b) F, V, F, V
   c) V, F, F, F
   d) V, F, F, V

5. Sobre a poesia para Aristóteles assinale, das seguintes opções, a alternativa verdadeira:
   a) Apesar de pequenas diferenças, ele reatualiza a crítica platônica, concebendo a poesia como uma arte mimética.
   b) A poesia podia se manifestar também por meio de música, dança, teatro e pintura, algo que soa estranho para nós, acostumados a entendê-la como uma atividade de escrita.
   c) A poesia imita qualquer coisa contida na natureza, fornecendo àquilo que retrata um aspecto universal que a permite ultrapassar a filosofia em importância.
   d) Contra todo tipo de preconceito, Aristóteles não poderia concordar com a expulsão dos poetas, muitos deles seus amigos.

Atividades de aprendizagem

Questões para reflexão

1. Comente um fator que ateste a importância ou a irrelevância sociocultural do poeta-cantor (aedo) em uma sociedade ágrafa (sem alfabeto consolidado).

2. O que significa dizer que Platão, no diálogo *A República*, abre duas frentes de crítica à poesia e aos poetas?

3. Descreva dois usos do alfabeto que demonstrem como ele é fundamental para o tipo de sociedade em que vivemos.

Atividade aplicada: prática

Com base no que foi aprendido no capítulo, escreva um texto, com no mínimo 20 linhas, respondendo à seguinte questão: Se a escolha coubesse a você, os poetas seriam expulsos da cidade ideal? Por quê?

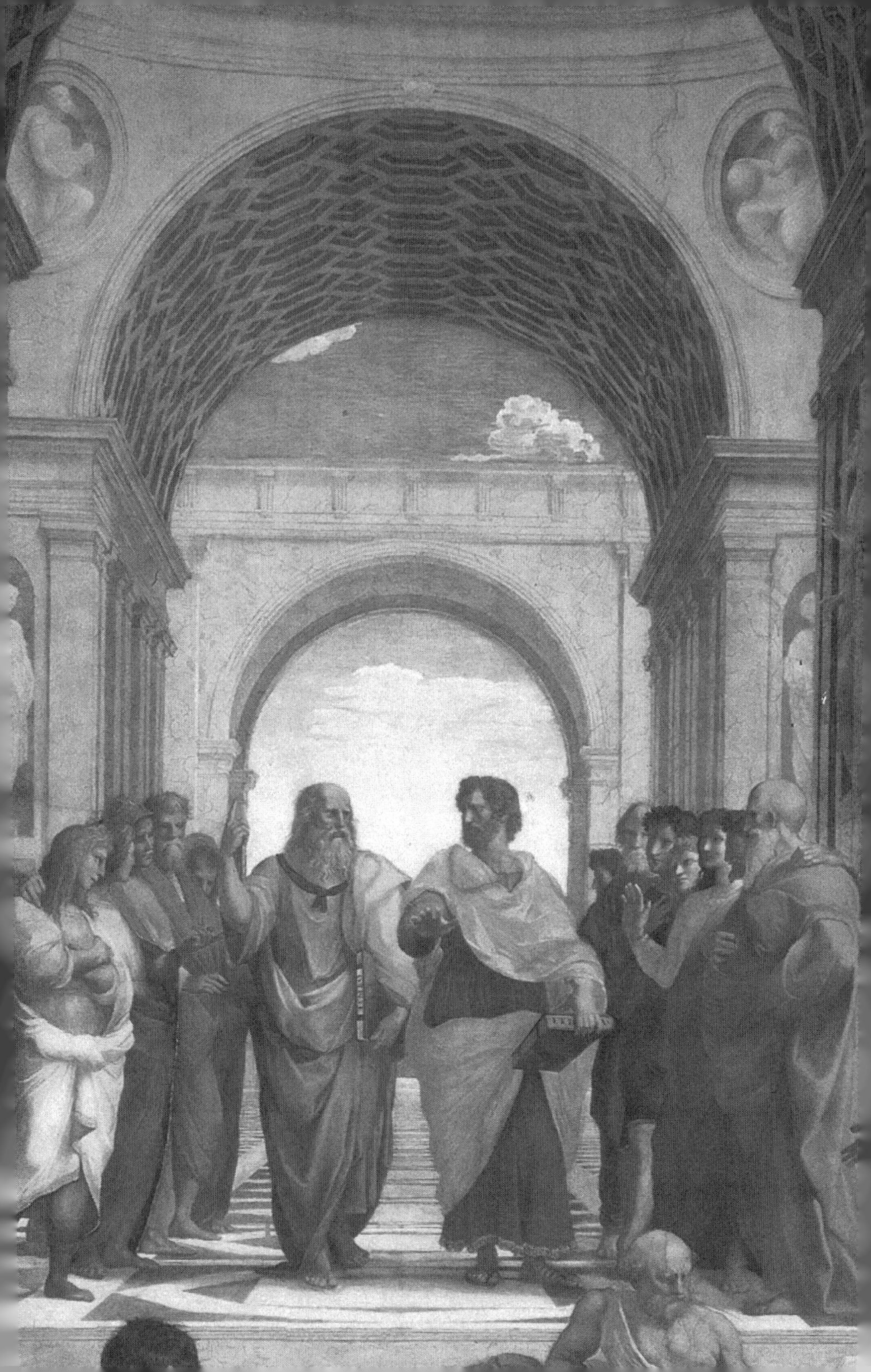

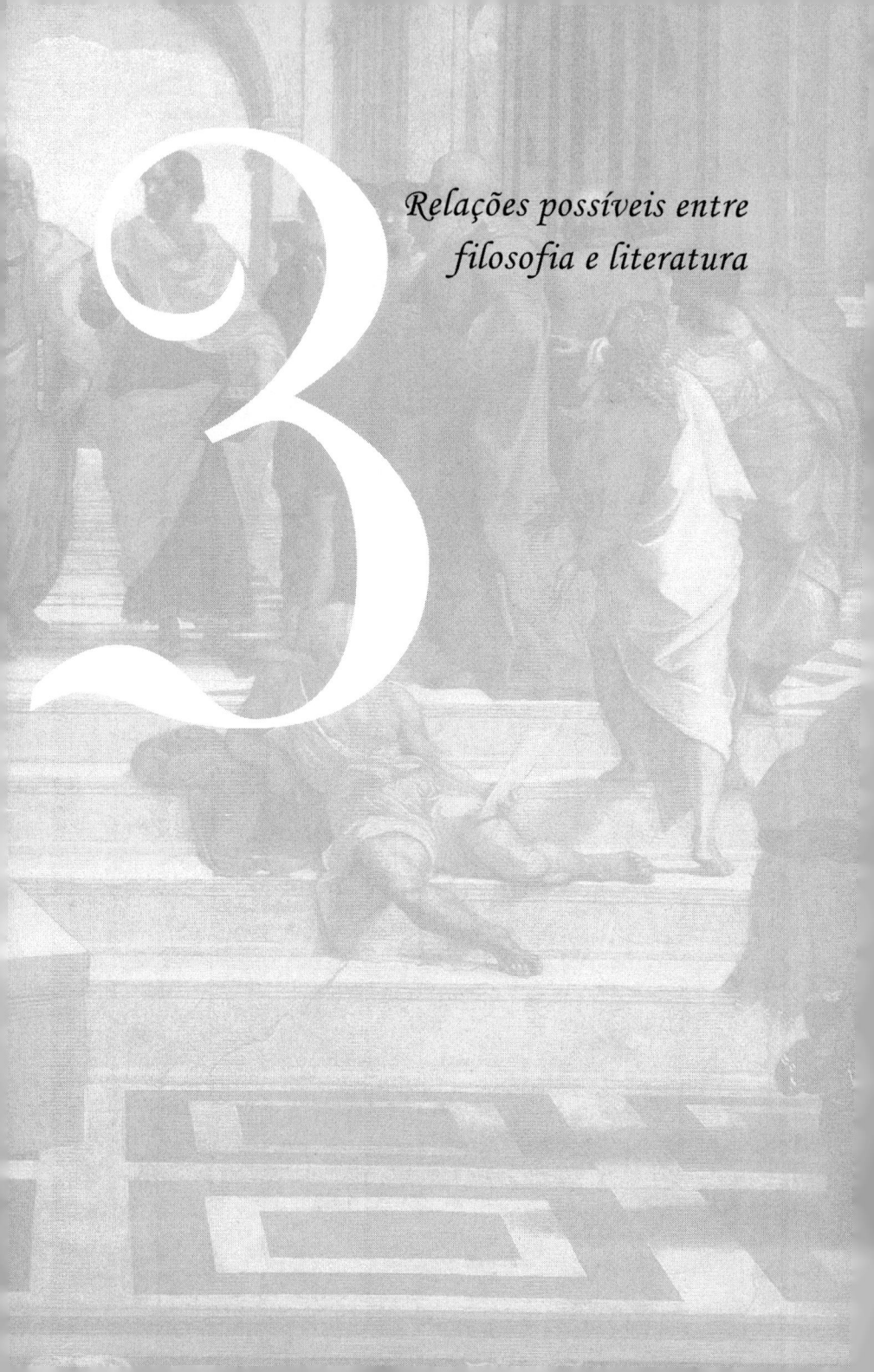

3
Relações possíveis entre filosofia e literatura

Neste capítulo, o mais longo desta obra, dividido em três grandes momentos, falaremos panoramicamente sobre alguns autores, explicitando três linhas principais de abordagem que configuram a relação filosofia-literatura. Aquela que chamaremos, a título de ilustração, de **disjuntiva**, perspectiva segundo a qual teríamos mais afastamentos do que cumplicidade entre a atividade do literato e a do filósofo; a **complementar**, com base na qual veremos alguns casos de diálogo entre filosofia e literatura; e, enfim, a que chamaremos de **recíproca**, por meio da qual veremos que as distinções podem ceder espaço a uma atividade multiforme, em que literatura e filosofia se tornam quase a mesma ciência, já que não estamos mais em uma atmosfera pautada por rotulações inflexíveis. O conhecimento de cada uma dessas abordagens é fundamental para a compreensão das possibilidades e impossibilidades de interação entre os campos filosófico e literário.

Iniciaremos a discussão tomando nossos dois termos (*literatura* e *filosofia*) como dois modos discursivos distintos. Separação que se evidencia, entre outros motivos, pelo simples fato de que quando entramos em uma livraria ou biblioteca encontramos uma seção para cada uma dessas ciências, não necessariamente localizadas próximas uma da outra, o que atestaria, em nível posicional, a distância teórica entre as duas. Encontramos, além disso, pessoas que dizem gostar de literatura e nem sempre são as mesmas que atestam uma afinidade, por assim dizer, filosófica. Esses dois tipos de discurso estão inseridos em cursos universitários distintos (letras e filosofia), mais um dado que reforçaria sua diferenciação, ainda que sejam companheiros no campo dos saberes, as ciências humanas.

Esse afastamento, todavia, não impediu que alguns filósofos fossem bons escritores, no sentido artístico da prática literária. Poderíamos citar Nietzsche, Voltaire e Kierkegaard. Outros pensadores, diferentemente, são com frequência lembrados pelos estudantes por sua escrita técnica, considerada árida e de difícil compreensão, como é o caso de Immanuel Kant e Aristóteles. Hegel, por sua vez, surge muitas vezes em rodas de conversa caracterizado por sua obscuridade, mas isso não o torna menos importante para a história da filosofia.

Reconheçamos, então, que ser um bom escritor não parece condição essencial para ser um bom filósofo e, de outro modo, não parece necessário ser um exímio filósofo para se destacar como bom escritor. É interessante lembrar, em todo caso, aqueles que conseguiram conciliar uma prática de escrita exemplar com reflexões importantes. É o caso de alguns dos ganhadores do prêmio Nobel de Literatura. O prêmio por si só não autoriza a validade da reflexão, mas sinaliza a aproximação entre os dois campos do conhecimento. O filósofo francês Henri Bergson pode ser citado, pois ganhou o prêmio do ano de 1927; o inglês Bertrand Russell foi agraciado em 1950; Jean-Paul Sartre, por sua vez, recusou receber o prêmio Nobel justamente por motivos político-filosóficos; segundo ele, isso seria perder sua identidade de filósofo.

3.1
Delimitando o tema

A *aproximação entre* esses dois campos pode ocorrer com base em pontos de vista filosóficos ou literários. E isso diz muito, já que, dependendo do modo como abordamos a questão, a ênfase mudará. Vejamos o seguinte caso: um filósofo pode, munido de seu instrumental reflexivo-conceitual, exemplificar alguma tese por meio de conto, peça teatral ou romance. Eis uma postura que não é a mesma de um escritor que, agora do ponto de vista literário, propõe uma aproximação com a filosofia, talvez invocando alguma famosa tese pela boca de um de seus personagens. As possibilidades não se esgotam nessas duas opções. Temos ainda outras variações no modo como filosofia e literatura se aproximam ou afastam.

Parece ilustrativo lembrar, seguindo Antonio Candido, que no Brasil a melhor expressão em termos de pensamento (diríamos *filosofia*) e sensibilidade (tomada talvez como sentimento artístico) se mostrou por meio da literatura, o que aproxima de modo importante esses dois discursos. Isso significa que no nosso caso, o brasileiro, diferente dos países europeus, o veículo literário teve preeminência como foco de reflexão, mais até do que a filosofia (como especialização) e as ciências humanas. A literatura realizada aqui no Brasil seria, desse modo, "o fenômeno central da vida do espírito" (Candido, 2006, p. 137).

3.2
Relação disjuntiva: filosofia ou literatura

A *perspectiva que* percebe uma separação essencial entre filosofia e literatura pode ser chamada de *purista* ou *disjuntiva*. Essa abordagem se vale de uma conjunção disjuntiva *ou* que funciona criando um afastamento teórico importante. Considere ainda que essa interdição pode ter origem tanto no campo filosófico, em relação a uma pretensa contaminação da literatura, quanto do lado literário, como crítica de uma intromissão ideológica por parte da filosofia. O ponto que parece agrupar as várias possibilidades da perspectiva purista é este: filosofia e literatura teriam um campo de ação específico, além disso, objetivos diferentes.

A oposição, então, seria essencial, como a divergência existente entre a luz e a sombra (nunca estão no mesmo lugar, na mesma hora) e seria exemplificada pelo afastamento irremediável entre o pensamento abstrato (filosófico) e a construção artística (que se utiliza da fantasia e da imaginação). Teríamos diante de nós, no limite, dois tipos distintos de sabedoria. Paul Valéry, que foi poeta, escritor e filósofo, ainda que não seja partidário da perspectiva purista, expõe de modo claro como essa oposição se desvela. Vejamos um longo trecho em que Valéry explicita em qual solo se dá o conflito entre uma tarefa que seria filosófica e outra, diferentemente, mais apropriada ao poeta:

> Frequentemente opõe-se a ideia de Poesia à de Pensamento e, principalmente, de "Pensamento Abstrato". Fala-se em "Poesia e Pensamento Abstrato" como se fala no Bem e no Mal, Vício e Virtude, Calor e Frio. A maioria acredita, sem muita reflexão, que as análises e o trabalho do intelecto, os esforços de vontade e de exatidão em que o espírito participa não concordam com essa simplicidade de origem, essa superabundância de expressões, essa graça e essa fantasia que distinguem a poesia, fazendo com

que seja reconhecida desde as primeiras palavras. Se encontramos profundidade em um poeta, essa profundidade parece ter uma natureza completamente diferente da de um filósofo ou de um sábio. (Valéry, 1999, p. 193)

A primeira palavra da citação anterior, *frequentemente*, mostra o caráter insistente da oposição. O quadro é tal como segue: haveria uma tarefa intelectual abstrata, dignamente filosófica, e ela seria contraposta à "fantasia" e "superabundância de expressões" da poesia. Posição que tem muitos afiliados, pois bastante gente acredita nela, ainda que "sem muita reflexão", como adverte Valéry. No caso do leitor de um poema pego por uma reflexão profunda encravada pelos versos, ele estará se confrontando com uma operação intelectual de um quilate diferente daquele impresso pelo filósofo. A oposição entre graça e exatidão também é sintomática das afinidades próprias a cada um desses discursos.

3.3
Literatura contra a intromissão filosófica

Do partido literário é lançada uma crítica contra a aproximação da filosofia que clama por autonomia estética. Antes de explicitar essa questão, vejamos um adepto importante dessa perspectiva, o escritor Milan Kundera. Nascido em Brno, cidade da República Tcheca, no ano de 1929, é um escritor bastante conhecido por obras como *A vida está em outro lugar*, *O livro do riso e do esquecimento* e *A insustentável leveza do ser*. Ele defende que a relação entre filosofia e literatura acarretaria, para esta última, no limite, uma submissão ideológica. Ela ficaria legada ao papel de propagandista de ideias filosóficas; seria preciso, para salvaguardar sua autonomia, escolher entre uma coisa ou outra. Para Milan Kundera, tal qual exposto em seu livro *A arte do romance* (Kundera, 2009), haveria uma diferença essencial entre o modo como o filósofo e o novelista pensam – de maneira que falar de filosofia em Franz Kafka, para citar um exemplo, seria tarefa fadada ao fracasso. Vejamos o porquê disso.

Nas obras de Kafka e de tantos outros literatos, estaria sendo executado um exercício intelectual diferente de uma operação filosófico-argumentativa. Isso porque a narrativa romanesca se desvencilha do controle estrito da razão e da verossimilhança para se deixar guiar pela imaginação do autor. A sabedoria do romance seria de outro quilate se comparada com a sabedoria filosófica. Kundera, desse modo, será requisitado, pois é representativo em relação ao tema que move nossos esforços, isso porque algumas de suas afirmações o colocam na linha disjuntiva da relação entre literatura (especificamente o **romance**) e filosofia. Vejamos mais detalhadamente qual sua perspectiva sobre o assunto.

Para nossos propósitos, vale menos a pena analisarmos detidamente seus textos literários do que, em um movimento mais teórico, nos aproximarmos dos escritos em que o autor reflete sobre os romances e de que modo eles se diferenciariam da produção filosófica. No livro já mencionado, *A arte do romance* (Kundera, 2009), composto por um dicionário de termos escolhidos, entrevistas e ensaios, o autor defende a diferenciação incontornável entre o discurso alinhado à imaginação, circunscrito à existência psicológica de um personagem, e o discurso filosófico, orientado por princípios universais e de caráter abstrato.

Essa perspectiva pode parecer, à primeira vista, estranha para os leitores de seus romances. Quem já leu *A insustentável leveza do ser* (Kundera, 2008) deve se lembrar de que logo no início do livro há uma referência à tese filosófica de Nietzsche sobre o eterno retorno; porém, temos de notar algo importante: ela está alinhada aos anseios e particularidades de um personagem específico, Tomas. Assim, a tese filosófica com a qual o livro inicia suas páginas está como que particularizada, ela é o mote para que seja exposta a condição existencial de Tomas, não valendo para todas as pessoas.

Já na quinta parte do mesmo romance, intitulada "O peso e a leveza", lemos que "O romance não é uma confissão do autor, mas uma exploração do que a vida humana é nesta armadilha em que o mundo se converteu" (Kundera, 2008, p. 217*). Isso significa que, ao que parece, não podemos, de acordo com Kundera, reduzir o romance a um espelho biográfico do autor. Não entenderemos melhor a obra vasculhando a infância e momentos importantes da vida daquele que a escreveu. Ela é produto de imaginação, e por isso temos de localizar essa exploração existencial que é o romance com base em um ponto de um vista particular, aquele do personagem que o autor faz falar.

A exploração filosófica seria mais abstrata, universal, buscando uma exatidão conceitual que não é característica de uma obra de imaginação. A exploração filosófica não trata de Tomas ou de Dom Quixote, mas de todas as pessoas e em qualquer recorte histórico. O romancista está em outra atmosfera, como você pode agora perceber; ele realiza uma atividade essencialmente diferente do filósofo, e Kundera não deixa de se posicionar do lado de lá da filosofia: "Não sou filósofo", ele afirma, "mas romancista" (Kundera, 2009, p. 12).

O romance carregaria em si a linguagem da ambiguidade e por isso traz em seu cerne o caráter relativo/particular. Ele é, além disso, o momento privilegiado em que a imaginação pode explodir no sentido

---

* Como não se lembrar de Nietzsche diante dessa perspectiva? Ele que, no livro *Além do bem e do mal*, diz justamente que: "Gradualmente foi se revelando para mim o que toda grande Filosofia foi até o momento: a **confissão** pessoal de seu autor, uma espécie de memórias involuntárias e inadvertidas; e também se tornou claro que as intenções morais (ou imorais) de toda Filosofia constituíram sempre o germe a partir do qual cresceu a planta inteira." (Nietzsche, 2005, p. 12, grifo nosso).

de se dilatar e fazer apelo ao sonho e ao fantástico. Perceba que não haveria, nesse quadro, uma verdade unívoca para ser captada pela pena do romancista, de caráter universal: "em vez de uma só verdade absoluta, muitas verdades relativas que se contradizem (verdades incorporadas a 'egos imaginários' chamados personagens), ter portanto como única certeza a 'sabedoria da incerteza'" (Kundera, 2009, p. 14). O romance, como estamos vendo, tem uma sabedoria própria a ele, que não é filosófica – termo inadequado – mas pode, de alguma maneira, cooptar a filosofia, isto é, particularizá-la.

O primeiro exemplo dessa particularização, como já foi visto, é aquele da abertura do romance *A insustentável leveza do ser*, quando Nietzsche é convocado, mas outros casos são citados por Kundera. Miguel de Cervantes, autor do clássico *Dom Quixote*; Kafka, autor de *Metamorfose*; e James Joyce, que escreveu *Ulisses*, todos teriam levado a cabo um projeto filosófico heideggeriano de desvelamento do ser. Antes de nos apressarmos dizendo deles que são filósofos, vale notar que isso aconteceu por meio de personagens (particulares) construídos pela imaginação desses escritores. O romance tem uma linguagem e uma verdade que lhes são específicas; como já adiantamos, ele fala algo que só pode ser transmitido pelas especificidades que lhes são únicas: "nunca deixarei de repetir que a única razão de ser do romance é dizer aquilo que apenas o romance pode dizer" (Kundera, 2009, p. 40). Estamos falando de um discurso que se filia à imaginação, se insere na existência ficcional de um personagem ou, de acordo com Milan Kundera, exercita um tipo de meditação que é de caráter hipotético, imaginativo:

> *Existe uma diferença fundamental entre a maneira de pensar de um filósofo e a de um romancista. Fala-se frequentemente da Filosofia de Tchekhov, de Kafka, de Musil etc. Mas experimente extrair uma Filosofia coerente de seus escritos! Mesmo*

quando exprimem diretamente suas ideias em seus livros, essas são mais exercícios de reflexões, jogos de paradoxos, improvisações que a afirmação de um pensamento. (Kundera, 2009, p. 77)

Essa parece ser a mesma oposição explicitada por Paul Valéry (1999), ainda que ele não seja adepto dela. Pensamento abstrato de um lado e, no outro polo, o pensamento lírico. O romance, segundo Kundera, não seria lugar para disseminação de ideias filosóficas nem para a defesa de teses teóricas que se pretendam universais. Agora temos argumentos suficientes para dizer que o romanesco enfrenta o mundo como uma ambiguidade, como um modo de explicitar a vivência de um personagem em toda sua contradição: essa é sua especificidade. Não temos uma atmosfera propícia para a argumentação inequívoca que esperamos, como é natural no caso da filosofia, por uma conclusão apoiada em premissas previamente aceitas.

Kundera, ademais, é radicalmente contra a literatura como ferramenta política. No seu dicionário de termos, de fato, podemos ler no verbete *ideia*: "A aversão que experimento por aqueles que reduzem uma obra a suas ideias. O horror que tenho de ser arrastado ao que se denomina 'debates de ideias'. O desespero que me inspira a época obscurecida pelas ideias, indiferente às obras" (Kundera, 2009, p. 123). Note que a afirmação citada não usa argumentação lógica para defender algum ponto. O autor recorre repetidamente a sentimentos particulares para expor sua posição: ele fala em *aversão*, *horror* e até mesmo *desespero*, termos usados para mostrar como **ele** percebe a intromissão de teses que podemos chamar de filosóficas em uma obra romanesca.

O adversário do autor, por assim dizer, parece ser a perspectiva daquele que percebe na literatura algum grau de engajamento legítimo que a lançaria para além da arte. Ainda segundo o dicionário de termos de Kundera, especificamente no verbete *misomusa*, lemos que sujeitar a arte à política seria um modo de manifestação de ódio para com ela; em outras palavras, seria uma forma de reduzi-la. "A doutrina da arte engajada: a arte como meio de uma política. Professores para quem uma obra de arte não é senão um pretexto para o exercício de um método (psicanalítico, semiológico, sociológico etc.)" (Kundera, 2009, p. 131).

Preservar o aspecto estético da linguagem romanesca é evitar sujeitá-la à prática política, é deixá-la aberta para a imaginação e o sonho que, de fato, em muitos casos pode mesmo preceder e motivar o sentido de uma obra de romance. O leitor não pode exigir da investigação existencial romanesca quaisquer respostas argumentadas ou passos lógicos que orientaram de modo rígido a exposição de alguma tese universal. O caso é outro: "É preciso, portanto, ler essa narrativa [a romanesca] deixando-se transportar pela imaginação. Sobretudo não como um enigma a decifrar. Foi esforçando-se para decifrá-lo que os kafkólogos mataram Kafka" (Kundera, 2009, p. 124). Esse assassinato simbólico não foi da pessoa, naturalmente, mas do romancista. Os especialistas dos textos de Kafka constrangeram sua produção literária e acabaram por reduzi-la a uma mera exposição de ideias, algo que ela não poderia comportar e, segundo a maneira de ver de Kundera, essa aproximação com a filosofia significa o aniquilamento do romance.

Seguiremos agora o desenrolar do novelo argumentativo de outra perspectiva, a que detecta na aproximação – agora da literatura – um problema para a investigação filosófica.

3.4
Filosofia contra a ambiguidade literária

Já do campo filosófico, não raro partem críticas que recusam os recursos literários quando de uma atividade reflexiva séria, pois são considerados prejudiciais ao enfraquecerem o rigor próprio das investigações graves e universais. Lembre-se de que a filosofia seria caracterizada, como temos apontado, por seu discurso metódico e com pretensão de atingir um conhecimento universal e, por isso mesmo, válido em todos os casos. A metáfora, que utiliza imagens como forma de comparação; o eufemismo, que é a substituição de uma palavra considerada indecorosa ou desagradável por outra, mais amena; e a hipérbole, que exagera algum predicado para realçá-lo, são consideradas figuras de linguagem que podem deturpar a objetividade do discurso. A verdade, poderiam dizer os adeptos da perspectiva disjuntiva, não precisa de ornamentos. De tal forma muitos filósofos taxaram o discurso literário como contraditório, ainda que belo, porém, incapaz de manifestar um pensamento filosófico coerente.

Lembremos-nos do soneto de Luiz Vaz de Camões *Amor é um fogo que arde sem se ver*. Esse poema, de acordo com os critérios que estabelecemos para um discurso ser filosófico, pode ser considerado como simples contradição – bela, com certeza – e, em última instância, um apelo a nossas emoções, mas que serve unicamente ao deleite estético: "Amor é um fogo que arde sem se ver; / É ferida que dói, e não se sente; / É um contentamento descontente; / É dor que desatina sem doer" (Camões, 2015, p. 6, versos 1-4).

Note como se estruturam os versos anteriores. O poeta fala sobre o que é o amor e para isso se vale de imagens e não de argumentos. Pior do que isso, o amor "É um contentamento descontente", segundo Camões. Ele utiliza, para falar de amor, antíteses metafóricas (aproximação de palavras com sentidos opostos na tentativa de fazer uma comparação), estratégia que exemplifica bem o que queremos dizer. O poema, como você pode visualizar, se constrói fornecendo características do que é o amor e isso é feito por meio de metáforas, que se formam pela aproximação de duas palavras contraditórias. Não extraímos desses versos – alguém poderia questionar – argumentos em defesa de uma tese clara; não sabemos, por exemplo, quais são as premissas do autor, por meio do que ele fala nem de que modo entende os conceitos que utiliza. Isso seria uma atitude não filosófica. De fato, que moralista diria ser a virtude um bem ao mesmo tempo em que não é um bem? Como explicar argumentativa e filosoficamente um sentimento cuja característica é abrigar em si o seu contrário? Pois é justamente isso que Camões faz quando fala sobre o que é o amor. Uma proposição anularia a outra e, assim, nada de positivo restaria do ponto de vista lógico.

O amor, por ser pintado como um sentimento antitético, não poderia ser passível de uma apreensão predominantemente racional, como pretende a atividade filosófica. Uma ferida que causa dor sem se fazer sentir. O que é isso exatamente, você poderia explicar? Um contentamento que é ele mesmo descontente. Estamos falando de algo positivo que traz no cerne seu negativo. Sem concluir que esses versos decassílabos de Camões não podem ser filosóficos, tenhamos em mente que a postura disjuntiva percebe no discurso filosófico e no literário um tipo de operação intelectual diferente.

Cabe deixar anotado, para sua reflexão, que uma figura de linguagem como a **antítese** pode, sim, ser considerada legitimamente filosófica. Como diz Bernand Sève, em um artigo sobre Blaise Pascal, "a antítese não é um simples procedimento de ornamentação ou de Literatura, mas sim um meio de expressão adequada do verdadeiro" (Sève, 2014, p. 177). Se Camões pretende construir um tipo de discurso que aborde um sentimento multifacetado em toda sua ambiguidade, a metáfora antitética e só ela é capaz de abarcar a essência do amor. Isso é uma estratégia filosófica, poderíamos dizer. Menos do que ser afastado do pensamento abstrato, veríamos antes uma aproximação apropriada ao tema investigado. Ora, como nos adverte Carlos Drummond de Andrade, no conto "A estranha (e eficiente) linguagem dos namorados", presente no livro *Boca de luar*: "amor é inventivo e anula os postulados da lógica. Ele tem sua lógica própria, tão válida quanto a outra. E os amantes se entendem sob o signo do absurdo" (Drummond de Andrade, 1984a, p. 25-27).

Ao que parece, o poeta exige certo tipo de leitor, mas que leitor é esse? Aquele que aceita adentrar a subjetividade de outra pessoa para poder sair de si mesmo, ampliando assim seu campo de visão. Um processo que poderia ser descrito como uma indução poética, porque sai do particular para se encaminhar rumo ao universal. Exigência que não se assemelha à proposta filosófica tal qual estamos traçando. Parece ser disso que Schopenhauer (2007, p. 145) fala, no livro *A arte de escrever*, quando diz: "Se um poeta deu corpo à sua sensação passageira com as palavras mais apropriadas, aquela sensação vive através de séculos nessas palavras e é despertada novamente em cada leitor receptivo". O poeta, usando os termos de Schopenhauer, exige um leitor que precisa ser receptivo. O leitor de textos filosóficos, de outra maneira, parece fazer exigências ao texto. Ele espera encadeamento argumentativo, exatidão, clareza nos conceitos e que o autor, além disso, tenha propriedade para criticar, se for esse o caso, e conhecimento para edificar alguma teoria.

A abordagem que denominamos *disjuntiva* ou *negativa*, ao relacionar filosofia e literatura pela conjunção disjuntiva *ou*, como analisamos, interdita, portanto, o diálogo produtivo entre esses dois campos. Haveria uma diferença tanto no que diz respeito à forma do texto quanto ao conteúdo desses dois tipos de discurso. A literatura se manifestaria por estruturas textuais diferentes, como romances, poemas, fábulas e contos, que são quatro exemplos de um discurso em que a imaginação seria mais estimulada do que o pensamento abstrato conceitual.

Quanto ao conteúdo, elas se diferenciariam por terem interesses divergentes. O que pretendemos dizer é que, à filosofia, caberia o campo de investigação da verdade, isto é, conhecimentos universais e necessários, atingidos por deduções ou induções; já a literatura poderia sem problemas tratar de casos particulares – concebidos arbitrariamente pela imaginação do escritor – e contingentes, ou seja, que não valeriam para todos os casos. Ao que parece, é sobre esse ponto que Albert Camus fala quando discorre sobre o tema *sentido da vida* nas obras de um escritor russo bem conhecido, Dostoiévski; perceba que, para Camus, o problema sobre o sentido da vida só aceitaria soluções extremas, isto é, das duas, uma: "A existência é enganosa ou é eterna" (Camus, 2014, p. 106). Colocada nesses termos, essa é uma questão universal, propriamente filosófica de acordo com os termos estabelecidos até o momento e "Se Dostoiévski se contentasse com essa análise, seria filósofo" (Camus, 2014, p. 106); no entanto, Camus continua: "Mas ele ilustra as consequências que esses jogos de espírito podem ter **na vida de um homem** e por isso é um artista" (Camus, 2014, p. 106, grifo nosso). Mais uma vez a oposição entre particular e universal aparece para separar filosofia e literatura.

O filósofo posiciona-se como um juiz e confere valor, articula conceitualmente a realidade e tem um olhar sistemático sobre o mundo. O poeta trabalha com o ambíguo, é criador de fantasias e não se insere em um sistema. Caberia à literatura o papel do entretenimento estético, sem a sistematicidade exigida em um discurso lógico universalizante.

Razão de um lado e imaginação de outro: eis o que separaria inequivocamente esses dois tipos de discurso. Citando Antoine Compagnon

(2012, p. 64): "A Literatura desconcerta, incomoda, desorienta, desnorteia mais que os discursos filosófico, sociológico ou psicológico porque ela faz apelo às emoções e à empatia". O esquema a seguir mostra as diferenças estruturais, segundo a perspectiva disjuntiva, entre esses dois termos.

Quadro 3.1 – Características específicas segundo a perspectiva disjuntiva

Filosofia	Literatura
Universalidade	Particularidade
Razão	Imaginação
Conceitos	Figuras de linguagem

Tomemos um exemplo ilustrativo. Carlos Drummond de Andrade, no livro *Contos de aprendiz*, especificamente no conto "O gerente" (1984b, p. 74-96), não apresenta ao leitor uma tese universal ou traços humanos atemporais. A história do conto gravita em torno do personagem Samuel. E sobre ele, é verdade, o autor nos fala em pormenor, estabelecendo seu ponto de vista particular: "Samuel não tinha preocupações literárias" (p. 75). Além disso, era um homem moderado e mesmo de caráter afável, "Em religião, suponho que se prendesse a raízes católicas" (p. 76). E de onde teria ele vindo, pode perguntar o leitor curioso: "Viera novo e inexperiente de Sergipe" (p. 76). Era muito religioso? "Tendo de lutar para obter melhoria de situação, foi-se esquecendo dos deveres religiosos." (p. 76). O autor não para sua descrição por aí: "Política, Samuel não discutia." (p. 76) Enfim, "apenas um cidadão bemposto, que se interessava por futebol, cinema, corridas, jantares, recepções – ia muito a recepções, ultimamente" (p. 76).

O ponto para o qual gostaríamos de chamar atenção é o aspecto particular dessa história. Ela diz respeito ao personagem em questão, seus anseios, certezas e dúvidas, não a todos os homens. Faltam elementos que qualifiquem esse conto como um veículo comunicador de uma ideia que valha em todos os tempos, que responda a uma questão ética ou política que há muito perturba todas as pessoas.

3.5
Caio Prado Junior e o objeto da filosofia

Caio Prado Junior, no livro *O que é filosofia?*, apesar de aceitar a relação entre filosofia e literatura, separa as duas ciências. A primeira, para ser mais pura, deveria investigar o que ele chama de "objeto último e profundo da especulação filosófica para o qual converge e onde se concentra a variegada problemática de que a Filosofia vem através dos séculos e em todos os lugares se ocupando" (Prado Junior, 1991, p. 8). Que objeto é esse com o qual deveria se ocupar a Filosofia? O conhecimento do conhecimento. Devemos nos explicar melhor. O objetivo dessa atividade, para o autor, seria uma investigação conceitual, tendo como enfoque o mesmo objeto das ciências, mas, diferente da física ou da química, é predominantemente teórico e busca ele mesmo explicitar em sua completude ideias que orientam nossa experiência e mesmo o fazer científico.

Se o historiador se interessa por um acontecimento que tomou lugar em certo tempo, o filósofo, diferentemente, se perguntará sobre o estatuto do tempo. Se o físico e o químico estudam os componentes da natureza, para Caio Prado Junior, o filósofo voltará sua atenção para o modo como chegamos ao conhecimento das coisas. Estamos diante de um olhar que se interessa pelo essencial, o originário. Se o poeta, enfim, fala do amor tal qual ele entende, talvez até de maneira contraditória, o filósofo, como estamos vendo, terá preferência pela origem das emoções. Esses seriam exemplos de questões filosóficas por excelência. Características que limitam a produção desse ramo do conhecimento a um estudo eminentemente conceitual epistemológico. Não à toa, ética e filosofia política não são contempladas suficientemente pelo livro citado.

3.6
Sartre e a literatura engajada

Já para o filósofo francês Jean-Paul Sartre, a literatura não poderia ficar isolada de seu contexto sociopolítico. Vejamos brevemente sua posição, pois, ao que parece, se contrapõe diretamente àquela de Milan Kundera. No ensaio *Que é literatura?*, Sartre (2004) estabelece sua posição sobre o tema. O texto foi escrito ocasionalmente, como resposta a algumas críticas que sofreu, de modo que vale a pena uma contextualização.

Com o término da Segunda Guerra Mundial (1939-1945), alguns intelectuais franceses, dentre eles Simone de Beauvoir e Merleau-Ponty, criaram a revista *Les temps modernes* (Tempos Modernos), que publicava sobre política, filosofia e literatura. Sartre, o diretor da revista, foi acusado de propor excessivo engajamento político em relação à literatura. Vejamos a resposta que foi dada no ensaio *Que é literatura?*.

Diferente de Aristóteles, que já vimos aqui, Sartre vê distinções entre escultura, pintura, poesia e música. Estamos, é verdade, em um recorte histórico bem diferente daquele aristotélico. O escritor, para Sartre, trabalha com prosa e signos, enquanto o pintor e o músico utilizariam formas (2004, p. 10). Mas importa mais, para que possamos contemplar nosso objetivo, o que ele diz sobre literatura e política. Seria mesmo difícil, para Sartre, falar em literatura não engajada, isso porque todos estaríamos, de alguma maneira, comprometidos com a realidade que nos cerca: "O homem é o ser em face de quem nenhum outro ser pode manter a imparcialidade, nem mesmo Deus. Pois Deus, se existisse, estaria, como bem viram certos místicos, em situação em relação ao homem" (Sartre, 2004, p. 21). Toda pessoa, portanto, uma vez inserida em certo ambiente sociocultural, se engaja em uma relação com outras pessoas. O mesmo se passa com a literatura.

A literatura tem uma função social, e a produção resultante dela pode ser caracterizada como uma forma de apelo, um comunicado, e justamente por isso é uma forma de engajamento. O escritor deve confrontar sua própria época colocando-se, dessa maneira, em relação ao seu tempo. Sem tirar todas as implicações do pensamento de Sartre, podemos dizer que o escritor, no momento mesmo em que se dispõe a escrever algo, que se coloca na situação de comunicante, enfim, é revestido de engajamento político. Mesmo deixar de dizer, nesse quadro, é tomar uma posição em relação ao mundo: "Mas desde já podemos concluir que o escritor decidiu desvendar o mundo e especialmente o homem para os outros homens, a fim de que estes assumam em face do objeto, assim posto a nu, a sua inteira responsabilidade" (Sartre, 2004, p. 21).

Sartre segue dizendo, duas páginas adiante da citação anterior, marcando ainda mais sua posição, que arte pura e arte vazia seriam sinônimas. Ninguém escreve um livro para não falar de nada. O caso é que não podemos fugir do engajamento com o mundo; à força ou de bom grado todo escritor está engajado (Sartre, 2004, p. 53). A ele, portanto, cabe o enfrentamento de sua tarefa. O autor não pode escapar para o reino do lirismo, fingindo que não precisa se comprometer com a realidade e os outros homens. Em uma sentença lapidar, Sartre afirma como escritor e para os escritores que "Nosso papel está definido: enquanto negatividade, a Literatura questionará a alienação do trabalho; enquanto criação e superação, apresentará o homem como ação criadora e o acompanhará em seus esforços para superar a alienação presente, rumo a uma situação melhor" (Sartre, 2004, p. 173).

Na terceira parte do texto, vemos retraçado historicamente qual papel seria esse do escritor, de modo particular o francês, desde a Idade

Média até o século XIX. O século XVIII, recorte histórico também chamado de *Iluminismo*, tem uma importante posição no esquema de Sartre: "a literatura, que até então era apenas uma função conservadora e purificadora de uma sociedade integrada, toma consciência [...] de sua autonomia" (Sartre, 2004, p. 81). Afirmação que reclama para o Século XVIII o momento em que a Literatura se reconhece como força independente, processo que para nós também é importante e será tema de análise mais à frente. De Sartre é preciso que retenhamos isto: **não podemos falar de arte pela arte se o assunto for literatura**. Para nossos propósitos, a autonomia detectada por Sartre em relação aos autores do século XVIII é sintoma de uma importante aproximação com a filosofia.

3.7
Relação complementar: diálogos possíveis

Filosofia e literatura, como é mais comum, podem ser tomadas como dois elementos distintos que, no entanto, mantêm um movimento de aproximação – forte ou fraco a depender do autor – de modo que o conectivo *e* tem função digna de nota, pois serve como ponto de ligação entre dois tipos de discurso diferentes, mas com afinidade entre si. Essa aproximação se dá de inúmeras maneiras: relativamente fraca, na forma de uma referência indireta, como é o caso do conto de Drummond "A salvação da alma" (Drummond de Andrade, 1984b, p. 13-21): "O delegado de polícia, um bacharel gordo e de bigodes fornidos, lia Espinosa, tomava a boa pinga de Januária e não gostava de amolações" (p. 14*).
Já na crônica "Aconteceu em Londres" (Drummond de Andrade, 1984a,

---

*   Na divertida crônica "Com licença: a barata", Drummond (1984a, p. 110) consegue, com muita habilidade, introduzir uma referência à *Ética*, de Espinosa, em meio a assunto aparentemente tão pouco filosófico.

p. 29-32), um dos personagens é caracterizado como "cartesiano" (p. 30). Temos outros textos, mais diretamente conectados com a filosofia, como é o caso do conto "Personagem" (Drummond de Andrade, 2011, p. 239-242), presente no livro *Passeios na ilha*, em que Drummond nos oferece um texto com pretensões existencialistas, com direito a referências a Sartre, Heidegger e Kiekegaard.

No conto "Vestida de preto", escrito por Mário de Andrade (1999, p. 19-25), o personagem Juca diz que, "às vezes meio tonto com estes acontecimentos fortes, acompanhados meio de longe, eu me recordava do passado, mas era só pra sorrir da nossa infantilidade e devorar numa tarde um livro incompreensível de Filosofia" (p. 23). Referência que é indireta por não ser desenvolvida e não ter papel fundamental na história narrada, todavia, explicita um tema que está no imaginário do autor.

Há outras referências, tanto mais enfáticas, ainda que indiretas, às vezes, fazendo uso de elementos inusitados, como é o início de *Don Juan*, famosa peça de Molière. Logo no Ato I, Cena I, um dos personagens proclama:

> *(com uma tabaqueira na mão) Diga o que diga Aristóteles e toda sua Filosofia – não há nada que se compare ao rapé. É a paixão dos nobres. Não exagero – quem não ama o rapé não é digno da vida. O rapé não apenas purifica e alegra o cérebro, mas estimula a alma, conduz à virtude, e o seu uso (gesto) refina as boas maneiras.* (Molière, 2006, p. 19)

A filosofia, desse modo, pode ser solicitada pela literatura com bastante liberdade, de modo até irônico como em outro conto de Drummond, sintomaticamente chamado "Filósofo" (Drummond de Andrade, 1984a, p. 65-67), presente no livro *Boca de luar*. Nele, lemos sobre um sujeito que, dentro do ônibus, começa a discursar – para um auditório bem ocasional – os princípios de sua filosofia, nada que representasse problema, até mesmo porque, como ele diz: "– Que adiantou, irmãos, eu ter elaborado uma Filosofia universal, que me custou anos de análise e pesquisa, se ninguém me escuta?" (p. 66). Em Machado de Assis, por seu turno, podemos mesmo fazer um catálogo das inúmeras referências usadas por ele. Vejamos algumas.

No romance *Helena*, especificamente no Capítulo VI (Machado de Assim, 1876, p. 68), lemos sobre a mula que dispara um olhar adjetivado como filosófico para aquele que ela conduzia. Filosofia que, no desenrolar do texto, é identificada, no décimo sexto capítulo, como "vadiações de espírito" (Machado de Assis, 1876, p. 173). Já no Capítulo IV do romance *Memórias póstumas de Brás Cubas*, Machado de Assis (1997, p. 18) sentencia que a obra teria sido escrita com paciência, "obra supinamente filosófica, de uma Filosofia desigual, agora austera, logo brincalhona". Ainda que essencialmente literário, o texto teria sido revestido com uma vestimenta diferente, filosófica. As referências à filosofia, vale ressaltar, correm em todo o texto. O personagem Quincas Borba, caso você se lembre, tem o próprio conjunto teórico-filosófico, o humanitismo. Há ainda, no mesmo romance, certa passagem que fala do cocheiro filósofo, presente no Capítulo CXIX (1997, p. 182) e, para finalizar, a descrição de um riso "desinteressado, superior" que é denominado "filosófico" (Machado de Assis, 1997, p. 72). Alguns capítulos também são dignos de atenção, como o CIX, chamado "O filósofo"; o CXVI, curiosamente intitulado "Filosofia das folhas velhas" e o igualmente curioso capítulo de número CLI, intitulado "Filosofia dos epitáfios".

O diálogo entre os dois termos que nos conduzem nessa investigação pode se dar de outro modo, não com base em referências – diretas ou indiretas –, mas por causa do tema que motiva o desenrolar da história, o que permite ser um romance adjetivado como "filosófico". Vejamos mais detalhadamente dois exemplos que se encaixam nessa descrição, a saber, uma especulação lítero-filosófica.

3.8
O Admirável mundo novo ou o fim da individualidade

Em 1932, foi publicado o romance de Aldous Huxley *Admirável mundo novo*, que podemos chamar de **literatura filosófica**, pois dele extraímos reflexões sociais e políticas contundentes, ainda que se trate de uma história imaginada e apresente personagens particulares. Estamos falando de uma ficção científica, de modo que o texto gravitará em torno de questões relativas a esse universo. Biologia, psicologia e novas tecnologias serão tematizadas no desenrolar do livro para servir de arsenal à crítica política desferida pelo autor. Ela diz respeito ao uso ideológico da ciência, tema que – apesar das grandes diferenças de tratamento – já tinha motivado o *Discurso sobre as ciências e as artes*, de Rousseau, e motivaria algumas das reflexões de Martin Heidegger sobre a técnica.

Mesmo que fictício, o romance critica o panorama sugerido por esse tipo de produção em massa que a consolidação da Revolução Industrial permitiu. É o próprio autor quem diz, no prefácio, depois de ter mencionado que a arte apresenta sua moralidade – aproximando-a assim de uma perspectiva filosófica –, que "o tema de *Admirável mundo novo* não é o avanço da ciência em si; é esse avanço na medida em que afeta aos seres humanos" (Huxley, 2001, p. 25). A ciência não será, portanto, analisada nela mesma, mas o que torna a abordagem altamente filosófica será abordada na medida em que influencia nossa vivência moral. Podemos dizer que o romance responde negativamente à pergunta: a ciência é indiscutivelmente benéfica de um ponto de vista moral?

Sobre a forma, é interessante notar que o romance apresenta-se como uma distopia, e isso diz algo sobre sua proposta filosófica. Para explicar o que distopia significa, parece apropriado falar de seu contraposto. A **utopia** normalmente se liga à idealização de uma sociedade sem falhas, que está no plano do irrealizável, do ideal e/ou da fantasia. *A República* de Platão, diálogo que analisamos aqui, pode ser classificado como utopia pois, por se situar em um local inventado, ela foi muito utilizada por outros escritores para driblar, em alguma medida, constrangimentos políticos por relativizar ou criticar alguma norma religiosa ou social vigentes. **Distopia**, por seu turno, se caracteriza em oposição à utopia. Ela é orientada pela ideia ou mesmo descrição de uma sociedade ou país imaginário cuja organização político-social seja configurada de modo opressivo e totalitário. Apresentando o pior dos cenários possíveis, a distopia funciona como um alerta político-filosófico. Não estipula o que seria benéfico para uma sociedade, mas apresenta características que devem ser evitadas. Vamos ao texto.

Que mundo é esse a que o título faz menção? Somos levados para Londres do ano de 2540 ou, se preferirmos a escala de tempo usada pelos personagens, 630 d.F. (depois de Ford). O nome de Ford nos importa porque essa referência mostra que, apesar de ser um romance cuja história se desenrola no futuro, ele lida com a realidade do tempo do autor, primeira metade do século XX. Eis uma literatura que se confronta com seu tempo; talvez possamos dizer que é, em termos sartrianos, engajada. Não podemos deixar de lembrar que Ford está relacionado a um tipo de linha de montagem de grande impacto, responsável pela intensa assimilação de carros, telefones e rádio na sociedade norte-americana.

Apesar de a história se passar em Londres, o narrador nos adverte que a nova ordem mundial não é a mesma do século XX. O chamado *Estado Mundial* rege grande parte da Terra, mantendo a paz e a estabilidade entre as pessoas, cujo número é controlado para não passar de dois bilhões, de modo que recursos naturais e bens sejam encontrados em abundância. É preciso lembrar que há reservas (como as indígenas) em que pessoas ainda vivem como antigamente. Esse é o cenário político, mas qual o aspecto social do romance, ou seja, como se vive na Londres futurista de Huxley?

As pessoas são submetidas, mesmo antes de nascer, a direcionamentos genéticos e, quando nascem, são condicionadas – ainda bebês – a se familiarizar com coisas previamente destinadas a elas. Podemos citar hipoteticamente o caso de um jardineiro. Ele será condicionado a ter repulsa por ambientes fechados, podendo ser usado para isso barulhos altos e choques elétricos toda vez que for submetido a condições contrárias à função que lhe será destinada, procedimento que vemos no início do Capítulo II (Huxley, 2001, p. 54); esse mesmo jardineiro em potencial vai ser estimulado a ficar perto de plantas e flores.

O que entendemos pela subjetividade de uma pessoa ou sua personalidade seria, nesse quadro, fruto das sugestões que recebeu na infância por condicionamento em vigília e durante o sono. Até mesmo seus atributos físicos são selecionados para atender à sua posição social, por meio de engenharia genética – posição que se ligaria necessariamente a uma das cinco castas que formavam a engrenagem social dessa distopia. Se, por exemplo, o bebê fosse destinado às classes mais baixas, teria seu desenvolvimento intelectual desacelerado.

No caso da Londres de *Admirável mundo novo*, a ciência ganhou estatuto de determinadora da vida das pessoas. A liberdade, conceito filosófico por excelência, de errar e de fazer diferente do que seria esperado foi abafada por orientações de ordem política. Um dos provérbios hipnóticos (aulas transmitidas durante o sono) diz que "cada um pertence a todos" (Huxley, 2001, p. 73), frase que tem um sentido sexual, mas também social, muito forte. O indivíduo, como existência independente do Estado, não pode existir e é, nesses moldes, considerado uma falha política: "– Felizes jovens! – disse o Administrador. – Nenhum trabalho foi poupado para lhes tornar a vida emocionalmente fácil, para os preservar, tanto quanto possível, até mesmo de ter emoções" (Huxley, 2001, p. 78). Uma vida emocionalmente fácil, aqui, se conecta à falta de curiosidade ou mesmo à inquietação filosófica.

Havia mesmo aula de consciência de classe para as crianças. Elas consistiam em narrações feitas durante o sono das crianças, direcionadas especificamente para cada uma das classes ou castas. A criança beta, de classe inferior à alfa, ouviria o seguinte:

> As crianças Alfas vestem roupas cinzentas. Elas trabalham muito mais do que nós porque são formidavelmente inteligentes. Francamente, estou contentíssimo de ser um Beta, porque não trabalho tanto. E, além disso, somos muito superiores aos Gamas e aos Deltas. Os Gamas são broncos. Eles se vestem de verde e as crianças Deltas se vestem de cáqui. Oh, não, não quero brincar com crianças Deltas. E os Ípsilons são ainda piores. São demasiado broncos para saberem... (Huxley, 2001, p. 60)

Perceba que pelo trecho citado podemos concluir que as pessoas, além de se dividirem em castas, têm uniformes que explicitam sua condição e apresentam características físicas e cognitivas adequadas a ela. Cada criança ouve um texto apropriado para sua função social e, mais do que isso, ouve esses direcionamentos por mais de quarenta vezes até que acorde, em um total de cento e vinte vezes em três dias da semana, durante trinta meses (Huxley, 2001). Mesmo seus desejos, ambições e sonhos são mecanicamente orientados. As características que as pessoas desenvolveriam naturalmente são trocadas por construções artificiais que atendem a certas necessidades políticas.

Não existe o conceito de *família* tal como o entendemos, e o sexo como ferramenta reprodutiva passa a ser tratado como algo indecente diante da objetividade da ciência pura. A reprodução é feita por inseminação artificial, porém, a atividade sexual recreativa era altamente estimulada, tendo parte importante nessa sociedade. Drogas são fornecidas para manter o humor agradável, evitando assim que emoções inconvenientes se manifestem. Tudo é controlado pela ciência, que se apresenta como uma ferramenta política, antifilosófica. A palavra *liberdade*, em um quadro como esse, tem um sentido diferente: "O Parlamento, se é que os senhores sabem o que era isso, votou uma lei contra ele. Conservaram-se as atas das sessões. Discursos sobre a liberdade do indivíduo. A liberdade de ser ineficiente e infeliz" (Huxley, 2001, p. 80-81). A política não existe mais como uma monarquia parlamentarista, modelo típico inglês, e o Parlamento não passa de uma memória longínqua, como a citação deixa claro. O indivíduo não existe como agente ou voz ativa em uma atmosfera política, pois ele é completamente absorvido. Liberdade é tomada em sentido negativo, vinculando-se ao erro ou ao improviso, *liberdade do indivíduo* é um termo tratado com desdém.

Huxley usa muitas imagens para mostrar como as pessoas eram subjugadas pela ciência – ideologicamente cooptada pela ordem política vigente – artifício esse muito próprio à literatura, qual seja, a construção de imagens. Todo o processo educacional baseado em engenharia genética é um exemplo; a falta de emoção dos personagens é outro; os anos, como já foi adiantado, são medidos a partir de Ford. O protagonista, Bernard Max, porém, sente em si mesmo a própria especificidade, o que faz dele um perigo para a sociedade em que vive. Ele, que tem sentimentos pessoais, é um bom personagem para servir de contraposição à sociedade representada pelo livro.

Bernard pertencia à classe mais alta, Alfa, e trabalhava como psicólogo, portanto, sabia bem sobre os condicionamentos realizados durante o sono das crianças, processo que incutia muitas das crenças mais arraigadas. Note que essas crenças foram calculadamente criadas e impregnadas em forma de mensagem subliminar. Ele, portanto, sabia da superficialidade dos sentimentos "profundos" que as pessoas achavam ter, pois foram incutidos com intuito político. As emoções eram vistas como algo nocivo, pois são indício de individualidade, ameaça para uma sociedade altamente padronizada como a que estamos vendo na obra de Huxley:

> — *Quero saber o que é a paixão — ela o ouviu dizer. — Quero sentir alguma coisa com intensidade.*
> — *Quando o indivíduo sente, a comunidade treme — declarou Lenina.*
> — *E por que não haveria de tremer um pouco?*
> — *Bernard!* (Huxley, 2001, p. 130)

O diálogo elucida, pela exclamativa final, em tom de censura, o que a simples menção a uma experiência individualizada causa na personagem Lenina, bem adaptada ao padrão estabelecido. A unidade artificial a que Lenina está submetida, resultante da aniquilação das individualidades, é manifestada também do ponto de vista físico. O décimo capítulo do livro se inicia assim: "Os ponteiros dos quatro mil relógios elétricos das quatro mil salas do Centro de Bloomsbury marcavam duas horas e vinte e sete minutos. 'Esta colmeia industriosa', como gostava de chamar-lhe o diretor, estava em pleno zumbido de trabalho" (Huxley, 2001, p. 187). Os ponteiros, todos minuciosamente ritmados, davam o tom da rotina do Centro de Bloomsbury. Que rotina é essa, de entretenimento? Não, de trabalho. Como de uma colmeia em que cada abelha sabe seu papel, não como um saber aprendido por escolha, mas como um conhecimento incutido antes mesmo de a consciência indicar algum direcionamento.

A questão que o romance faz surgir parece esta: até que ponto as dificuldades trazidas pela independência complicada da qual gozamos hoje devem dar lugar a uma submissão politicamente orientada? E que complicação é essa? Ela se liga à possibilidade de errar que acompanha cada uma de nossas escolhas livres, de fazer diferente do esperado, enfim, a liberdade de se arriscar. Eis a pergunta que devemos responder hoje se, porventura, as redes sociais usarem os dados de seus usuários para fins mercadológicos ou, diferentemente, quando governantes se sentem no direito de espionar seus cidadãos. É sobre isso que Huxley propõe que reflitamos, isto é, a legitimidade da interferência da ciência, tomada como ferramenta política, em nossas vidas.

John, personagem que vivia em uma das reservas afastadas dos limites do Estado Mundial, chamado também de *Selvagem* (justamente por não estar afeito às orientações políticas estabelecidas), representa a individualidade pura e, se quisermos, a filosofia, e funciona como um promotor de curto-circuito nessa sociedade tão bem mecanizada. Apesar do epíteto *selvagem*, ele cita Shakespeare repetidamente, e foi por esse dramaturgo que o personagem baseou muito de sua conduta ética. Ele representa alguém que ainda vive nos moldes antigos. O que isso significa? Que ele não foi orientado psicologicamente para se adequar à sociedade londrina.

O personagem pode ser visto como uma estratégia filosófico-literária. Ele é a figura que serve de contraposto, mais até do que Bernard, a essa felicidade mecânica que as pessoas tinham na Londres futurista de Huxley. A exigência do personagem, filosófica por excelência, é pelo direito de ser triste, de sofrer pela morte de alguém e de poder fazer algo que não está predeterminado: ele é a autonomia personificada, a individualidade face ao condicionado. Não parece ser o caso de termos uma filosofia apresentada pelo livro, dada a ausência de teses universais, argumentativamente estabelecidas, mas em razão das reflexões que ele coloca em marcha e do tratamento dado pelo autor ao tema, o adjetivo *filosófico* parece bem adequado para caracterizar essa produção intelectual.

3.9
George Orwell: política, filosofia e literatura

O romance 1984, de George Orwell, é outra distopia. Obra das mais citadas no século XX, é muito utilizada para se pensar a política e as relações humanas. Ela também se enquadraria, caso queiramos nos manter fiéis aos rótulos, no campo da literatura que flerta com temas filosóficos. Por quê? Apesar de a narração incitar reflexões de ordem bastante ampla, promovendo o pensamento filosófico, ela diz respeito a um indivíduo, o protagonista Winston Smith, localizado em dado lugar – a ficcional Oceania –, de modo que o romance é articulado com base nos conflitos e desejos que são dele, traços que o particularizam, afastando-o do campo das teses filosóficas ou de uma discussão conceitual mais rigorosa. No entanto, o texto se reveste de uma carga reflexiva que não deve ser subestimada. De acordo com o posfácio de Ben Pimlott, presente na edição que utilizaremos, trata-se de uma obra que "foi amplamente interpretada como um comentário social e até mesmo como uma profecia" (Orwell, 2009, p. 381). **Comentário social** que, não obstante, se alia a uma profecia, se essa afirmação faz sentido – e parece fazer – é uma produção multifacetada que talvez não resista pacificamente a rotulações limitadoras. O comentário social, resultado de um olhar crítico, vincula-se aqui ao vislumbre profético. Vejamos como isso acontece.

O romance **filosófico-profético-social** em questão pode ser visto como um grito pessimista que alerta para o perigo de perdermos a própria humanidade. Crítico dos regimes totalitaristas, George Orwell mostra em seu romance uma sociedade ficcional em que o Estado se apossou completamente da vida das pessoas, despojando-as de suas individualidades. Estamos falando de um corpo social altamente burocratizado em que as pessoas são consideradas como simples componentes do todo, sem autonomia. Não há liberdade de expressão ou privacidade, as pessoas são dominadas pelo Partido, grupo dominante cujo líder, o Grande Irmão, é uma figura opressiva e ao mesmo tempo uma abstração, pois ninguém nunca o vê; no entanto, ainda assim, persegue a todos literal e simbolicamente. A aproximação entre o simbólico e o concreto que se explicita na figura do Grande Irmão é interessante. Não basta ocupar a realidade, é preciso também invadir o imaginário daqueles que são dominados:

> *O apartamento ficava no sétimo andar e Winston, com seus trinta e nove anos e sua úlcera varicosa acima do tornozelo direito, subiu devagar, parando para descansar várias vezes durante o trajeto. Em todos os patamares, diante da porta do elevador, o pôster com o rosto enorme fitava-o da parede. Em uma dessas pinturas realizadas de modo a que os olhos o acompanhem sempre que você se move. O GRANDE IRMÃO ESTÁ DE OLHO EM VOCÊ, dizia o letreiro, embaixo.* (Orwell, 2009, p. 11-12)

Perceba que o trecho citado manifesta, pela voz do narrador onisciente, o traço particular que seria próprio da literatura. A história gira em torno de Winston e dele sabemos tanto a idade quanto o semblante, os pensamentos que lhe vêm à cabeça, sua estrutura física e mesmo o jeito do seu cabelo. Tomamos conhecimento até das dores de tornozelo – o direito – que lhe incomodam. Durante a leitura, nos tornamos íntimos do personagem e podemos nos afeiçoar ou ter repulsa por suas ações e pensamentos, já que temos acesso a ambos. Nada mais distante, aparentemente, do estilo frio, unívoco e objetivo de uma obra considerada pelos mais conservadores como sendo propriamente filosófica. Voltemos ao protagonista.

Winston trabalha no Departamento de Documentação, que fazia parte do Ministério da Verdade, e lá falsificava e distorcia documentos para se adequarem aos interesses do Partido. A contraposição entre o nome do Ministério e o que lá era feito é uma estratégia ilustrativa. Dela, podemos extrair que a essência de algo pode ser completamente distinta do modo como ele é caracterizado, pois Winston era o responsável por mentir com o pretexto de dizer a verdade:

> Esse processo de alteração contínua valia não apenas para jornais como também para livros, periódicos, panfletos, cartazes, folhetos, filmes, trilhas sonoras, desenhos animados, fotos – enfim, para todo tipo de Literatura ou documentação que pudesse vir a ter algum significado político ou ideológico. Dia a dia e quase minuto a minuto o passado era atualizado. (Orwell, 2009, p. 54)

Somos levados para o tema da verdade e, vale dizer, essa é uma questão muito presente no livro. A verdade é aquilo que é factual e, portanto, aconteceu, ou o que é relatado pelos meios de divulgação oficiais, os únicos a que as pessoas tinham acesso? Ela, em outros termos, diz respeito ao que é verídico (ainda que não exerça nenhuma influência em nós) ou, antes, à crença enraizada que motiva nossas ações? Para os dirigentes do Partido, qualquer veículo que pudesse promover ideias autônomas era sinal de perigo para o processo de dominação que era exercido sobre as pessoas. Mas Winston não conseguiu se conformar às regras. Ele tinha um diário pessoal, algo terminantemente proibido.

O romance discorre, a partir da existência fictícia do protagonista, sobre a liberdade, a verdade e a opressão de nossos desejos. Temas que são altamente filosóficos. Liberdade que corre o risco de passar por um mero detalhe quando dispomos dela, porém, que nos fere de modo insuperável no momento em que somos privados de seus benefícios. Não só o de ir e vir, mas também de pensar. Leiamos mais este trecho da obra:

> Ao longe, um helicóptero, voando baixo sobre os telhados, pairou um instante como uma libélula e voltou a afastar-se a grande velocidade fazendo uma curva. Era a patrulha policial, bisbilhotando pelas janelas das pessoas. As patrulhas, contudo, não era [sic] um problema. O único problema era a Polícia das Ideias. (Orwell, 2009, p. 13)

Não eram somente as ações de Winston que poderiam ser captadas pela polícia ou vistas pelas teletelas (televisões que ficavam nas casas e em ambientes públicos com o objetivo de dar recados e fiscalizar o comportamento das pessoas). As próprias ideias eram passíveis de vigia por uma polícia especializada. No livro, somos informados ainda que o Partido estava criando uma língua, a *novafala*, cuja função seria impedir pensamentos críticos e subversivos. Um veículo de comunicação completamente objetivo e moldado para atender a aspectos práticos, prevenir os homens do pensamento crítico e também, poderíamos dizer, da filosofia.

Os personagens tiveram esvaziados de si os elementos básicos que motivam a reflexão filosófica, a saber, o questionamento, a curiosidade, enfim, o aparato crítico com o qual confrontamos a vida. O que é a verdade? Vale repetir a pergunta. Em diálogo com um dos dirigentes do Partido, Winston ouve uma forte tese filosófica:

> A realidade existe na mente humana e em nenhum outro lugar. Não na mente individual, que está sujeita a erros e que, de toda maneira, logo perece. A realidade existe apenas na mente do Partido, que é coletiva e imortal. Tudo o que o partido reconhece como verdade é a verdade. É impossível ver a realidade se não for pelos olhos do Partido. (Orwell, 2009, p. 292)

Outra cena marcante é a que descreve Winston sendo submetido à tortura. Ele tem de responder quantos dedos há na mão de seu torturador, que lhe escondeu da vista somente o polegar. Ao dizer quatro, o protagonista é submetido a uma dor lancinante. Nessa cena, o próprio estatuto do verdadeiro é colocado em questão, já que não estamos falando de verdade como crença verdadeira justificada. Leiamos outro trecho do livro. Em meio a uma sessão de tortura, o torturador diz:

— *Quantos dedos, Winston?*
— *Quatro! Pare, pare! Como pode continuar com isso? Quatro! Quatro!*
— *Quantos dedos, Winston?*
— *Cinco! Cinco! Cinco!*
— *Não, Winston, assim não. Você está mentindo. Continua achando que são quatro. Quantos dedos?*
— *Quatro! Cinco! Quatro! O que você quiser. Apenas pare com isso, pare a dor [...]*
— *Quantos dedos estou mostrando para você, Winston?*
— *Não sei, não sei. Você vai me matar, se fizer isso de novo. Quatro, cinco, seis – com toda a sinceridade, não sei.*
— *Assim é melhor – disse O'Brien.* (Orwell, 2009, p. 293-295)

Interessante notar que essa história ficcional, sobre um futuro que para nós já foi encerrado em passado, ainda pode nos comover, chamar atenção e ativar nosso senso crítico. Nada mais filosófico do que isso. Apesar das críticas em seu comentário ao livro, Ben Pimlott não deixa de reconhecer que *1984* "É um livro sobre o presente contínuo: uma atualização da condição humana. O que mais importa é que ele nos lembra de muitas coisas nas quais normalmente evitamos pensar" (Orwell, 2009, p. 386). Tais características fazem desse romance um texto filosófico.

3.10
Martha Nussbaum e a literatura como parte de uma formação ética

Contemporaneamente, *os escritos* de Martha Nussbaum são muito importantes para entendermos a possível complementaridade entre filosofia e literatura. Em seu livro *Justiça poética* (1995), a autora defende que a imaginação estimulada pela literatura é uma ferramenta essencial para a formação ética das pessoas – cidadãos e governantes – em direção a uma conduta mais justa. Por meio da leitura de **novelas realistas**, de acordo com a autora o estilo mais indicado para a educação moral, as pessoas se beneficiariam porque poderiam ampliar, com o exercício da imaginação literária, sua capacidade de empatia e identificação com o outro.

O resultado dessa atividade seria o refinamento da capacidade de nos relacionarmos. Como? Percebendo com maior propriedade, com a ajuda de cada um dos personagens que conhecemos pelos livros, as complexidades do comportamento humano. O papel ético da literatura, desse modo, é compreendido com base nos personagens (seus anseios, paixões e ações) que o autor nos pinta. Quando somos confrontados com essas emoções e situações vividas na fantasia, ampliamos nossa capacidade de entender muitas das emoções que nos acometem. Um juiz, por exemplo, que aplicasse a lei de maneira mecânica, faria valer uma justiça desumanizada; diferentemente, um juiz-leitor, por assim dizer, teria seu veredicto embasado em uma visão mais ampla de humanidade, carregada com empatia.

Poderíamos citar, a título de ilustração, o *Conto de Natal* (2004), de Charles Dickens; é difícil terminar a leitura da obra, que narra um momento de reviravolta moral na vida do senhor Scrooge, sem mudar, ao menos um pouco, o modo como encaramos a humanidade. Essa contaminação lírica causada em nós pela visão de mundo de um personagem imaginado é altamente ética, portanto filosófica.

3.11
Adendo sociológico

A *literatura pode* ainda ter uma conexão rica com a sociologia, como Antonio Candido mostrou muito bem em seus estudos. Pensemos, por exemplo, em seu livro *Literatura e sociedade* (2006). Lá, podemos encontrar a explicitação de duas linhas principais de pesquisa. A primeira busca tornar claro como fatores de ordem social podem explicar uma obra, um gênero ou mesmo um sistema literário. A proposta seria, então, apontar a íntima relação entre fatores sociais e a produção literária. A segunda, de acordo com Antonio Candido, poderia ser formada:

> *pelos estudos que procuram verificar a medida em que as obras espelham ou representam a sociedade, descrevendo os seus vários aspectos. É a modalidade mais simples e mais comum, consistindo basicamente em estabelecer correlações entre os aspectos reais e os que aparecem no livro. Quando se fala em crítica sociológica, ou em sociologia da Literatura, pensa-se geralmente nessa modalidade.* (Candido, 2006, p. 18)

A perspectiva sociológica em relação à produção literária dá ênfase à aproximação e análise de cada um dos três atores do jogo literário: aquele que propõe uma comunicação, o **autor**; aquele que aceita entrar em contato com o comunicado, o **leitor**; e, enfim, a própria comunicação, o **livro**, cujo conteúdo e forma são expressões que teriam apoio em um conjunto de dados sociais.

A Literatura é pois um sistema vivo de obras, agindo umas sobre as outras e sobre os leitores; e só vive na medida em que estes a vivem, decifrando-a, aceitando-a, deformando-a. A obra não é produto fixo, unívoco ante qualquer público; nem este é passivo, homogêneo, registrando uniformemente o seu efeito. São dois termos que atuam um sobre o outro, e aos quais se junta o autor, termo inicial desse processo de circulação literária, para configurar a realidade da Literatura atuando no tempo.
(Candido, 2006, p. 83)

A literatura, assim, ainda que seja uma nobre moradora do reino da imaginação, se confronta com a realidade à qual se insere e a modifica, o que a torna engajada, comprometida, crítica ou afiliada a perspectivas políticas, sociais e filosóficas. Perceba que as duas abordagens elencadas apresentam diferentes táticas: uma quer saber como o social explica a obra, a outra como a obra ilumina o social ou até mesmo como o explica. A literatura participaria de modo deformante em relação à própria realidade. Isso quer dizer que ela a transforma.

Além disso, algo que ressalta sua liberdade, ela não precisa se comprometer necessariamente, para citar um exemplo, com os constrangimentos que a realidade impõe à física. Antonio Candido (2006, p. 21) cita um caso ilustrativo. O médico Fernandes Figueira, no livro *Velaturas* (1920), conta como seu amigo, o escritor Aluísio Azevedo, o consultou durante a composição do livro *O homem*, com o objetivo de saber mais sobre o envenenamento por estricnina, porque ele usaria uma cena em seu livro que trataria do tema. Nada mais natural, portanto, do que o escritor se informar com alguém entendido na área. O interessante é que Aluísio de Azevedo achou por bem não seguir as orientações do especialista e desrespeitou dados científicos, mas por quê? Nesse caso, a fidelidade à realidade atravancaria o desenrolar da história e o escritor, dessa maneira, projetou no veneno um efeito mais imediato do que teria na realidade. O ponto é: por vezes, uma traição à realidade por parte do escritor faz com que – aos olhos do leitor, outro participante desse jogo literário – a história ganhe mais força verossímil. Por mais paradoxal que isso pareça, a conclusão é a de que a mentira tornou a história contada mais verídica. A relação entre verossimilhança e produção literária merece alguns apontamentos de nossa parte, pois representa de modo claro um diálogo entre o filosófico e o literário.

3.12
Prefácio realista e verossimilhança

Eis um aspecto interessante para analisarmos, já que explicita mais uma forma de diálogo entre nossos dois termos. No século XVIII, é possível constar que romances, novelas e contos, em vários casos, além do conteúdo filosófico, apresentavam prefácios ou notas de esclarecimento cujo objetivo era criar uma atmosfera de **verossimilhança** ao texto. Mas o que é um prefácio? São considerações que preparam o leitor para a obra, como uma apresentação ou justificação em relação ao que virá a seguir. Ele pode ser escrito pelo próprio autor ou por terceiros, no caso, normalmente autores famosos que recomendam, nas páginas iniciais, o autor ingressante. Mas não só isso, o prefácio pode ter uma conotação de pedido, como o de Descartes às suas *Meditações*, no qual pede o aval das autoridades religiosas a seu texto; ou então um tom cumplicidade, como é o caso do ilustre prefácio de Baudelaire às suas *Flores do mal*: "— *Hypocrite lecteur, — mon semblable, — mon frère!*"* (Baudelaire, 1961, p. 6).

Sobre o tema do prefácio, é muito interessante a leitura do texto de Otto Maria Carpeaux, contido em sua *História da literatura ocidental*

---

* "Leitor hipócrita, meu semelhante, – meu irmão!" [tradução nossa]

(2011). Com uma erudição a toda prova, Carpeaux transita com muita habilidade pela literatura ocidental, apontando os vários espécimes – por assim dizer – de prefácios, como o prefácio-desafio, por meio do qual o autor se autoproclama a despeito dos mecenas que o ajudaram financeiramente; o prefácio-crítica, em que um estudioso assenta os princípios encontrados no livro ou fazendo as vezes de crítica, como no caso de Voltaire, que em suas peças literárias analisa, e por vezes relativiza, os autores anteriores a ele. Podemos ainda ter o prefácio-dedicatória, em que o autor pede por ajuda financeira a figuras importantes ou colegas literatos, mas também, aumentando o inventário de prefácios, "existem prefácios-justificativa, prefácios-pedidos de desculpa, prefácios-desafios, prefácios-manifestos, prefácios-críticas, prefácios-sentenças" (Carpeaux, 2011, p. 29). Tamanha diversidade faz desse texto anexo quase um gênero literário independente. Para o momento, veremos um tipo que não foi mencionado por Carpeaux: o **prefácio realista**.

Vejamos, então, três exemplos daqueles prefácios que podem ser considerados *realistas*, chamando atenção para sua função filosófica: afastar o aspecto fantástico-imaginativo do texto e aproximá-lo da realidade, vinculando assim as teses defendidas ao campo sociopolítico do leitor.

Primeiramente, devemos lembrar de que o prefácio realista se liga a uma necessidade de contrainteligência editorial que, para boa parte dos filósofos do século XVIII, tinha um aspecto prático importante que merece ser lembrado. Os editores, em se tratando de obras subversivas, ou seja, que de algum modo contestassem a autoridade política, religiosa ou os códigos aceitos de boa conduta, muitas vezes colocavam informações falsas sobre cidade e ano de impressão da obra. Além do que, muitos autores se valiam de pseudônimos. Para que esses artifícios? Para preservar a identidade e, com isso, a segurança do autor e a do próprio editor. A **estratégia de anonimato**, portanto, era usada na época, em muitos casos, para confundir a censura. O perigo de prisão por causa de ideias subversivas era iminente. Em 1749, por exemplo, Diderot foi preso por causa de um de seus livros, e Voltaire e Rousseau tiveram algumas de suas obras condenadas pela igreja e queimadas em público, além de sofrerem perseguição, tendo sido obrigados a fugir para fora da França em busca de proteção.

Nesse cenário de repressão, o ano de publicação e a cidade onde tinha sido feita a impressão da obra subversiva, por vezes, eram falseados para dificultar que as autoridades rastreassem o editor. Citemos um exemplo hipotético para tornar a imagem mais clara: 150 exemplares de um livro impresso em Londres, em 1750, a partir da solicitação de algum parisiense, poderiam trazer informações enganosas, dizendo que a obra havia sido impressa em Amsterdam, no ano de 1747. Caso o livro fosse condenado, desse modo, seria bem difícil rastrear os responsáveis.

O autor, nesse quadro, também poderia se fazer de tradutor ou editor do texto e, dessa maneira, se desvincularia das teses ali presentes, com o intuito de se eximir de quaisquer implicações legais quanto ao conteúdo subversivo do texto, como talvez seja o caso de Montesquieu, como veremos mais à frente. Voltaire é um autor emblemático em relação ao que estamos falando; nos deteremos mais sobre ele na continuação do livro; para o momento, basta ter em mente que estamos falando de um autor extremamente produtivo em matéria de textos subversivos e prefácios realistas.

Em seu conto filosófico "Cândido ou O otimismo" (Voltaire, 2005b, p. 224), lemos, antes do início da narrativa, uma nota segundo a qual o texto teria sido traduzido do alemão pelo senhor doutor Ralph. Claro que o texto era de Voltaire, e pelo estilo de escrita as pessoas disso desconfiavam, mas Voltaire negava a autoria fazendo com que pairasse no ar, por causa do conteúdo da nota, esse rumor lírico de verossimilhança.

Podemos imaginar que as pessoas sabiam ter saído o conto da pena de Voltaire, mas mesmo assim não se isentavam de aceitar a veracidade da fantasia presente em *Cândido*. Em outro conto, "O touro branco", Voltaire também cria uma atmosfera realista para o texto. O leitor teria em mãos uma obra: "traduzida do síriaco pelo senhor Mamaki, intérprete do rei de Inglaterra para as línguas orientais". (Voltaire, 2005g, p. 697). Informações despropositadas para serem mentiras, porém, nada disso é verdade. Esse exagero de detalhes, podemos dizer, é quase como um aceno de Voltaire para seu público. Não se trata de uma mentira no sentido de difamação ou calúnia, mas, como já dissemos, trata-se de trazer veracidade para a fantasia. Até mesmo porque, como diz Drummond, na crônica "Visitante noturno" (Drummond de Andrade, 1984a, p. 9-11): "mas quem acredita em ficcionistas?" (p. 11). Ao que parece, a sugestão dada pelo exagero de detalhes verossímeis do prefácio faz com que o leitor seja mais afetado pelo conteúdo do texto, sendo mais suscetível de apreender as teses ali presentes.

Já no pequeno romance "O ingênuo", lemos mais uma das táticas de verossimilhança usadas pelo autor; atente-se para o fato de que Voltaire reveste seu texto com a autoridade de uma figura da igreja, sendo ela inventada ou não. Algo que só poderia trazer problemas para ele, dado o poder e tino opressor das forças religiosas do período. Vale dizer que o romance foi proibido na França, o que só favoreceu seu sucesso. Segundo o texto que antecede a história do romance, trata-se de "História verdadeira, tirada dos manuscritos do padre Quesnel" (Voltaire, 2005f, p. 375). Sérgio Milliet, na tradução que estamos usando, anota que o texto apareceu em 1767, sem indicação de autoria e em uma edição que provavelmente seria de Genebra, mas que trazia a informação errada em relação a esse dado (Voltaire, 2005f, p. 377). Tática para despistar os responsáveis pela obra.

O mesmo Sérgio Milliet transcreve parte de uma carta de Voltaire para D'Alembert, na qual nega a autoria do texto: "Não existe esse Ingênuo, não o escrevi, não o teria feito jamais; sou inocente como uma pomba e quero ter a prudência da serpente." (Voltaire, 2005f, p. 377). Agora em um **romance epistolar**, ou seja, construído com base em trocas de cartas, cujo título é "As cartas de Amabed etc.", Voltaire (2005a, p. 569) escreve como subtítulo: "Traduzidas pelo padre Tamponet". Mais uma vez Voltaire usa uma figura eclesiástica para dar uma aura mais irônica para sua produção literária, o que só poderia irritar as poderosas figuras eclesiásticas.

O objetivo dos prefácios realistas, para os quais estamos chamando atenção, além de confundir a censura, era revestir o texto com verossimilhança, aguçando a curiosidade do leitor. Eles nos retiram do âmbito da pura imaginação e constroem um ambiente de mais seriedade. Vale dizer que se a filosofia se serviu da literatura no século XVIII, usar uma estratégia que aumenta o grau de realidade do texto fortifica, por consequência, a força das teses que ali estão presentes. Muitas pessoas se perguntavam se o romance por cartas de Jean-Jacques Rousseau, "Julie ou la nouvelle Heloise" ("Julia ou a nova Heloisa") (1964b), era baseado em algo vivido por ele ou era produto de sua imaginação. O conto ou romance, dessa maneira, parecia aos olhos do leitor mais verídico; isso tinha como resultado o tom mais impactante, por assim dizer, do que era dito.

Outro exemplo marcante é o de Diderot e seu romance realista *A religiosa* (1980). Estamos falando sobre um romance redigido em forma de relato de memórias em 1780 e publicado postumamente em 1796. Vejamos o caso do ponto de vista histórico para contextualizá-lo. Não havia, na França do século XVIII, jornais de circulação nacional em abundância para as pessoas se informarem das novidades políticas e artísticas, de modo que os mais abastados, residentes de lugares afastados de Paris, solicitavam o serviço de escritores que os informavam dos acontecimentos mais importantes da cidade.

Era isso que o escritor alemão Grimm fazia em sua *Correspondência literária*, uma espécie de jornal filosófico e cultural enviado a intelectuais e autoridades, como o rei da Polônia, a imperatriz da Rússia e os duques de Deux-Ponts, para citar alguns exemplos. No ano de 1770, a *Correspondência literária* foi palco de uma brincadeira perpetrada por Diderot e Grimm. O que motivou a brincadeira? Segundo o **relato do editor**, corresponde ao prefácio do romance, o marquês de Croismare, amigo de Diderot, Grimm e outros homens de letras, havia se transferido para a região da Normandia, no noroeste da França, afastada de Paris. Seus amigos, por sentirem falta de sua companhia, queriam-no de volta a Paris, de modo que planejaram uma artimanha.

Houve um caso que chamou a atenção do marquês Croismare. Era a história de uma jovem que havia solicitado a um tribunal de justiça francês a revogação de seus votos religiosos: ela não queria ficar no convento, pois tinha sido forçada por seus pais a viver enclausurada.

Pois bem, sabendo Diderot que o marquês tinha mostrado empatia para com a moça, resolveu reviver essa aventura de maneira literária. O francês criou uma situação imaginária segundo a qual a moça teria fugido do convento em que se encontrava e, mais do que isso, se passando por ela, iniciou correspondência com o Marquês de Croismare, pedindo ajuda e abrigo ao bom homem. Tudo isso com o intuito de fazer com que ele voltasse a Paris. Como diz o prefácio do romance, o Marquês

> *não duvidou por um único instante de nossa maldade; maldade esta que por muito tempo nos pesou na consciência. Passávamos então a ceia a ler, em meio a grandes risadas, as cartas que fariam chorar o nosso bom Marquês; e líamos, com as mesmas*

grandes risadas, as honradas respostas que esse digno e generoso amigo mandava. (Diderot, 1980, p. 10)

Como o interesse do marquês pela jovem aumentara muito, Diderot achou por bem "matá-la", encerrando a história, não sem antes redigir um amplo relato sobre sua vida – relato este que compõe o romance. Podemos perceber que a motivação da obra é um caso aparentemente verídico. Motivação que tomou, se acreditarmos no prefácio, a forma de brincadeira, no entanto, o que era uma brincadeira alicerçada na verossimilhança se transformou em um romance publicado que ganhou autonomia estética. Some-se a isso um segundo movimento importante: o caráter de **crítica social** que o texto ganhou. Diderot realiza uma das mais contundentes críticas do século XVIII ao claustro religioso por meio dessa ficção, isto é, do relato pessoal de uma jovem, o que deixa o texto com uma carga íntima digna de nota.

Um último movimento aparece para moldar os contornos finais do texto diderotiano. O prefácio nos diz que, levado por sua imaginação, o que era uma brincadeira por Diderot perpetrada e uma crítica aos conventos ganhou vida a ponto de um amigo do autor tê-lo encontrado aos prantos, enquanto redigia a história de Suzanne, a jovem que queria deixar o convento. Quando esse amigo perguntou a Diderot o que ele tinha, dado seu aspecto triste, recebeu a brilhante resposta: "É que fiquei desolado com um conto que eu mesmo fiz" (Diderot, 1980, p. 10).

Podemos identificar na construção do texto algo que chama a atenção: contornos de liberdade estética, autonomia que se manifesta na anedota contada anteriormente. Não nos interessa – do ponto de vista histórico – se esses dados são realmente verídicos. Precisamos nos atentar para três movimentos que orientaram a produção do texto diderotiano e que o prefácio mostra ao leitor:

1. Brincadeira literária baseada em uma história real.
2. Crítica social presente na obra com premissas filosóficas que a apoiam.
3. Autonomia estética da obra, isto é, ela traz em si algo de belo que incita emoções no leitor, além disso, provoca reflexões de ordem social – pelo conteúdo crítico – que independem da motivação do romance.

Montesquieu, quando escreveu *Cartas persas*, romance epistolar publicado em 1721, procedeu a uma estratégia semelhante a que vimos anteriormente. Quando falamos em romance epistolar, significa que o texto tem forma específica: foi escrito como se fosse uma troca de correspondências, no caso, entre dois viajantes persas, Usbek e Rica, com interlocutores que ficaram na Pérsia, sua cidade natal. Utilizar o **olhar estrangeiro** é uma estratégia literário-filosófica, como será explicitado mais adiante. Cabe agora notar que Montesquieu, no prefácio do romance, esclarece não ser o autor das cartas, mas simplesmente seu tradutor. Ele diz ter apenas selecionado algumas cartas que serão publicadas com o intuito de saber a reação do público em relação a elas, pois teria em seu poder várias outras que seriam traduzidas posteriormente, caso fosse necessário. Montesquieu, desse modo, se desvincula da autoria daquele romance: "Meu único ofício aqui é o de tradutor: tive apenas o trabalho de adaptar a obra aos nossos costumes" (Montesquieu, 2009, p. 8).

Além de evitar a censura, como já dissemos, o caráter imaginativo do texto, representativo do romance, é deixado de lado em nome do realismo que o prefácio traz à tona; nesse sentido, o próprio autor – como literato – tenta não se fazer notar, afirmando ser somente um tradutor que não cria nada, mas, unicamente, explicita algo sem usar a força de sua imaginação. Depois desse panorama em relação aos prefácios realistas, passemos agora para mais uma das abordagens possíveis envolvendo filosofia e literatura.

3.13
A figura do "outro" ou o olhar estrangeiro como recurso literário-filosófico

Uma questão interessante para discutirmos, mesmo que de modo breve, diz respeito ao século XVIII francês e o modo como o olhar estrangeiro foi utilizado como estratégia filosófico-literária; em outros termos, em qual medida o "outro" (entre aspas porque é de valor genérico) pode revelar algo sobre nós mesmos. As coisas que não se enquadram em um arcabouço de pressupostos aos quais estamos acostumados, como acontece algumas vezes, são colocadas de lado como ilegítimas. Normalmente, quando não nos reconhecemos em uma prática cultural ou crença religiosa, tendemos a nos afastar para proteger a própria perspectiva. Quem nunca ouviu alguém dizer que sobre religião, política e futebol não se discute? Contudo, essa postura não parece filosófica, pois se esconde sem dar a chance de conhecer o diferente, sem promover uma autocrítica motivada pelo que é distinto de nós mesmos. A figura do "outro", como diz Gerard Lebrun, no artigo "O cego e o filósofo ou o nascimento da antropologia", tem como função promover a volatilização de perspectivas (1972, p. 127-128). Vejamos um pouco mais sobre isso.

A dificuldade de ceder ao diferente toda sua força persuasiva pode se dar em âmbito particular e também teórico. Nesse quadro, aquilo que difere de um conjunto conceitual tido como correto pode ser abordado de forma pouco tolerante caso não seja, em situações extremas, opressiva. O processo de catequização dos índios americanos é um exemplo da opressão exercida sobre o diferente, apesar das melhores intenções. O tratamento dado aos surdos, em tempos passados, também explicita uma abordagem pouco aberta em relação ao que é distinto do padrão aceitável. Muitas vezes, a pessoa surda era diagnosticada equivocadamente como deficiente mental*.

Os filósofos franceses do século XVIII trataram essa questão de forma bastante intensa; o olhar do "outro" serviu como estratégia filosófico-literária para demolir preconceitos. Em certa medida, ela foi inspirada pelos **relatos de viagem** da época, advindos principalmente das Américas. Esse tipo de literatura fazia muito sucesso entre o público leitor, mas também é preciso lembrar da chamada *moda oriental*, sobre a qual falaremos adiante.

A figura do "outro", em muitos casos aparecendo sob "o signo de uma alteridade que **me** esclarece", foi frequentemente usada em contos, diálogos, romances ou tratados filosóficos mais formais. Essa figura pode se apresentar de várias maneiras. Vejamos brevemente cinco exemplos, com base no grau de distância crítica que cada uma traz em si.

> O **estrangeiro** – aquele que vive em outro país e está submetido a valores diferentes dos meus, ainda que relativamente reconhecíveis; ele pode, nessa condição, apontar a fragilidade de convicções fortemente disseminadas em minha sociedade e o possível caráter convencional/arbitrário de crenças tidas como sólidas.

Uma grande quantidade de textos se valeu desse artifício, pelo qual taitianos, babilônios, incas, persas e hurões ganharam um papel literário que participava de uma estratégia filosófica. Os relatos de viagens às Américas instigaram estudos etnológicos que deram munição para os

---

* Para mais informações sobre a abordagem relativa à surdez em um passado recente, assista ao filme *E seu nome é Jonas*. Direção: Richard Michaels. EUA: Columbia Broadcasting System, 1979. 100 min.

filósofos. O Oriente e parte de sua rica cultura, por sua vez, passou a ser usado como contraponto e em certa medida absorvido pelos costumes franceses. Algo que reverberou na chamada *moda oriental*, movimento cultural e literário que se insinuava na decoração dos espaços interiores e também nas pinturas, como as de Jean-Etienne Liotard. É dessa época a aparição da tradução para o francês das *Mil e uma noites*. O fascínio pelo Oriente e pelos povos indígenas das Américas, muitas vezes fantasiados pela imaginação europeia, reverberou tanto na literatura quanto na filosofia. Vejamos um caso.

Montesquieu, nas *Cartas persas* (2009), requisitou de modo muito interessante a figura filosófico-literária do estrangeiro. Trata-se de um romance epistolar, como já foi adiantado, em que o autor faz passear por Paris dois persas, Rica e Usbek, para realizar uma crítica interessante aos costumes parisienses. O leitor do romance, então, entra em contato com as diferenças culturais entre franceses e persas, pois toma conhecimento da troca de cartas entre os estrangeiros e seus amigos que permaneceram no país de origem. As impressões de surpresa e falta de reconhecimento são manifestadas por Usbek, filósofo, que é submetido a um conjunto de valores que não são seus. As ideias de virtude e vício e de certo e errado dos franceses eram tidas por eles como universais, mas teriam elas essa força ou seriam meras convenções? O formato epistolar da obra faz germinarem confrontos entre o estrangeiro filósofo e o meio no qual ele está inserido, apresentando, assim, forte interesse filosófico. Falemos mais sobre a forma do texto.

As cartas representam o ambiente teórico em que as indagações e crenças pessoais do personagem encontram livre curso. Isso acontece porque a correspondência é justamente o ambiente de intimidade em que se explicita a particularidade de quem as redige, sem pretensões de totalidade. É essa perspectiva localizada do persa que possibilita o confronto com os costumes parisienses. O uso filosófico da perspectiva particular que estamos acompanhando se dá quando, em uma atmosfera literária, contrapõe a aparente universalidade dos costumes franceses. Em cerimoniais nos quais os parisienses viam somente sacralidade, o estrangeiro – não afeito aos mesmos valores – percebe algo exótico e com traços marcados de convenção. Com seu olhar ingênuo (em relação aos preconceitos dos franceses, pois têm os próprios), os dois estrangeiros exercem uma crítica ferrenha aos costumes, leis e outras facetas da cidade de Paris. Crítica que se liga à distância emocional do estrangeiro – ele não foi educado para aceitar determinadas práticas sociais.

> **O selvagem** – Figura cujo grau de distanciamento em relação a mim é ainda mais radical do que o estrangeiro, pois não habita uma sociedade civil com leis escritas, sistema judiciário ou religião que se assemelhem a nossos moldes, quaisquer que sejam. A cultura do personagem selvagem é pouco familiar ou completamente irreconhecível.

Há duas formas principais de representá-lo:

1) Mais próximo da natureza – O selvagem se apresenta quase como nosso reflexo sem manchas imprimidas por fatores sociais, políticos e religiosos. Diderot, com o "Suplemento à viagem de Bouganville", vale-se dessa perspectiva. Ele enceta um diálogo entre um selvagem das Américas e um europeu para – por contraposição – mostrar como a conduta dos homens é muito mais contingente, ou seja, não necessária, do que desejaríamos.

O selvagem coloca em xeque o posicionamento europeu usando como arma a própria natureza para refutar práticas estabelecidas desde muito tempo e que, justamente pelo hábito, ganharam contornos de universalidade. A premissa filosófica de Diderot em relação aos nativos das Américas é a seguinte: por estarem mais próximos da natureza, eles ainda não teriam feito como os homens das cidades europeias, que abafaram inclinações naturais com convenções muitas vezes prejudiciais:

> B. – *Eu não duvido: a vida selvagem é tão simples, e nossas sociedades são máquinas tão complicadas! O taitiano está próximo da origem do mundo, e o europeu, da sua velhice. O intervalo que o separa de nós é maior que a distância entre a criança recém-nascida e o homem decrépito. Ele nada entende de nossos usos, de nossas leis, ou então os vê somente como entraves disfarçados sob cem formas diversas.* (Diderot, 1979, p. 138)

2) Voltaire também utiliza a figura do selvagem como recurso filosófico-literário, mas por um viés distinto.

No pequeno romance "O ingênuo", ele nos apresenta um hurão, nativo da América do Norte, mais especificamente do Canadá, como protagonista da história. Ele é chamado de ingênuo e representa aquele que não reconhece as convenções dos homens da cidade e pode, portanto, apontar com agudeza as possíveis incoerências sociais a que os europeus se submetiam. Trata-se de um personagem, como o nome sugere, de traços ingênuos, pouco afeito a subterfúgios que o afastam da sinceridade e, por isso mesmo, se surpreende em várias situações com as arbitrariedades esdrúxulas dos europeus:

> *O Ingênuo, segundo seu costume, acordou com o sol, ao cantar do galo, que é chamado na Inglaterra e na Hurônia "a trombeta do dia". Não era como a gente da alta, que enlanguesce num preguiçoso leito, até que o sol haja feito metade do seu curso, que não pode nem dormir nem se levantar, que perde tantas horas preciosas nesse estado intermediário entre a vida e a morte, e ainda se queixa de que a vida é demasiado curta.* (Voltaire, 2005f, p. 385)

Vale ressaltar que, sendo a favor do progresso das artes e defensor do luxo, Voltaire encerra o romance defendendo a civilização em contraponto à falta de tato social do selvagem, que vai para a cadeia por sua falta de civilidade, perde sua amada e, aos poucos, vai progredindo até se adaptar aos costumes dos povos civilizados. A proximidade com a natureza faz o Ingênuo não ter os mesmos recursos que o homem civilizado, mais sofisticado e senhor da natureza.

Interessante percebermos os muitos usos que a contraposição do personagem selvagem pode oferecer. Apesar de defenderem projetos filosóficos distintos, tanto Voltaire quanto Diderot se valeram desse artifício.

> O **extraterrestre** – Construção integralmente imaginada, faz com que o selvagem pareça um vizinho de bairro, tamanha a diferença que existiria entre um ser de outro planeta e nós, terráqueos. Sua aparição é requisitada, por exemplo, no conto voltairiano "Micrômegas". Retratado com um aspecto cognitivo bem distinto do nosso, tem mais do que seis sentidos e é incrivelmente maior do que os homens, mesmo que tenha forma humanoide. Epistemologicamente, a diferença sensorial importa ser notada. Isso significa que ele é bem mais inteligente porque tem mais sentidos e seu acesso à realidade, consequentemente, se dá por intermédio de um conjunto sensorial bem distinto. Essas características, além de ressaltarem sua diferença, afirmam sua grandeza em relação a nós. Sobre o conto "Micrômegas", voltaremos a falar no desenrolar deste livro.

Já no "Tratado de metafísica", Voltaire se propõe a tarefa de estudar os homens em conjunto, e não uma civilização específica. Para esse trabalho, o selvagem ou o estrangeiro não poderiam ter sucesso, pois têm os próprios preconceitos comprometeriam a imparcialidade da investigação. Dada a dificuldade de ter uma noção clara sobre esse assunto,

Voltaire elaborou um personagem que não tem ligação com nenhuma pessoa: o extraterrestre. Qualquer filósofo que tente investigar os seres humanos, naturalmente, é também investigado, ou seja, é parte interessada. Além disso, temos outro problema: não encontramos consenso entre os próprios filósofos sobre temas centrais para o entendimento a respeito dos homens. Há os que dizem coisas opostas sobre o papel dos seres humanos no mundo e as características elementares das pessoas (por exemplo, presença ou não de uma alma); em razão disso, Voltaire se vale do olhar do extraterrestre para purificar sua perspectiva de qualquer preconceito que possa porventura contaminar o projeto filosófico:

> *Suponho, por exemplo, que, nascido com a faculdade de pensar e de sentir que tenho presentemente, e não tendo a forma humana, eu desça do globo de Marte ou de Júpiter. Posso dar uma olhada rápida em todos os séculos, todos os países e, por conseguinte, todas as tolices desse pequeno globo (a Terra).*
>
> *Essa suposição é tão fácil de fazer, pelo menos, quanto a que faço quando imagino estar no sol para dali considerar dezesseis planetas que giram regularmente no espaço em torno desse astro.* (Voltaire, 2001, p. 31)

A suposição do extraterrestre tem um uso epistemológico preciso: sob a perspectiva de um ser de outro planeta, portador de um olhar não interessado – dado que o interesse do texto é científico e filosófico – o autor vai falar, pela boca desse porta-voz inusitado, sobre vários assuntos, como a existência ou não de Deus, a capacidade cognitiva dos homens – ou seja, a faculdade de pensar –, e também sobre a moral dos habitantes deste pequeno globo que é a Terra.

Anjos e **gênios** – Exercendo função diferente, podemos ainda citar as figuras do anjo ou ser espiritual e do gênio. Eles desempenham outro papel nos textos de Voltaire quando comparados aos extraterrestres*. Estão em um registro existencial bem distinto do nosso, podendo aparecer como seres reveladores, que conhecem o curso dos acontecimentos e a vontade da Providência, como é o caso do anjo Jeshad, personagem do conto filosófico "Zadig ou o destino", especificamente no episódio do eremita, no décimo oitavo capítulo (Voltaire, 2005h, p. 137-142).

Diferente dos alienígenas, o gênio não tem forma definida, como pés ou cabeça. Vejamos. No conto "Memnon ou a sabedoria humana", que trata da arte de bem viver, o gênio aparece em meio ao sonho do protagonista " todo resplendente de luz. Tinha seis belas asas, mas nem pés, nem cabeça, nem cauda, e não se assemelhava a coisa alguma" (Voltaire, 2005d, p. 180). Vivendo em um mundo diferente – uma estrela que se localizava a mais de quinhentas léguas do Sol –, o gênio, em outro registro epistemológico, passava uma existência bem diferente daquela dos homens. Memnon, que havia sido enganado por uma mulher e tivera um olho vazado por um amigo e sofrido outras várias injustiças, se surpreende pelo relato do ser de outro mundo:

> *Nunca somos enganados pelas mulheres, porque não as temos; não nos entregamos a excessos de mesa, porque não comemos; não temos bancarroteiros, porque não existe entre nós nem ouro nem prata; não nos podem furar os olhos, porque não temos corpos*

---

* Sobre o papel dos extraterrestres e dos anjos nos contos de Voltaire, leia o terceiro capítulo da tese de doutorado de Rodrigo Brandão, intitulada *A ordem do mundo e o homem: estudos sobre metafísica e moral em Voltaire* (2008, p. 110-157).

à maneira dos vossos; e todos os sátrapas[*] nunca nos fazem injustiça, porque na nossa estrela todos são iguais. (Voltaire, 2005d, p. 180-181)

Depois desses breves exemplos, você pode responder às questões: Por que a filosofia se valeria da figura do "outro"? Qual o ganho teórico dessa estratégia literária? O personagem selvagem e o estrangeiro, pela ausência de "cultura" (entendida como a nossa), foram requisitados por sua força crítica ou desestabilizadora. Como vimos, o "outro" relativiza valores morais e políticos há muito naturalizados pelo hábito, mas que podem ser maléficos por representarem apenas preconceitos. De sorte que, com base na figura do selvagem, acabamos por apreender a nós mesmos em uma versão mais simplificada e natural porque não foi contaminada pelos mesmos valores sociais que nos afetam. No século XVIII, a oposição entre natureza e cultura era muito forte, servindo como ponto de referência filosófico. O estado de natureza, para citar um caso, foi recurso muito usado pelos teóricos do direito, assim como a natureza foi apoio para os jusnaturalistas[**].

A mesma função desestabilizadora é exercida pelos extraterrestres de Voltaire. No conto "Micrômegas", somos apresentados a um extraterrestre, morador da estrela Sírio, e seu amigo, o saturnino, para depois acompanharmos um interessante diálogo entre ele e vários filósofos. Nesse

---

* Eram chamados *sátrapas* as autoridades políticas locais do antigo Império Persa.

** Componentes de uma corrente teórica que se vale do conceito de *direito e lei natural* e que, em termos breves, representa uma postura filosófica que busca na própria natureza – tendo em vista a finalidade das pessoas no mundo – as regras para orientar a sociedade. Algo que se contrapõe ao chamado *direito positivo*, que diz respeito a critérios subjetivos para regulamentação da sociedade, elencados e aprovados por um ou mais homens, em assembleia ou por decreto monárquico, por exemplo.

conto, o *philosophe* usa o extraterrestre para mostrar que a metafísica realizada então era muito mais orgulhosa do que propriamente rigorosa.

O que todos esses textos do século XVIII teriam em comum, apesar de apresentarem objetivos distintos? Eles aceitam a mesma premissa filosófica: a de que é pelo olhar do outro que a verdade melhor pode irromper para mim mesmo. Procedimento reflexivo que, por vezes, relativiza o que antes era tido como certo. Segundo Lebrun (1972), levando em conta o artigo já referido, a antropologia nasce justamente dessa premissa filosófica, isto é, quando vemos o outro fora do pressuposto da não verdade. Nosso mundo cultural é como que rebaixado de seu pedestal de universalidade: e se nossa perspectiva for acusada pelo selvagem de ser um pacto meramente arbitrário? Teremos razões suficientes para defender nossas crenças mais arraigadas sem utilizarmos argumentos apoiados pela autoridade?

Considere que sua perspectiva em relação a temas como aborto, pena de morte e casamento entre pessoas do mesmo sexo possa encontrar outra, que a confronte diretamente; pois bem, qual das duas pode atestar inquestionavelmente a mais natural, justa ou correta? Vale dizer que parte dessa experiência de pensamento é exercitar somente argumentos racionalmente admitidos, sem solicitar autoridade ou convicções profundas.

Essa figura que estamos analisando, como arsenal filosófico-literário, consiste, portanto, em uma estratégia argumentativa cuja função é fazer um alerta permanente para eu questionar a universalidade da minha posição. Ainda de acordo com Lebrun (1972, p. 128), podemos dizer que o gênio maligno de Descartes apresentado em suas *Meditações metafísicas* como um artifício usado para descobrirmos algo de certo e verdadeiro, caso você se lembre, foi logo exorcizado pelo cogito, no quarto parágrafo da "Segunda meditação"*; entretanto, os anjos, os extraterrestres e os estrangeiros são mais insistentes e relativizam permanentemente nossas crenças mais arraigadas.

Aquilo que é marginalizado, enfim, é também o que tem o poder de me revelar. Para concluir esse movimento do livro, a figura do outro, despojada dos mesmos preconceitos que os meus, atua como um princípio explicativo heterogêneo ao explicado, mas justamente por ser heterogêneo tem a legitimidade de estabelecer a crítica. A iluminação, nesse caso, se dá por contraposição.

3.14
Relação recíproca: século XVIII francês

Seria possível aumentar a radicalidade da aproximação e pensar os dois tipos de discurso que temos analisado como intercambiáveis? Isso significaria, no limite, que não poderíamos falar propriamente em uma relação fixa entre eles, já que a filosofia se assimilaria à literatura e vice-versa. Existem bons exemplos de autores que podem nos servir para caracterizar melhor essa perspectiva, uma vez que em seus textos a fronteira entre essas duas ciências é difícil de ser delimitada. Nada que apresente, contudo, problema para a qualidade de suas reflexões. É como diz Paul Valéry, "o poeta tem sua filosofia" (1999, p. 208) e o filósofo – por que não? – pode ter sua poesia.

Ainda na esteira de Paul Valéry, podemos mencionar mais uma vez algo que merece ser enfatizado: a dificuldade de fixar posições muito distintas para um tipo de produção intelectual altamente flexível como a que estamos analisando. Ponto que faz lembrar o conto de um importante escritor brasileiro, Mário de Andrade, que logo no início do livro *Contos novos* escreve: "Tanto andam agora preocupados em definir o conto que não sei bem se o que vou contar é conto ou não, sei que é verdade."* (Andrade, 1999, p. 19). Queremos dizer que a desorganização deliberada dos termos é, por vezes, positiva, na mesma medida em que a excessiva preocupação dos classificadores pode ser limitadora. Será que um filósofo nunca se deixa levar por uma força poética ou, de outro modo, é possível pensar em um poeta que nunca tenha realizado um raciocínio lógico universalizante? Ou, então, "que se o lógico nunca pudesse ser algo além de lógico, ele não seria e não poderia ser um lógico; e que se o outro nunca fosse algo além de poeta, sem a menor esperança de abstrair e de raciocinar, ele não deixaria atrás de si qualquer traço poético" (Valéry, 1999, p. 197).

3.15
Século XVIII: filosofia e outros saberes

No século XVIII, época de Voltaire, Rousseau e Diderot, desenvolveu-se uma atividade intelectual que muito nos interessa para entender mais um nível da complexa relação entre literatura e filosofia. Havia no período, podemos dizer, uma espécie de entrelaçamento das áreas do conhecimento tão intensa que ciência, literatura, economia e filosofia não se distinguiam tão naturalmente como acontece hoje. A figura do filósofo, nesse cenário, transitava com liberdade por muitas áreas. De acordo com Maria das Graças de Souza, estudiosa da filosofia setecentista: "o conceito de 'filósofo' no século de Voltaire era muito mais abrangente do que em nossos dias, e cabia a estudiosos tão diferentes quanto o literato, o teatrólogo, o físico, o botânico, etc." (Souza, 1983).

Assim, temas variados, de teatro à economia, faziam parte de uma atmosfera filosófica que muitos autores desbravavam indistintamente. Voltaire é um caso emblemático. John Gray, quando fala sobre ele, não

---

* O conto se chama "Vestida de preto".

deixa de notar o caráter multifacetado de sua produção intelectual: "Não se limitou a nenhum gênero. Escreveu peças, poemas épicos, contos filosóficos, mais de vinte mil cartas e ensaios e panfletos quase além da conta" (Gray, 1999, p. 11-12).

Diderot também merece ser lembrado – ele que escreveu sobre medicina, fez peças teatrais, discorreu criticamente sobre arte, refletiu sobre a origem da vida, além de ter sido o líder por detrás da elaboração da *Enciclopédia*, um dos maiores monumentos do saber realizados até então.

Para compreendermos o modo como literatura e filosofia se conectavam no Século das Luzes, é preciso ter em mente que a atividade filosófica tal qual era realizada tinha forte caráter intervencionista, isto é, muitos pensadores mostravam interesse tanto por temas teóricos tradicionalmente discutidos pela filosofia quanto por matérias de ordem prática. Para Arthur Wilson (1957, p. 92), essa postura engajada chegou a comprometer o estatuto de filósofos desses autores: "De fato, o seu interesse declarado por assuntos práticos tornou os *philosophes* merecedores da reputação de reformadores, mas, em detrimento da sua reputação de filósofos". Segundo nos parece, isso não os afastava da filosofia, pelo contrário, era o que os caracterizava como filósofos. As muitas divisões disciplinares que nos são familiares ainda não estavam em voga no Século XVIII; os vários campos do conhecimento estavam como que entrelaçados, às vezes, até mesmo se confundindo.

Quando estudamos o recorte histórico chamado de *Iluminismo* ou *Século das Luzes*, principalmente o francês, encontramos pensadores que estavam longe de defender uma postura de especialização teórica; na verdade, esforçavam-se por não estabelecer fronteiras muito fixas entre as áreas do conhecimento. A filosofia era uma espécie de arma com a qual os homens de letras buscavam corrigir o funcionamento da sociedade. Arthur Wilson (1957, p. 92), nessa linha de interpretação, afirma que "O iluminismo francês não originou simplesmente novas ideias: ele as aplicou às instituições existentes. E, eventualmente, claro, o processo estourou várias velhas garrafas".

Pode-se defender que era justamente essa forma de refletir, com caráter engajado, que caracterizava a atividade filosófica do século XVIII. D'Alembert, grande autor da época, confirmando nossa hipótese, fala sobre o novo tipo de reflexão que estava sendo operada pelos intelectuais chamados de *philosophes*. Quando, por exemplo, ele escreve o *Ensaio sobre os elementos de filosofia*, defende que estava sendo realizado em seu tempo um novo modo de fazer filosofia:

> *Assim, desde os princípios das ciências profanas até os fundamentos da revelação, da metafísica às questões de gosto, da música à moral, das discussões escolásticas dos teólogos aos objetos do comércio, dos direitos dos príncipes aos dos homens, da lei natural às leis arbitrárias das nações, enfim, desde as questões que mais nos tocam às que pouco nos interessam, tudo foi discutido, analisado ou pelo menos agitado.*
> (D'Alembert, 2014, p.15)

Vejamos agora, lendo com mais cuidado alguns textos, de que modo se manifestou o caráter **engajado-intervencionista** para o qual chamamos atenção. Para tanto, elencamos os autores Voltaire e Diderot por serem os mais renomados do período e se adequarem ao perfil sobre o qual queremos matizar.

3.15.1 *Diderot e seu panfleto para os médicos e cirurgiões*

Nosso objetivo não é agrupar todo o Iluminismo francês sob uma mesma bandeira, mas, somente apontar, com base em dois exemplos ilustrativos, um traço comum entre importantes autores do período, a saber, uma postura filosófica engajada. Poderíamos fazer esse exercício com vários filósofos, mas investigaremos agora apenas dois deles.

Tomaremos primeiramente Diderot para análise e deteremo-nos em um panfleto ou carta aberta escrita por ele, publicada anonimamente e que pode ser datada de 1748, chamada *Lettre d'un citoyen zele qui n'est ni chirurgien ni medecin, a m. d. m. maitre en chirurgie (Carta de um cidadão zeloso que não é nem médico nem cirurgião ao Sr. D. M. mestre em cirurgia)* (1875). Antes de mostrarmos o conteúdo, vejamos a forma.

Trata-se de uma **carta**, gênero em que a subjetividade do autor pode aflorar. Como diz o título, ela é destinada a médicos e cirurgiões, mas não só isso. O texto é redigido por alguém que não é especializado em nenhuma dessas duas áreas. A forma do texto – carta – permite que Diderot se posicione publicamente sobre a prática médica, ainda que não faça parte desse universo. Ele não precisa, portanto, usar um jargão especializado, até mesmo porque não pretende comentar um mero detalhe técnico; de outra maneira, Diderot propõe uma reflexão filosófica sobre o modo como esses dois profissionais da saúde atuavam. Investiguemos mais de perto o contexto que fez emergir esse texto.

Havia na França de então, como mostra Arthur Wilson (1957), uma divisão de trabalho bem definida na medicina, divisão que incitou a rivalidade entre médicos e cirurgiões. Os primeiros detinham os princípios especulativos da arte médica e estudavam os textos, por exemplo, de Galeno e Hipócrates, enquanto os cirurgiões ficavam responsáveis estritamente pelo procedimento cirúrgico, mais mecânico, sendo impedidos de tecer qualquer opinião teórica sobre o quadro do paciente. Essa separação só foi abolida por volta de 1793 e, nesse cenário, a rivalidade entre os envolvidos ganhava força por causa da superioridade que os médicos expressavam em relação aos cirurgiões. Diderot, com seu panfleto, forma textual que não foi escolhida por acaso, pôde se posicionar nesse debate.

A premissa da carta é por si só filosófica, pois Diderot se posiciona pela **igualdade moral dos homens** e, em uma monarquia como era a França setecentista, isso é um dado importante. O autor defende o fim da querela entre médicos e cirurgiões argumentando pela extinção de qualquer traço de preeminência ou superioridade entre as partes. Sendo uma carta, Diderot não se isenta – por meio de sua premissa filosófica – de se posicionar sobre um conflito da área médica. A solução por ele proposta, que hoje corremos o risco de achar excessivamente óbvia, é juntar em um mesmo corpo de estudo tanto o médico quanto o cirurgião; nenhuma novidade, diz Diderot, já que era assim que os antigos faziam.

Atentemos novamente para a forma do texto. Repare que a carta não guarda, à primeira vista, uma pretensão universal; ela se dirige para alguém específico, como já vimos, no entanto, o que é dito por ela guarda em si um caráter de universalidade. O que chamamos de *premissa filosófica de Diderot* vale para todos os homens, ninguém – do ponto de vista natural – é moralmente superior às outras pessoas: "Sim, meu senhor, não conheço outro meio para estabelecer entre vós e seus antagonistas [os médicos] uma paz que seja durável. Os cirurgiões e os médicos continuarão inimigos mortais, enquanto uns se considerarem mestres e os outros não aceitarem o posto de servos" (Diderot, 1875, p. 214, tradução nossa).

Nessa disputa, que seria entre especialistas da área médica, Diderot argumenta usando dados históricos. Em visita aos textos antigos, de Galeno ou Hipócrates, não veríamos qualquer diferenciação como a que se dava na França. Diderot faz uma série de perguntas cujas respostas saem naturalmente de dentro delas: por que, se pergunta o *philosophe*, os homens do século XVIII não poderiam fazer o que foi feito com sucesso antigamente? A essa questão soma-se outra, em forma de imagem, sobre a qual ainda falaremos: "qual a vantagem que você concebe cortando as mãos do médico e os olhos do cirurgião?" (Diderot, 1875, p. 219, tradução nossa). A contenda acabaria quando não houvesse diferença entre quem diagnostica a doença e quem manuseia o bisturi para realizar o procedimento cirúrgico. Diderot passa aos exemplos para confirmar a tese que vem defendendo.

Apesar de ser uma carta, podemos, ainda assim, acompanhar um desenvolvimento argumentativo-lógico rigoroso. Primeiro, um problema foi apontado: a rivalidade entre médicos e cirurgiões. Em um segundo momento, a premissa filosófica foi fornecida: igualdade moral entre os homens. A tese, por sua vez, foi exposta pelo autor, que, em seguida, se vale de exemplos históricos dos antigos e também entre os modernos para confirmá-la. Vejamos agora o que o autor quis dizer com a imagem das mãos e dos olhos.

Um médico, diz Diderot, teria sido chamado para atender uma paciente no meio da noite. Após analisar seu estado, ordenou uma sangria, no entanto, o cirurgião não apareceu a tempo de realizá-la e a paciente morreu pela manhã. Em outra situação, um cirurgião, na ausência do médico, operou uma sangria que depois foi considerada a causa da morte do paciente. Independentemente da veracidade do relato, o ponto a ser retido é este: o médico do primeiro caso, se lhe fossem "restituídas" as mãos, poderia ter feito ele mesmo a intervenção cirúrgica, enquanto o cirurgião, sem o instrumental teórico da medicina, acabou se equivocando, pois não teria os olhos estudados.

Atente-se para o fato de que a reflexão filosófica está interconectada à literatura (a forma do texto e as imagens trazidas pelo autor, por exemplo) e ainda com outras áreas do saber. Diderot, mais do que letrado, se considera integrado à sociedade em que vive. O trabalho do filósofo, nesse sentido, não é o de simples catalogador do que foi dito por antigos sábios, mas, sim, o de pensar e intervir no meio em que vivem os homens. Concluamos este movimento citando o encerramento do texto diderotiano: "tudo o que interessa ao bem da sociedade e a vida de meus semelhantes é muito importante para mim. Quando se trata da felicidade pública, o amor-próprio não é mais ouvido e eu prefiro arriscar uma ideia ridícula a guardar para mim um projeto útil" (Diderot, 1875, p. 223, tradução nossa).

3.15.2 Voltaire e o Tratado sobre a tolerância

Façamos agora uma breve análise de Voltaire para confirmar a chave de leitura em relação aos textos de alguns dos filósofos do século XVIII. A obra em questão é o *Tratado sobre a tolerância* (Voltaire, 2010b), escrito em 1763. Texto importante, já que desde a sua publicação até os dias de hoje continua permanecendo atual; seu teor é de caráter eminentemente histórico, mas com reflexões sobre a liberdade de crença e o papel fundamental da tolerância, o que dá tom filosófico para o texto.

Estamos falando de um **tratado**, mas o que isso significa? Tratado é uma obra ou um discurso em que se discorre sobre o conjunto de alguma arte, ciência ou outro assunto particular. Se Voltaire propõe um debate sobre o papel da tolerância, ele fará isso por causa de um objetivo bem particular, como veremos, mas sua particularidade tem caráter exemplar. Isso significa que algo de aspecto localizado será usado para comprovar uma tese universal.

O mote do tratado voltairiano é a condenação do francês Jean Calas, que foi brutalmente morto por ordem judicial no dia 9 de março de 1762, sob a acusação de ter assassinado seu filho. Voltaire levanta sua pena em defesa da família Calas, como também em defesa da memória do falecido. O *Tratado sobre a tolerância* é eloquente por mostrar como filosofia, história e literatura podem ser solicitadas a invadir a arena política. Vejamos em linhas gerais o caso Calas.

Jean Calas, comerciante da cidade de Toulouse, morreu com 68 anos supliciado na roda* depois de ser considerado culpado por assassinar seu filho, Marc-Antoine. Seu trágico destino incitou os escrúpulos filosóficos de Voltaire. Calas e sua família eram protestantes, minoria na França setecentista, exceto por um filho que havia se tornado católico, Louis, a quem o pai dava uma pensão. Entre os dias 13 e 14 de outubro de 1761, Marc-Antoine, ao fim de um jantar, foi encontrado enforcado, pendurado por uma corda. A investigação que se seguiu à morte do jovem talvez tenha sido influenciada pelos rumores de que Jean Calas não queria a conversão de seu filho, Marc-Antoine, ao catolicismo, de modo que mesmo sendo um senhor de idade foi condenado por ter enforcado seu filho. Dos membros da família que estavam no fatídico dia, Pierre, filho de Jean Calas, foi banido do país; sua mãe, esposa de Jean Calas, foi separada das filhas, que foram encaminhadas para um convento católico. Voltaire tomou da pena para escrever o *Tratado* com o intuito de mobilizar a opinião pública em favor da justiça, além de criar comitês para levantar fundos em prol da família, dentre outras medidas que foram tomadas por ele. Para Voltaire, quem havia condenado o homem teria sido antes o fanatismo e a intolerância religiosa do que fatos incontestáveis.

No texto, Voltaire defende a tese de que a tolerância é o melhor meio para nos relacionarmos em paz uns com os outros, além de participar positivamente na prosperidade da nação. Repare que, na pena do autor, um tema moral se articula à política e à religião sem muito atrito. Da

---

* Trata-se de uma violenta punição à morte, muito usada na Antiguidade e na Idade Média, em que o condenado poderia, por exemplo, ser amarrado nos aros de uma grande roda de madeira para ser torturado – tendo seus membros e articulações severamente lesionados ou rompidos – até que viesse a morrer. Esse desfecho, dependendo da resistência da pessoa, variava entre algumas horas até dias.

tolerância, relação moral entre pessoas, passamos para o corpo político, o Estado, com apontamentos sobre religião e história. A argumentação voltairiana aponta para o fato de que, se analisarmos as sociedades humanas, a liberdade de crença nunca resultou em problemas maiores do que aqueles que vieram da intolerância, muitas vezes causa de revoltas e mortes. Utilizando dados históricos, o autor elenca várias nações que conviviam pacificamente com religiões diferentes, como Rússia, China, Turquia e Japão. Ele ainda analisa a Antiguidade com o objetivo de mostrar que nem os gregos foram intolerantes com Sócrates nem os romanos teriam sido intolerantes com os primeiros cristãos.

Os mártires cristãos, segundo Voltaire, é que foram intolerantes, na medida em que se revoltaram convictamente contra a religião tradicional. Ademais, eles teriam sido mortos por questões políticas e não especificamente por causa de sua crença religiosa. Para esse autor, o único momento em que poderíamos aceitar a intolerância seria contra o fanatismo. Mesmo a superstição seria melhor do que a intolerância: "E não é evidente que seria ainda mais racional que alguém adorasse um santo umbigo, um santo prepúcio, o leite e o manto da Virgem Maria do que detestasse e perseguisse seus irmãos?" (Voltaire, 2010b, p. 106). Continuando o ataque contra um dos maiores inimigos da paz, o fanatismo e a intolerância, o *Tratado* segue mostrando as mazelas causadas pela intolerância e o absurdo de nos matarmos por causa de alguns parágrafos discordantes (referência às questões teológicas envolvendo a interpretação da Bíblia). Com a ajuda do *philosophe*, um dos que se manifestaram contra a decisão do tribunal de Toulouse, no dia 7 de março de 1763, 80 juízes cassaram a sentença daquele tribunal e ordenaram a revisão do processo. Em 1765, a família foi inocentada e recebeu indenização. Acabou-se o exílio de Pierre e as filhas voltaram para a mãe, o que amenizou a infâmia da família.

Não importa tanto se o *philosophe* foi o principal responsável pela revisão do processo, o ponto que devemos notar é o tipo de atividade intelectual que ele propunha. O filosofar ultrapassa em muito a sala de estudo, o terreno dos conceitos e da abstração para se imiscuir na rotina dos particulares e se conectar com outros estilos discursivos. História, dados culturais, moral e economia podem gravitar e se vincular a teses filosóficas sem prejuízo para a reflexão. Terminemos esse ponto com uma citação de Voltaire que muito se assemelha à afirmação emblemática de Diderot, vista por nós: "Só estou falando aqui do interesse das nações; respeitando, como realmente o faço, a teologia, apenas busco por meio deste artigo o bem físico e moral da sociedade" (Voltaire, 2010b, p. 34).

3.16
O que é literatura ou o caso setecentista

Na enciclopédia dirigida por Diderot e D'Alembert não há um verbete que contemple o termo *literatura*, mas existe um, assinado por Voltaire, que trata dos homens de letras (*gens de lettres*). Eles são definidos pela sua erudição e pelo que chamaríamos hoje de *ambivalência*, ou seja, "passam das matemáticas para as flores da poesia e julgam igualmente bem tanto um livro de metafísica quanto uma peça de teatro" (Voltaire, 2015, tradução nossa). Temos reunidas, deste modo, em uma mesma atmosfera teórica e sem esforço de acomodação, tanto ciências áridas, como a matemática, quanto as mais imaginativas e figuradas, como a poesia. Não é arriscado dizer, portanto, que havia uma relação estreita entre literatura e filosofia. Os poetas e filósofos não se diziam iluminados pelas musas, como no caso de Hesíodo e Homero; a maioria deles tinha forte inspiração moral quando escreviam textos literários.

É preciso lembrar que no século XVII e início do seguinte, o **romance**, por exemplo, não era visto com bons olhos pelos filósofos, mas passou por uma reformulação teórica. Da pecha de fantasioso e imoral, ele passou a ser visto como forma de moral aplicada, a tal ponto que podemos chamar – na esteira de Franklin de Mattos – Diderot, Rousseau e Voltaire de romancistas tardios; de fato, o primeiro ensaio do livro do comentador, *A cadeia secreta: Diderot e o romance filosófico*, trata justamente do tema da apreciação do romance na época e conta com capítulo intitulado "Três romancistas tardios: Voltaire, Rousseau, Diderot" (Mattos, 2004, p. 17-38). Mas o que era, então, o romance?

Em francês, o substantivo feminino *romance* diz respeito ao caso amoroso entre duas pessoas, mas o masculino *roman*, por sua vez, é definido pelo verbete enciclopédico escrito pelo *Chevalier* de Jacourt como uma história fictícia que trata de aventuras da vida humana. A preocupação moral do verbete é latente e mostra a mudança de apreciação em relação a esse tipo de discurso: "Gostaria, portanto, que a composição desses livros fosse de responsabilidade de pessoas honestas e sensíveis" (Jacourt, 2015). Isso para fazer com que as pessoas amem a virtude e tenham repulsa por comportamentos viciosos. O romancista teria mesmo a obrigação moral de levar as pessoas em direção "ao amor pelo bom e pelo bem." Ainda de acordo com o verbete, é o que teria feito Jean-Jacques Rousseau, "em sua Nova Heloísa" (Jacourt, 2015, tradução nossa).

Perceba que o romance é abordado por um forte viés filosófico; ele é uma forma de moral aplicada, talvez até de maneira semelhante ao que pretende fazer Martha Nussbaum. Ele faria, então, com que germinassem mais facilmente paixões benéficas ao leitor, em uma intensidade que a abstração de um texto formal de filosofia não conseguiria: eis o trunfo do romance em relação à filosofia.

Síntese

Neste capítulo, exploramos três relações possíveis entre literatura e filosofia. De tal feita, vimos como se articula a posição que chamamos de *disjuntiva* com a ajuda de autores como Kundera (2008; 2009), que detectam uma diferença fundamental entre essas duas modalidades de discurso, atestando de modo incontornável sua separação. Já a relação "complementar" abriu um interessante horizonte de aproximações e diálogos, tanto indiretos quanto diretos, nos quais nossos dois termos se conectam e se cruzam. A distopia de Huxley (2001), por exemplo, permitiu que víssemos como a filosofia pode ser usada pela literatura. Na sequência, apresentamos os prefácios realistas a fim de mostrar como a literatura pode construir uma atmosfera fértil para que teses de ordem filosófica fossem expostas da melhor maneira possível. Ao tratarmos sobre a figura do "outro", explicitamos como a filosofia pode se valer de recursos literários para marcar sua posição. A última relação analisada foi a "recíproca", aquela que parece ter caracterizado a atividade filosófica de alguns autores do século XVIII. Por ela adentramos um ambiente teórico em que as rotulações rígidas que separam em dois os campos literário e filosófico podem ser enfraquecidas.

Indicações culturais

Filme

    O PLANETA selvagem. Direção: René Laloux. França: Magnus Opus, 1973. 72 min.

    Nessa impressionante obra de ficção científica em forma de animação, somos deslocados em um movimento que chega a ser perturbador, do ponto de vista privilegiado que é o do ser humano em relação aos outros seres vivos. A história se passa no planeta Ygam, onde vivem os seres chamados de *draags*, detentores dos mais altos conhecimentos. O que nos interessa são as figuras humanoides, os *oms*, que servem como animais de estimação, tendo sido levados de um planeta devastado, a Terra. Essa animação ajuda em muito a sairmos da zona de conforto para refletirmos sobre uma atmosfera bem diferente.

A RAINHA Margot. Direção: Patrice Chéreau. França: Versátil Filmes, 1994. 136 min.

Esse drama mostra o clima de intolerância entre católicos e protestantes na França do século XVI. Algo que se manteve em maior ou menor grau até o século XVIII. Esse clima de intolerância religiosa foi combatido por filósofos como Voltaire, vide o caso Calas, analisado neste capítulo.

Livro

GAGNEBIN, J. M. **Lembrar, escrever, esquecer**. São Paulo: Ed. 34, 2006.

O último texto do livro, que já foi indicado no primeiro capítulo, é a transcrição de uma palestra cuja leitura é essencial – pela qualidade e por ser um dos poucos textos que tratam do assunto – para entendermos as possíveis relações entre filosofia e literatura. Unindo rigor conceitual a uma linguagem acessível, "As formas literárias da filosofia" é uma leitura obrigatória.

Atividades de autoavaliação

1. Sobre a relação disjuntiva entre filosofia e literatura, marque a alternativa correta:

a) A investigação filosófica busca verdades e é realizada de modo rigoroso; já a literatura, com mais liberdade, tem como objetivo entreter seus leitores, fornecendo momentos de relaxamento. Essas características tornam esses dois modos de discurso irreconciliáveis.

b) Segundo Kundera (2008; 2009), o romance propõe como tarefa uma exploração existencial que em nada tem a ver com a filosofia, pois sua linguagem é muito árida, pouco propícia para abarcar a beleza que o romancista imprime em suas histórias de amor.

c) A relação disjuntiva caracteriza-se por detectar uma importante oposição entre filosofia e literatura. Isso significa, no limite, que entre o filósofo e o literato haveria dois tipos diferentes de sabedoria que os separaria indefinidamente.

d) A filosofia recusa os recursos literários, pois eles deturpam a objetividade e a clareza necessárias para a reflexão do filósofo. Para ela, todo ornamento seria considerado uma forma perigosa de luxo e, por isso, censurável.

2. Ainda sobre a posição disjuntiva no que diz respeito à relação entre filosofia e literatura, assinale (V) para as afirmações verdadeiras e (F) para as falsas; em seguida, indique a alternativa correta:

( ) O romance não se confundiria com a filosofia, já que a reflexão proposta por ele é de tipo particular e, se houver uma aproximação com a filosofia, ela se manifestará como uma espécie de cooptação, ou seja, o romancista irá particularizar as teses filosóficas.

( ) A linguagem poética não poderia ser considerada filosófica, pois não segue um processo lógico claro, em que os conceitos são definidos e os argumentos se concatenam, legitimando, assim, a conclusão do autor.

( ) A relação disjuntiva é aquela em que, no que diz respeito à reflexão filosófica, só permite a aproximação da literatura como ferramenta para testar a solidez de uma tese universal.

( ) Mais afeita à imaginação, a literatura utiliza como recursos figuras de linguagem que o filósofo não aceitaria com tanta facilidade, dado que privilegia a razão e o uso de conceitos para colocar em marcha sua investigação.

a) V, F, V, F
b) F, V, F, V
c) V, V, F, V
d) V, F, F, V

3. Sobre a posição de Sartre (2004) no que diz respeito à literatura, marque a alternativa incorreta:
   a) Para Sartre, a literatura estará sempre, em alguma medida, engajada com seu tempo, e o escritor, como comunicante, não pode se desfazer dessa posição política.
   b) De acordo com Sartre, o único modo pelo qual o escritor pode se desvincular do engajamento sociopolítico é escrevendo em língua estrangeira, pois assim não estará em direta relação com seus leitores.
   c) Arte pura, isto é, desengajada, de acordo com a perspectiva do ensaio *Que é literatura?* (2004), é sinônimo de arte vazia, pois tenta realizar uma fuga do âmbito político que é fadada ao fracasso.

d) A literatura, para Sartre, teria uma função social, de modo que considerá-la como uma arte pura, sem contato com a realidade que cerca o escritor, é um tipo de perspectiva equivocada.

4. Sobre o que foi aprendido neste capítulo, assinale verdadeiro (V) ou falso (F) para as afirmações a seguir e, depois, marque a alternativa que corresponde à sequência correta:
   ( ) Tanto *Admirável mundo novo* quanto *1984* podem ser consideradas literaturas filosóficas, pois a partir de um personagem particular colocam em marcha um tipo de reflexão que lida com temas filosóficos, de ordem universal.
   ( ) *1984* caracteriza-se por ser um romance pouco propositivo; isso quer dizer que, menos do que estabelecer um programa para ser seguido, sua proposta é criticar uma certa forma de sistema político – no caso, o totalitário.
   ( ) As várias e fecundas possibilidades de interação entre filosofia e literatura, mesmo a que defende sua separação, são sintomas, todavia, da fecundidade e complexidade do tema.
   ( ) O panfleto de Diderot e o *Tratado sobre a tolerância*, escrito por Voltaire, confirmam a tese defendida pelos adeptos da relação disjuntiva, já que não tiveram nenhuma repercussão positiva.
   a) F, F, F, V
   b) F, F, F, V
   c) V, V, V, F
   d) V, F, F, V

5. A propósito do que foi visto neste capítulo, especificamente sobre as relações entre filosofia e literatura, marque a única alternativa verdadeira.

a) A aproximação entre filosofia e literatura se dá de várias maneiras. De modo indireto, na forma de referências sutis, mas também de modo mais direto, na figura de um personagem que personifica uma tese filosófica.

b) Filosofia e literatura interconectam-se diretamente somente quando um filósofo se vale de recursos próprios à literatura para efetuar uma rigorosa reflexão. O movimento contrário é altamente prejudicial.

c) O prefácio realista foi amplamente utilizado como ferramenta para enganar o leitor, isso com o intuito de marcar a superioridade intelectual do escritor, que coloca enigmas para serem descobertos pelos mais capazes.

d) O recurso literário representado pelo extraterrestre ou pelo estrangeiro, do ponto de vista filosófico, não apresenta nenhum ganho reflexivo importante: ele é ornamento literário para estimular a diversão do leitor.

Atividades de aprendizagem

Questões para reflexão

1. Com base no que foi analisado neste capítulo, você conseguiria formular o motivo de recusarmos tão prontamente o que é diferente de nossa cultura? Tomemos um exemplo: muitos têm repulsa por uma dieta baseada no consumo de insetos, mas aparentemente não vê problemas em substituir as entranhas de um peru por farofa. O exemplo dado é de ordem gastronômica, mas poderia ser sobre religião ou mesmo vestimentas.

2. Reflita e responda: a literatura pode influenciar nosso convívio com outras pessoas? Se houver alguma influência, ela é positiva ou negativa?

Atividade aplicada: prática

Considere que você é um ser de outro planeta e resolve conhecer a Terra com o objetivo de observar os costumes dos terráqueos. Não há nenhum tipo de ligação moral entre você e os habitantes do planeta. Seu roteiro envolve duas paradas de um dia cada uma: Rio de Janeiro em época de carnaval e Faixa de Gaza, território palestino em constante conflito entre judeus e muçulmanos, localizado no Oriente Médio. O objetivo desta atividade é fazer um diário que relate seus sentimentos durante a visita aos dois lugares citados. Cada passeio, como foi dito, corresponde a um dia completo.

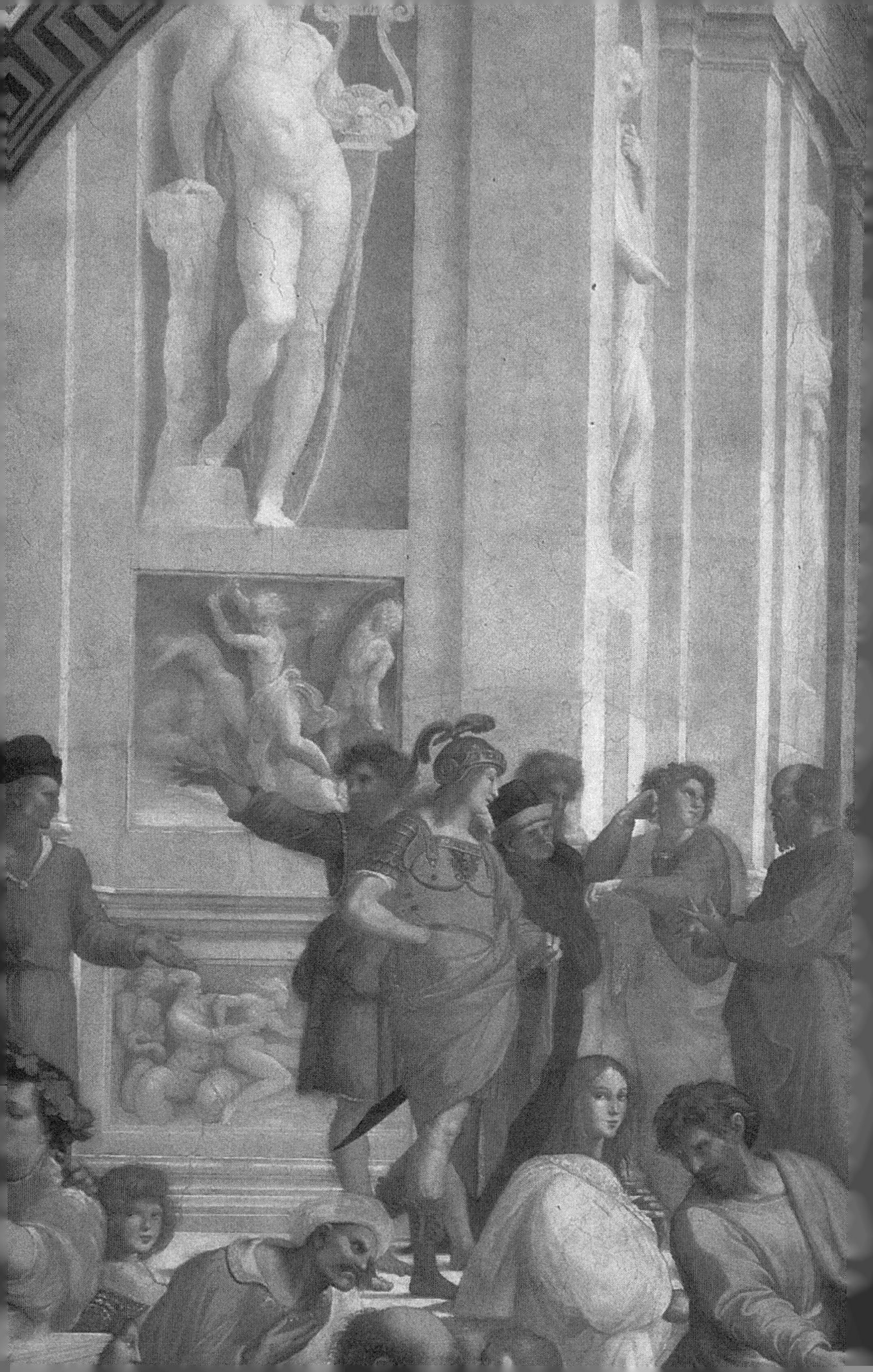

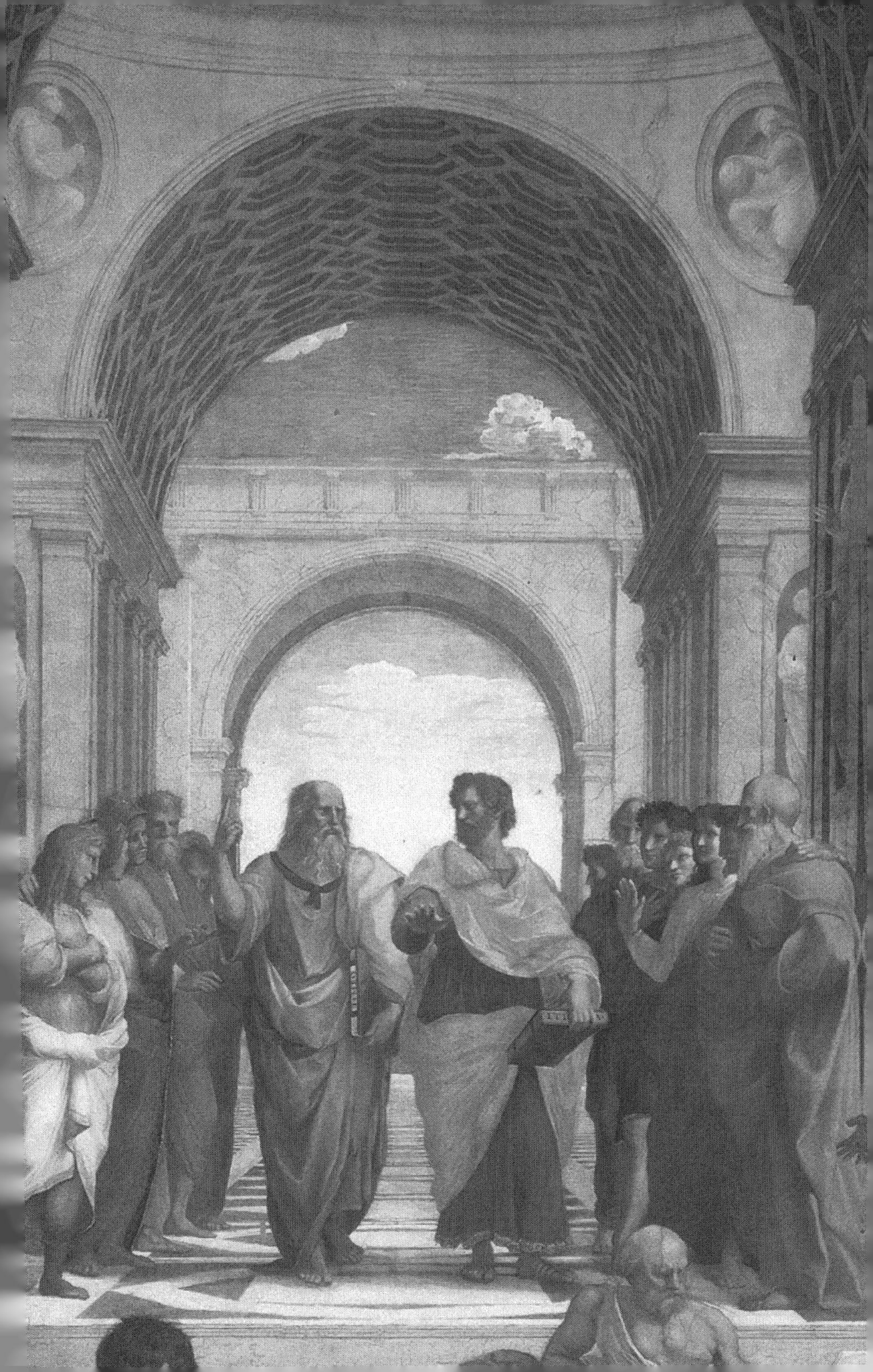

*Bernard Mandeville
e Jean-Jacques
Rousseau: a fábula
filosófica e a filosofia
contra as artes*

Neste capítulo, faremos um movimento mais exegético, ou seja, veremos em detalhe conceitual textos de poucos autores. O objetivo é estudar casos emblemáticos para nosso tema. Explicitaremos como Mandeville, por exemplo, com base na leitura e na análise de seu poema Colmeia resmungona ou os Patifes virados honestos *se valeu da literatura e de seus recursos para promover uma importante reflexão filosófica. Jean-Jaques Rousseau, por seu turno, será analisado com a intenção de detectarmos como ele utilizou a filosofia e a literatura para efetuar uma crítica em direção ao valor moral das artes.

Bernard Mandeville nasceu na Holanda em 1670, mas se estabeleceu na Inglaterra, para onde foi por volta de 1688. Foi médico e estudou filosofia. Suas ideias no campo da ética, economia e moral, veiculadas em formas líricas, como a **fábula** e o **poema**, tiveram grande influência entre os pensadores do século XVIII e posteriores; estão entre eles Voltaire, Rousseau, David Hume e Adam Smith. Trata-se de um autor importante para nosso empreendimento teórico porque com ele vemos de maneira exemplar o pensamento filosófico se unindo ao lirismo poético, além de podermos acompanhar a eficiente utilização de recursos literários para promover discussões rigorosas. Vale dizer que não é comum na história da filosofia um poema promover debates tão profundos, como é o caso de *Colmeia resmungona ou os Patifes virados honestos**, publicado em 1705, ainda sem tradução em português.

O poema não causou tanta polêmica quanto seu desenvolvimento. A obra mais famosa de Mandeville, a *Fábula das abelhas ou Vícios privados, benefícios públicos* foi escrita primeiramente em 1714. Nela, o poema de 1705 vem acompanhado de 20 notas ao longo de seus versos – *remarks* – que destrincham argumentativamente os princípios filosóficos do poema, além de um comentário em prosa "Uma investigação sobre a origem da virtude moral", texto para o qual há tradução em português (2013, p. 87-97). A *Fábula das abelhas* pode ser encarada como continuação e desenvolvimento do que havia sido estabelecido na *Colmeia resmungona*. Em 1723, mais uma edição veio a lume, com as notas ampliadas em tamanho, além de dois ensaios que foram acrescidos ao texto. Nos anos seguintes, outras edições foram publicadas com pequenas alterações de estilo, o que parece ser sintoma do sentimento de perfeccionismo lírico do autor.

---

* No original: *The grumbling hive: or, knaves turn'd honest.*

Pelo subtítulo da *Fábula* – *Vícios privados, benefícios públicos* –, podemos deduzir como essa obra gerou polêmica. Muitos viam esta perspectiva como um paradoxo altamente prejudicial para a sociedade. Como escrever que os vícios privados podem – em qualquer medida que seja – favorecer a sociedade como um todo, isto é, causar benefícios públicos? Para entendermos o ponto, precisaremos saber contra quem Mandeville se posiciona e de que modo ele compreende os conceitos utilizados, algo que faremos mais adiante.

É interessante notar, antes de tratarmos dos conceitos, que, ao escrever o prefácio do poema – cujo intuito é explicativo –, Mandeville embaralha os rótulos que enquadrariam sua obra em algum gênero literário específico. O autor diz que o poema é um conto (*tale*) e sua intenção ao escrevê-lo não seria criticar a virtude para louvar o vício; mais do que isso, sobre esse poema – que é um conto – diz ainda que a sátira nele presente não teve alvo específico. Mais de um elemento aparece, portanto, para ser agrupado em torno do texto, criando uma atmosfera relativamente misteriosa em que as rotulações deixam de ser muito precisas. Estamos falando de um poema-conto-sátira. Qual seu conteúdo, isto é, como se estrutura o texto?

4.1
Vício e grandiosidade na colmeia

O poema de Mandeville nos apresenta, de forma alegórica, a uma colmeia muito habitada, porém, fica claro pelo desenrolar dos versos que a ideia realmente é falar de homens em sociedade de um ponto de vista moral-econômico, o que dá tom altamente filosófico ao texto, ainda que as teses estejam sintetizadas pela brevidade dos versos, por isso a preocupação em escrever notas que os expliquem. Essa colmeia, como já adiantamos, era muito populosa e todas as habitantes viviam com grande luxo: "Uma grande colmeia bem forrada de abelhas / Que viviam com luxo e comodidades" (Mandeville, 1732, versos 1-2).

Bem governadas, elas eram famosas por suas leis e seu forte exército, mas não só isso, pois preservavam e faziam desenvolver entre si as ciências e as artes. Todas as atividades que encontramos em uma cidade grande e rica também poderiam ser vistas sendo realizadas com excelência entre as abelhas do poema. Elas tinham igreja, comércio e, além disso, eram habilidosas e havia nessa sociedade mais empregos do que mão de obra. Estamos falando de um lugar muito próspero, onde "Milhões se esforçavam para suprir / A vaidade e luxúria de cada uma delas" (Mandeville, 1732, versos 33-34).

Mas nem tudo na colmeia era revestido com mérito, nem todas as ações lá realizadas eram dignas de elogio; se havia muita prosperidade, nela estava enraizada, como uma sombra natural de sua grandiosidade "Escroques, parasitas, gigolôs, atores, / Batedores de carteira, falsários, charlatães, adivinhos [...] / Em todas as transações havia alguma trapaça / Não havia profissão sem um pouco de farsa" (Mandeville, 1732, versos 49-50, 57-58).

A estratégia de usar um poema para discutir ideias de ordem moral, política e econômica deve ser levada em conta por nós. Como já dissemos sem dar maiores explicações, Mandeville faz uso de uma colmeia alegórica, mas o que isso significa exatamente? Uma **alegoria** pode ser entendida como uma figura de estilo e diz respeito à personificação de uma ideia abstrata. Apesar de não termos um protagonista (nenhuma das abelhas é nomeada), a própria colmeia funciona como um personagem ou – podemos dizer – um método de particularização. Ela serve como uma espécie de solo teórico onde o autor aplicará uma tese universal para testar sua força. E que tese é essa?

4.2
Os conceitos de virtude e vício

Em qualquer aula de ética vemos que a grande maioria dos pensadores dedicados à moral percebia uma oposição fundamental entre virtude e vício. A primeira, aliada à razão, serve como condutora do comportamento humano, ao passo que as paixões, diferentemente, são consideradas prejudiciais, viciosas. Nesse quadro, inveja, orgulho e ganância impediriam em boa medida o comportamento virtuoso, considerado o melhor tanto para a cidade (corpo político) quanto para os homens (indivíduos componentes daquele corpo). O poema discute, em certa medida, a relevância da perspectiva que coloca em confronto permanente vício e virtude, isso tudo em se tratando de uma sociedade grandiosa, ou seja, rica e florescente.

Diferente de toda uma tradição de moralistas, para Mandeville, as paixões, normalmente consideradas viciosas, eram, na verdade, fatores importantes para o fortalecimento da indústria, da produção de empregos e do florescimento econômico de uma nação. Mais do que isso. Se as pessoas fossem unicamente virtuosas, isso resultaria em problemas em relação a todos os fatores citados. Postura bem polêmica essa, pois aponta nos vícios um papel fundamental para o crescimento e fortalecimento de uma sociedade, algo que nenhum estudioso de moral concordaria de maneira fácil.

Para cumprir com seu objetivo, o poema se divide em dois grandes momentos, cada um com sua função. O primeiro nos apresenta, em linhas gerais, a alegoria da colmeia e mostra sua semelhança com qualquer grande cidade ocidental habitada. Esse primeiro movimento argumentativo serve para expor os vícios morais; de fato, vemos que, na colmeia, paixões como a inveja e a ganância permeavam a maioria das atividades lá realizadas, mas não só isso, elas conviviam de maneira harmônica com a florescência econômica. O segundo momento do poema é o de caracterização da virtude, ou seja, é a oposição do primeiro e é representado pela substituição de todos os vícios retratados por virtudes e pelo modo com isso interfere na estruturação da colmeia. Vejamos um pouco mais do movimento argumentativo inicial da obra.

Os vícios permeavam todos os âmbitos da sociedade. Em meio ao exército, por exemplo, em que a coragem era aguçada, existia também corrupção, assim como entre os ministros do rei. A própria justiça podia ser parcial, usando de severidade desproporsitada contra o pobre para proteger, no mais das vezes, os bens do rico. Importante notar que isso não comprometia a grandiosidade econômica dessa sociedade. Pelo contrário. O paradoxo com o qual Mandeville trabalha começa a se fazer notar, isto é, existia, enraizada às atividades executadas na colmeia, a íntima relação entre vício moral e florescimento econômico. Perceba que esse paralelismo por meio do qual virtude e vício se aproximam em uma relação de cumplicidade acompanha todo o poema: "O vício estava em toda a parte / Mas o todo era um paraíso [...] / Seus crimes concorriam para torná-las grandiosas [...] / O que de pior havia na multidão / Algum bem fazia para o restante da nação" (Mandeville, 1732, versos 155-156, 162, 167-168).

Note como a disseminação do "vício" não cria obstáculo para o todo ser um "paraíso". Os "crimes" (algo negativo) ajudavam a colmeia a se tornar "grandiosa". Esses versos antitéticos aproximam termos que seriam normalmente opostos. O que havia de "pior", então, ajudava a emergir algum "bem" na comunidade das abelhas. Isso acontece porque o orgulho, a inveja e a vaidade permitem o engrandecimento, por exemplo, da indústria. Vejamos. Ela é administrada e incentivada, em grande medida, pela ganância de comerciantes que visam ao lucro mais do que ao bem-estar daqueles que consumirão o produto final. Mas isso não é motivo para lamento. É levada por esses vícios que uma sociedade se torna grandiosa. O vício da prodigalidade, poderíamos dizer, é mais útil do ponto de vista social do que a virtude da temperança, que não emprega ninguém e não beneficia tanto a sociedade, somente aquele que é temperante. Vejamos outro exemplo que mostra como o benefício público pode ser acompanhado pelo vício privado.

A vaidade excessiva de uma mulher, paixão que se sacia unicamente diante de um belo vestido, movimenta vários tipos de emprego, ajudando no sustento de inúmeras famílias. O processo se inicia com a plantação do algodão, matéria-prima do que será a luxuosa indumentária; depois passamos para os intermediários que compram do agricultor a matéria-prima para ser refinada em produto mais complexo; nada disso terá efeito positivo se não houver pessoas dispostas a desbravar os mares para levar o produto final para outras partes do mundo, de modo a ser vendido em centros comerciais até que, enfim, chegamos ao brilho luxuoso da consumidora requintada. O ponto a ser retido é que todo esse processo iniciado com um vício (vaidade) conta com a participação de muitas pessoas, gerando empregos e riquezas as mais variadas. Esse caso ilustra bem como se dá o paralelismo entre benefício público e vício privado, recurso retórico muito usado pelo poema: "Partes diretamente opostas / ajudavam-se, como se fosse por despeito; / E temperança com sobriedade / Servem a embriaguez e glutonaria" (Mandeville, 1732, versos 173- 174, 175-176).

Virtude e vício, como os versos mostram, chegam a se complementar e concorrem para que uma cidade seja próspera. Os patifes são transformados em honestos, como sugere o subtítulo do poema, pois são eles quem fazem florescer a cidade. A virtude, por outro lado, estagna as pessoas, já que elas não se deixam levar pela ambição. A frugalidade, como já dissemos, é uma virtude prejudicial do ponto de vista econômico, pois não dá empregos para ninguém e não coloca a riqueza em circulação; a prodigalidade, por seu turno, sob a ótica de Mandeville, torna-se um vício nobre que beneficia muitas pessoas.

Ainda no primeiro momento do poema (de acordo com a divisão sugerida anteriormente), Mandeville nos leva por várias outras profissões, a título de exemplificação, para mostrar como as abelhas eram permeadas por inúmeros vícios, como vaidade, inveja, orgulho e ganância. Advogados, por exemplo, são comparados aos invasores de residência, pois buscariam na legislação pontos fracos para melhor defender seus clientes – a despeito de sua inocência ou culpabilidade –, assim como um ladrão procuraria deficiências no cadeado do portão ou buracos na janela por onde poderia ter acesso ao interior do imóvel. Os médicos da colmeia, por sua vez, estavam mais preocupados com fama e dinheiro do que com a saúde de seus pacientes. Os padres não estavam moralmente acima dos que foram até aqui citados. Alguns poucos eram estudados e eloquentes; a maioria era ignorante, todavia, todos tinham em comum o fato de esconderem bem seu pouco apetite para o trabalho e seu intenso orgulho, preguiça, luxúria e vaidade.

O que Mandeville faz, como já dissemos, é montar a atmosfera propícia para aplicar uma tese universal a um esquema particular, oportunidade que a literatura oferece de modo privilegiado. Se pensarmos com frieza, nos alerta o autor, veremos que os vícios, em uma cidade rica e próspera, como a Paris do século XVIII, fazem parte de uma engrenagem que ajuda a manter essa mesma cidade florescente. O luxo, muito criticado por favorecer a vaidade e a inveja dos homens, para Mandeville, seria a ferramenta mais bem talhada para render ao Estado a prosperidade econômica, que gera sua força militar, além de promover a liberdade dos particulares. Reabilitando paixões consideradas viciosas, o autor defenderá que são elas, na verdade, a causa da prosperidade da nação – quando bem dirigidas politicamente – e foram elas, ademais, que propiciaram a formação da sociedade.

O adversário teórico de Mandeville era todo aquele que defendia a predominância da razão em relação às paixões, como se pudéssemos controlá-las simplesmente pela força de vontade; todo aquele, além disso, que maldizia os vícios disseminados pelas grandes cidades do período, como Paris e Londres e, ao mesmo tempo, louvava sua prosperidade material, é contra essa perspectiva de Mandeville. O problema seria este: não é possível, segundo o autor, querer ao mesmo tempo virtude e prosperidade material. Façamos uma melhor descrição do adversário do autor da *Fábula das abelhas ou Vícios privados, benefícios públicos*. Como nos mostra Malcolm Jack, existia na Inglaterra da época sociedades particulares que arrogavam a função de preservar a virtude e denunciar os vícios dos ingleses e ao mesmo tempo louvavam a prosperidade econômica vivida pelos londrinos. A situação chegou a tal ponto que:

> *seus membros tomaram para si a responsabilidade de espionar seus colegas concidadãos, e quando necessário, informar aos magistrados tentativas de burlar as leis e os códigos de moralidade pública. Desta forma, por exemplo, ações contra bordéis – casas indecentes – frequentemente se originavam a partir de informações fornecidas por estas sociedades às autoridades públicas.* (Jack, 1989, p. 18-19, tradução nossa)

Contra tal perspectiva, a pena de Mandeville se levantou, e para fazer isso ele utilizou um recurso lírico semelhante ao do poema alegórico que estamos analisando. Não poderíamos, segundo essa posição, conciliar grandeza material com uma moral rígida, completamente virtuosa. O que aconteceria, então, do ponto de vista material e econômico se todos seguissem as orientações dos moralistas, se fôssemos, enfim, completamente virtuosos?

Antes do segundo grande momento do poema antes temos um processo de transição. Diante do quadro de vícios exposto detalhadamente, podemos imaginar do que resmungavam as abelhas, como aponta o título do texto. Algumas delas reclamavam da quantidade de vícios que se introduziam nas atividades realizadas na colmeia: "Bons deuses, temos tudo menos honestidade!" (Mandeville, 1732, verso 225). Elas falavam em tom de crítica e reclamação. Apesar de resistir inicialmente, o próprio deus, Júpiter (*Jove*), atendeu ao pedido das abelhas e retirou de seus corações todo traço de fraude e vício. Entramos desse modo no segundo grande movimento argumentativo do poema. Veremos agora a aplicação dos princípios (universais) defendidos pelos moralistas na colmeia que estamos vendo ser descrita, isto é, Mandeville pinta como seria se uma cidade como Londres cedesse aos ditames da razão e virtude. E se todos seguissem as orientações dos moralistas, o que aconteceria?

Por uma espécie de dádiva divina, somente a honestidade e demais virtudes passaram a orientar o comportamento das abelhas. A máscara da hipocrisia caiu, as tortuosidades da mentira se tornaram estradas retas e planas que levavam para a sinceridade, dívidas esquecidas foram pagas e corrupções já iniciadas se interromperam. Todas as ações das abelhas passaram a ser regidas por sentimentos condizentes com os princípios estabelecidos pelos moralistas conservadores, que opunham a virtude ao vício. Nada melhor do que isso, alguém poderia dizer. Vejamos com quais cores o autor pinta o quadro. A mudança que abarcou toda a colmeia foi, naturalmente, abrupta e incontornável: "Quão vasta e repentina foi a alteração!" (Mandeville, 1732, verso 243).

Que alteração foi essa? Primeiramente, sem vícios a colmeia murchou e deixou de ser florescente como antes. Os advogados, por exemplo, já não eram necessários, pois não havia ninguém para ser defendido ou acusado, e a maior parte deles foi embora. A própria Justiça, personificada, em cortejo deixou a colmeia, já que não há a necessidade de se proteger ninguém em um lugar sem vícios. Oficiais que trabalhavam para ela, como policiais e carcereiros, além de todos aqueles cujo sustento se ligava a algum vício, foram sendo gradativamente forçados a deixar a colmeia. Mandeville vai, desse modo, nos levando para outro sobrevoo pela colmeia para mostrar a influência positiva dos vícios nos afazeres mais corriqueiros. O comércio e as artes também sofreram com a presença maciça da virtude, pois as abelhas, agora sóbrias e sem afinidade com o luxo, não compravam muitas coisas e, sempre que possível, produziam aquilo de que tinham necessidade: "Na medida em que o orgulho e o luxo decresceram / Concomitantemente elas deixaram os mares [...] / As artes foram negligenciadas" (Mandeville, 1732, versos 384-385, 387).

Pela citação, vemos como as artes se ligam ao orgulho e ao luxo, considerados viciosos, de modo que sem vício, ou seja, paixão, praticamente não há desenvolvimento artístico. A simplicidade era o ponto de referência para as abelhas, agora completamente virtuosas. Situação prejudicial para o que uma vez foi sua florescência econômica. As poucas abelhas que permaneceram não tiveram escolha, deixaram sua antiga colmeia e "voaram para uma árvore oca / Abençoadas com satisfação e honestidade" (Mandeville, 1732, versos 408-409).

Essa é a alegoria. A qual conclusão podemos chegar? Mandeville não nos deixa sem resposta, e após o desfecho do poema insere um apêndice no qual temos acesso à moral da história:

Então deixem as reclamações: tolos apenas se esforçam
Para fazer grandiosa uma colmeia honesta.
Para gozar as conveniências do mundo,
Ser famoso na guerra e viver comodamente,
Sem grandes vícios, é uma vã

> *Utopia assentada na cabeça*
> *Fraude, luxúria a orgulho precisam viver,*
> *Enquanto seus benefícios nós recebemos.* (Mandeville, 1732)

A conclusão a que chegamos é a de que o vício é bom, e a virtude, má? Ao que parece, não. Note que Mandeville parte de uma concepção de virtude que podemos chamar de *rigorista* e todo seu poema se articula em torno dela. De modo que, para entendê-lo em sua totalidade, precisamos estar bem advertidos sobre ela. O termo *rigorista* indica que as definições de *virtude* e *vício* utilizadas pelo autor não são flexíveis. A **virtude**, nesses termos, será considerada uma ação racional que não é orientada por nenhuma paixão, mas um movimento de abnegação que encontra sua recompensa no fato de seguir um princípio da razão, sem se vincular às consequências da ação. Então, caso alguém minta com o intuito de salvar outra pessoa, essa ação não será considerada virtuosa. De acordo com Ari Tank, "A virtude [...] só pode ser uma ação (ou disposição para agir) que não tem origem em nenhum apetite, em nenhuma paixão [...]" (Brito, 2006, p. 63). O **vício**, por seu turno, será caracterizado como uma ação passional qualquer que seja ela. Mesmo a piedade, por ser uma paixão, será considerada viciosa, ainda que possa beneficiar alguém.

Dessa maneira, Mandeville faz os códigos morais vigentes que louvavam a virtude em detrimento do vício entrarem em colapso diante do funcionamento interno de uma cidade florescente. Vale a pena repetir: todo aquele que tenta conciliar grandeza econômica com princípios morais rígidos coloca-se uma tarefa que não pode ser realizada em sua totalidade. O ponto a ser retido é o de que numa sociedade como a inglesa, principalmente na rica cidade de Londres, o vício se articula com a virtude de maneira que se transformam em cúmplices. Vejamos um exemplo, o do comerciante. Ainda que seja um patife *(por não ser tão* sincero em relação ao que vende), ele fornece oportunidade para muitas pessoas terem acesso às comodidades oferecidas pelo luxo. O comerciante faz as riquezas circularem e emprega várias pessoas, o que o transforma em pessoa honesta, como sugere o subtítulo do poema. O policial, por seu turno, ainda que seja corajoso e tenha disposição para defender os cidadãos, tira seu sustento do vício dos outros.

A maior parte de nossas ações, segundo o autor da *Fábula das abelhas*, teria fonte no amor-próprio, de modo que, por serem motivadas por uma paixão, seriam viciosas. Tal afirmação levanta uma questão: se quase tudo o que fazemos é vício, podemos dizer, então, que todo vício é benéfico socialmente, isto é, é um benefício público? Não, não podemos. No prefácio do poema sobre as abelhas resmungonas, lemos algo que nos ajuda a entender o pano de fundo da obra: "Leis e Governo são para os Corpos Políticos das Sociedades Civis o que os espíritos vitais e a vida ela mesma são para os corpos naturais das criaturas animadas" (Mandeville, 1732). Isso significa que quando um vício descamba em crime é preciso ser detido. Devem-se encorajar, por outro lado, aqueles que redundem em benefício público. As leis são importantes para regulamentar a conduta das pessoas (ou abelhas) de modo a beneficiar a nação como um todo. Mandeville não está defendendo que a virtude não existe e, portanto, qualquer coisa valha. Os vícios (as paixões) podem beneficiar as pessoas somente quando bem administrados politicamente.

E como devemos entender a forte afirmação que serve de subtítulo para a *Fábula* (*Vícios privados, benefícios públicos*)? Ela foi considerada um paradoxo difícil de ser explicado. Em qualquer aula de ética vemos que a virtude se contrapõe ao vício e é ao lado dela que devemos ficar, caso queiramos o bem da nação e de nós mesmos. Mandeville inverte uma antiga fórmula moral, apontando que a virtude, sozinha, não é de grande serventia em uma cidade grandiosa e rica. O paradoxo vai se montando pelo modo como o filósofo-médico-poeta usa os conceitos. Quando critérios morais rigoristas, como vimos, são aplicados em uma sociedade florescente economicamente falando, entramos no paradoxo mandeviliano. Na primeira parte da frase, "vícios privados", o critério é rigorista, mas na segunda parte o critério é muito mais prático ou utilitário. Benefício público é simplesmente ganho de emprego, comodidade que torna a vida mais prazerosa, como a construção de avenidas e a possibilidade de obter bens luxuosos tal qual um bom vinho. Quando aplicamos a virtude defendida pelos moralistas conservadores a uma sociedade economicamente florescente, entramos no paradoxo de Mandeville, segundo o qual os vícios privados podem redundar em benefícios públicos.

4.3
Rousseau e a literatura: entre o fascínio, a escrita e a crítica

Jean-Jacques Rousseau era genebrino e nasceu em 1712. Trata-se de um pensador bem conhecido, que dispensaria apresentações, no entanto, foi submetido a várias apropriações teóricas e seu pensamento é, por vezes, de difícil assimilação, características que solicitam alguma introdução de nossa parte.

Autor que não tinha receio de paradoxos e polêmicas, Rousseau quase sempre causa perturbação naquele que tenta pacificá-lo em um quadro de interpretação simplificado. Ele que foi uma espécie de filósofo errante, cedo saiu de casa e perambulou pela Suíça, Itália e França, por vezes na condição de fugitivo, pois foi perseguido pelo conteúdo subversivo de seus textos.

Do ponto de vista que mais nos interessa, o filosófico-literário, ele é muito importante. Considerado por Gustave Lanson (1912) um autor romanesco e por Schiller (filósofo, poeta e historiador) um mártir da sabedoria. O poeta Hölderlin, por sua vez, chegou a afirmar sobre Rousseau que ele era um semideus. É o que nos conta Cassirer, na importante obra *A questão Jean-Jacques Rousseau* (1999). Victor Goldschmidt, um dos grandes comentadores de Rousseau, que colocou em termos inquestionáveis os princípios que norteiam seu sistema filosófico, aponta o que todo leitor acaba reconhecendo quando entra em contato com os textos de Jean-Jacques: existem importantes elementos romanescos em sua filosofia (Goldschmidt, 1983, p. 13). Isso diz muita coisa sobre o autor que estamos agora tentando entender. No seu caso, filosofia e literatura se articulam de modo estreito, por vezes, íntimo; de uma maneira tal que chega a ser despropositado, em alguns casos, separar o que é devido a cada um desses campos.

Rousseau teve a vida marcada pela literatura desde muito cedo. Se quando adulto ele escreveria romances como *Julia ou a nova Heloisa*, de 1761 – um dos mais famosos do século XVIII –, quando criança, com a idade de cinco, seis anos, ele tomou consciência de si justamente por meio dos romances pertencentes à sua falecida mãe, cuja leitura ele fazia junto ao pai. Como ele mesmo nos diz no Livro I de suas *Confissões*, texto autobiográfico no qual fala de sua vida com a intenção de expor a limpo sua alma,

> *Minha mãe deixara uns romances, e, depois da ceia, meu pai e eu os íamos ler. De começo cogitava-se apenas de me exercitar na leitura por meio de livros divertidos, mas logo o meu interesse se tornou tão vivo, que líamos ambos sem tréguas e passávamos a noite nessa ocupação. Só a podíamos largar ao fim do volume. Meu pai, às vezes, ouvindo as matinas das andorinhas, dizia envergonhado: 'vamo-nos deitar. Sou mais criança do que tu'.* (Rousseau, 2008a, p. 32)

Já em carta para Malesherbes, ele interpreta psicologicamente essa fase de sua infância, em que ele se vincula intimamente aos romances e à história, apontando como a leitura daqueles textos fez se manifestarem nele paixões que não compreendia e, mais do que isso, com que fosse impresso em seu coração o gosto literário que sempre pautou seu temperamento. Rousseau nos fala que, aos oito anos de idade, já "tinha lido todos os romances, eles tinham-me feito derramar baldes de lágrimas, antes da idade que o coração se interessa pelos romances. Daí se formou em mim esse gosto heroico e romanesco que só aumentou até o presente" (Rousseau, 2005, p. 23).

Você pode perceber como foi marcante a aproximação de Rousseau em relação à literatura. Antes mesmo de entender o que é o amor – aquilo que faz o coração se interessar pelos romances – a criança já havia derramado seu quinhão de lágrimas, transportado pelas histórias que ouvia e lia junto a seu pai. É ele mesmo, como vimos, o primeiro a reconhecer o gosto romanesco que pauta seu caráter, mas, em se tratando de um autor como Rousseau, está na hora de levantarmos o primeiro aparente paradoxo que problematizará nossa análise. Apesar de ser um escritor de romances, peças de teatro e compositor de música, ele tem sérias ressalvas em relação ao avanço das artes em uma sociedade, isso por causa de seu efeito moral nos costumes.

Se o impacto da literatura na infância de Rousseau foi algo digno de ser levado em conta, é preciso ressaltar que, em *Emílio*, por exemplo, quando o adjetivo *romanesco* é utilizado, Rousseau o faz de maneira pejorativa. Discorrendo sobre o discípulo do Vigário de Saboia, antes de ele encontrar seu futuro preceptor, vemos a descrição de um jovem em situação difícil: "todas as suas esperanças se dissiparam; por mais que sua juventude contasse a seu favor, suas ideias romanescas estragavam tudo" (Rousseau, 2004, p. 366). Já no primeiro prefácio do romance

Julie ou la nouvelle Heloise, podemos ler que "nenhuma moça casta lê romances" (Rousseau, 1964b, p. 6, tradução nossa). Você pode perceber que a utilização dos termos *romance* e *romanesco* envolve **imaginação sem laços fortes com a realidade** e, pior do que isso, pode se ligar ao **desvirtuamento da moral**. O que poderia parecer uma interdição interna ao romance é, antes, um alerta. Isso porque, para Rousseau, em condições normais o romance é **fonte de corrupção**; no entanto, em determinadas sociedades ele poderia ser útil. Mas o que isso significa?

De acordo com um dos protagonistas do romance *Julie ou la nouvelle Heloise*, chamado Saint-Preux, a comédia – que deveria corrigir a sociedade – não cumpre com seu objetivo (1964b, p. 251-254). Disso concluímos que o personagem aborda a literatura (a comédia e o teatro são tomados como formas possíveis dela) sob um ponto de vista moral. Isso significa que ela traz poucos benefícios para a virtude. O perigo que o romancista e dramaturgo representam é que, movidos por seu orgulho, consequentemente querendo ser apreciados pelo público, pintarão as paixões que mais refletem essa audiência, sem intenção de corrigi-las. Desejando brilhar e ter grande reputação, os literatos cederiam a prazeres fáceis e não se comprometeriam com a virtude: "têm somente um objetivo, a reputação, e, se acreditassem que a alcançariam mais seguramente por meio de um sentimento contrário ao seu, nenhum deles hesitaria em trocá-lo" (Rousseau, 2009, p. 58).

4.3.1 Temperamento romanesco e polêmico de Rousseau

Principalmente entre 1742 e 1749, Rousseau conheceu e se relacionou com muitos intelectuais e figuras importantes da sociedade europeia, no entanto, brigou e se desentendeu com a maioria deles. Entrou em conflito, por exemplo, com Diderot, seu antigo amigo; com David Hume, com quem teve importante desavença; com o Barão D'Holbach e com

Voltaire, seu maior inimigo, e muitas outras pessoas. São várias e muito interessantes as contendas, que nos servem para entendermos melhor as facetas desse período tão rico do pensamento filosófico-literário ocidental, que não só antecede como prepara, em certa medida, a Revolução Francesa.

O temperamento de Rousseau frequentemente é alvo de análises psicologizantes. Seus escritos autobiográficos, por exemplo, nos quais relata e, por vezes, interpreta episódios de sua vida, fornecem um material utilizado por estudiosos como Jean Starobinski, psicanalista e filósofo cuja obra sobre Rousseau é indispensável para o estudante que por ele se interessa*.

Falemos, no entanto, um pouco sobre a interpretação de Gustave Lanson; ainda que as pesquisas sobre o autor já tenham sido atualizadas, o modo como Lanson lida com o personagem Rousseau é interessante. Um dos grandes méritos de sua interpretação é aceitar a unidade do pensamento de Rousseau, porém, ela arrisca ser um pouco forçada pelo seu forte psicologismo, ou seja, o comentador busca nos estados de humor de Rousseau e em seu temperamento algumas respostas que deem conta do conteúdo por vezes paradoxal dos seus livros. Estamos em um terreno pantanoso, pois buscar sentido filosófico em ações e características subjetivas não é nada fácil. Corremos, portanto, o risco de tirar implicações que não existem. Gustave Lanson, nesse quadro, coloca uma carga altamente teórica em cima do caráter sensível do genebrino. Ainda assim, a interpretação se mostra interessante para nós por apontar em Jean-Jacques Rousseau uma afinidade literária que

---

* Trata-se do livro *Jean-Jacques Rousseau: a transparência e o obstáculo*, espécie de biografia mesclada com análises literário-filosóficas de temas fundamentais encontrados nos textos rousseaunianos.

se confundiria – ao mesmo tempo em que se aliaria – com uma alta sensibilidade emocional e literária:

> A diferença essencial é essa: entre todos os intelectuais que o rodeiam, Rousseau é muito sensível. Em meio a pessoas ocupadas em pensar, ele se ocupa em gozar e sofrer. Outros chegavam pela análise à ideia de sentimento: Rousseau, por seu temperamento, chegava à realidade do sentimento; aqueles falam, ele vive; toda sua obra parte disso.
> (Lanson, 1923, p. 139)

Participante de muitas querelas e em muitos casos se portando de maneira polêmica, ele se afastou do círculo intelectual francês do qual era participante, os *philosophes*. Por que isso aconteceu? Não tanto pelo humor quanto pelo posicionamento apresentado pelo filósofo em seus textos. No Discurso sobre as ciências e as artes (Rousseau, 1973a), que data de 1750, contra o preconceito relativamente comum entre os intelectuais franceses de que o desenvolvimento das ciências e das artes teria contribuído inquestionavelmente para o refinamento moral das pessoas, Rousseau diagnostica que o avanço das artes **não teve** influência moralmente positiva nos povos em que ela se disseminou. Esse texto sofreu várias tentativas de refutação e a algumas delas Rousseau respondeu publicamente, respostas que nos servem hoje de fonte bibliográfica. Sobre esse texto, também chamado de *primeiro discurso*, falaremos à frente.

No Discurso sobre a desigualdade (Rousseau, 2008b), de 1755, conhecido como *Segundo discurso*, ele mostra como o direito é fruto de um engodo dos ricos e poderosos contra os indefesos e pobres, o que causou alvoroço entre muitos pensadores que discordaram dele. Na Carta sobre a música francesa – destoando mais uma vez do senso comum parisiense – ele se posicionou a favor da música italiana contra a francesa; na Carta a D'Alembert sobre os espetáculos, momento paradigmático de afastamento do círculo de amizade do qual Rousseau fazia parte, ele recusa veementemente a implantação de uma companhia de teatro em Genebra, sua cidade natal. Vale lembrar que, para Diderot e Voltaire, o teatro era um elemento civilizatório de extrema importância.

Antes de abordarmos o texto rousseauniano mais detalhadamente, façamos um esquema de como o pensamento dele se apresentaria, com finalidade unicamente didática.

Quadro 4.1 – Pontos de oposição norteadores da reflexão moral rousseauniana

Natureza	Sociedade
fez as pessoas boas	corrompe o conjunto de seus integrantes
fez as pessoas livres	transforma as pessoas em escravas pela desigualdade social
fez as pessoas autônomas	torna as pessoas miseráveis pela busca incessante por luxo

Podemos perceber com o Quadro 4.1 que existe para Rousseau uma forte oposição entre natureza (aquilo que é natural) e cultura (algo que se origina em sociedade). Enquanto aperfeiçoamos nossas relações sociais, enquanto produzimos novas comodidades que tornam a vida mais amena, nossas características naturais vão sendo abafadas. Rousseau não está nos convidando para efetuarmos um regresso em direção a uma situação mais rudimentar, porém, isso não faz com que o diagnóstico moral do filósofo seja mais condescendente com os resultados do avanço da sociedade.

4.3.2 Discurso sobre as ciências e as artes: literatura e filosofia

Podemos dizer que desde o *Discurso sobre as ciências e as artes*, de 1750, obra inaugural de sua carreira como homem de letras, Rousseau associa o progresso das civilizações – em termos de vulgarização das ciências e artes – à decadência dos costumes. Sobre o contexto de redação do texto, ele fez um belo relato, chamado pelos comentadores de a *Iluminação de Vincennes*. O ano era 1749 e Rousseau ia – lendo o jornal *Mercure de France* – visitar seu amigo Diderot, que havia sido preso em Vincennes por conta do caráter subversivo de seu livro *Carta sobre os cegos para uso dos que veem*; foi quando, diz Rousseau em carta a Malesherbes,

> *Esbarrei na questão da Academia de Dijon [...] se jamais alguma coisa assemelhou-se a uma inspiração súbita, foi o movimento que se fez em mim ante essa leitura. De repente, senti meu espírito iluminado por mil luzes; uma multidão de ideias vívidas apresentou-se ao mesmo tempo com uma força e uma confusão que me lançou em inexprimível desordem [...] deixei-me cair sob uma das árvores da avenida e lá fiquei uma meia hora em tal agitação que, ao levantar-me, percebi toda a parte da frente de meu casaco molhada pelas lágrimas que tinha derramado sem perceber.*
> (Rousseau, 2005, p. 24)

Quase como alguém que é inspirado pelas musas, Rousseau fala dessa espécie de epifania ou arrebatamento que teve. A imagem usada é a da iluminação. Foram mil luzes que o iluminaram por dentro, como ele diz. As ideias que lhe ocorreram quase ganharam força física porque lemos que Rousseau deixou-se cair, como se por elas tivesse sido derrubado, e meditando ficou. Voltou a si, sensível como era, umedecido pelas lágrimas*. Vamos ao texto que resultou dessa iluminação.

Estamos falando de uma obra de ocasião; isso significa que a motivação para a produção do *Discurso sobre as ciências e as artes* foi algo

---

* Para outra descrição do contexto em que Rousseau tem a ideia de escrever sobre a relação entre costumes/moral e as ciências/artes, isto é, o *Discurso sobre as ciências e as artes*, consulte a *Carta a Melesherbes* (2005), de 12 de janeiro de 1762; o Livro VIII das *Confissões* (2008a) e a *Terceira caminhada* do livro *Os devaneios de um caminhante solitário* (2008d).

inesperado, como vimos. Sabemos que Rousseau estava indo visitar Diderot quando soube que a Academia de Dijon, em outubro de 1749, estava realizando um concurso no qual os participantes deveriam escrever um texto sobre tema pertinente ao âmbito moral. Rousseau submeteu seu texto, que deveria responder à questão "O reestabelecimento das ciências e das artes teria contribuído para aprimorar os costumes?". Será que as ciências, como medicina, astronomia e bioquímica, e as artes, como o teatro, a própria literatura e a pintura, enfim, contribuem para que melhoremos nossa conduta? Elas fortalecem a virtude? Vejamos a posição de Rousseau.

No prefácio, o autor assenta a questão em seu solo originário: "Eis aqui uma das maiores e mais belas questões jamais agitadas" (Rousseau, 1973a, p. 339). Ligam-se, como você pode ver, tanto beleza quanto importância filosófica em uma mesma investigação. Não se trata, pois, de perguntas pouco importantes para os homens, que não os auxiliam a viver melhor, como é o caso "dessas frívolas questões metafísicas que dominaram todas as partes da literatura" (Rousseau, 1973a, p. 339), mas, sim, de se saber o que traz felicidade e virtude, como também, ao contrário, o que pode impedi-las.

São vários os elementos literários que fazem parte do primeiro *Discurso*. Na verdade, eles percorrem todo o texto e dão o ritmo da leitura. No estilo judiciário que caracteriza a obra, Rousseau começa elogiando a Renascença e a superação do obscurantismo representado pela Idade Média. Parece estranho o fato de ele começar elogiando pomposamente, como diz Starobinski (2011), o que será objeto de crítica, a saber, o desenvolvimento científico-cultural quando analisado por um viés moral; contudo, a estratégia – que podemos chamar de *reótico literária* – serve para granjear a boa vontade do público e mostrar conhecimento de causa.

Assim, por mais que Rousseau contraponha os ganhos da civilização à virtude no desenvolvimento do texto, ele não hesita em começar elogiando o réu. Por mais que fosse favorável ao alvo de sua crítica – no caso as ciências e as artes – e ainda que fosse um homem de letras, a verdade tem magnetismo maior e Jean-Jacques é obrigado a ceder: ele se coloca contra o avanço das artes e das ciências, mas isso a partir de um ponto de vista moral. Ele faz, então, o resumo do progresso da razão de maneira elogiosa para depois desferir sua crítica. Importante notar, na citação, o uso da metáfora do espetáculo e a do deslocamento, a antítese envolvendo luzes e trevas e as hipérboles, todas elas figuras de linguagem:

> É um magnânimo e belo espetáculo ver o homem sair, como do nada e por seus próprios esforços [metáfora]; dissipar, pelas luzes de sua razão, as trevas [antítese] com as quais a natureza o envolveu [personificação da natureza]; elevar-se acima de si mesmo; lançar-se pelo espírito até as regiões celestes; percorrer com passos de Gigante [hipérbole] tal como o Sol, a vasta extensão do Universo [...] (Rousseau, 1964a, p. 6.)*

O uso desse aparato de **figuras de linguagem** não é casual, pois a crítica rousseauniana surge do interior daquilo que será criticado: as letras e as artes. Ironicamente, Rousseau volta ao tema dos espetáculos poucas páginas à frente mostrando o que se esconde por trás da metáfora "espetáculo magnânimo e belo". O que inicialmente aparece como magnânimo mostra-se moralmente prejudicial em seu cerne. O brilho

---

* A citação foi traduzida do original, e a referência para ela na tradução em português é Rousseau (1973a, p. 341-342). Outra estratégia literária usada por Rousseau são os epítetos. Na primeira parte do *Discurso*, no segundo parágrafo, ao falar do muçulmano, vemos o epíteto *estúpido* e *flagelo das letras* (Rousseau, 1973a, p. 342).

das luzes pode ofuscar a percepção de sua fonte nefasta, mas não ofuscou Rousseau. Uma cisão entre o ser e parecer é diagnosticada, isso quer dizer que o refinamento dos costumes, possibilitado pelo avanço das artes e ciências, para Rousseau, é moralmente prejudicial. "Como seria doce viver entre nós", ele diz, "se a verdadeira Filosofia fosse inseparável do título de filósofo!" (Rousseau, 1973a, p. 343). Vejamos mais esse longo trecho da obra que mostra bem o ponto central do diagnóstico rousseauniano:

> Tal é a pureza adquirida pelos nossos costumes [...] cabe às letras, às ciências e às artes reivindicar ["personificação das letras e ciências"] aquilo que lhes pertence numa obra tão salutar [...] um habitante de algum cantão longínquo, que procurasse formar uma ideia dos costumes europeus a partir do estado das ciências entre nós, a partir da perfeição das nossas artes, da decência de nossos espetáculos e a polidez de nossas maneiras [...] descobriria em se tratando de nossos costumes exatamente o contrário do que são. (Rousseau, 1964a, p. 9)*

O refinamento causado pelas artes, a "pureza", segundo Rousseau, que molda os costumes dos europeus distorce aquilo que cada um carregaria de natural. A polidez passa a ocupar o lugar da honestidade e – em uma sociedade civilizada como a parisiense do século XVIII – a vaidade e a inveja orientam o comportamento das pessoas, assim como a rusticidade dos modos seria sintoma de transparência do coração. E, como Rousseau não cansa de alertar, as comodidades e os divertimentos fúteis que criamos para nós acabam se transformando, com o hábito, em novas necessidades, ou seja, grilhões e constrangimento da liberdade, mas isso, vale dizer, é feito de modo suave. A desigualdade

---

* A citação foi traduzida do original. A referência para a tradução em português é Rousseau (1973a, p. 345).

social e financeira germinam entre homens sedentos por comodidades e em busca de signos que os diferenciem dos outros, sentimento que é alimentado pelo luxo, companheiro das artes. É assim que devemos entender, ao que parece, a bela imagem que detecta nas letras e nas artes a fonte de "guirlandas de flores sobre as cadeias de ferro de que estão carregados" (Rousseau, 1973a, p. 343). O que Rousseau diz sobre os efeitos morais, o quadro que ele compõe, interessa notar, é o mesmo que vemos na colmeia mandevilliana. No entanto, a abordagem é bem diferente.

Na primeira parte do Primeiro discurso, que podemos chamar de *histórica*, o autor elenca exemplos que corroboram sua tese. Egito, Pérsia, Grécia, Esparta e Roma são usados para mostrar que sempre quando se desenvolvem as artes e ciências a moral de um povo se denigre. O exemplo romano é ilustrativo, pois foi elogiada por sua virtude nos tempos da República, mas também foi criticada pela corrupção dos tempos do império. Rousseau resume essa oscilação usando da **hipérbole**, mais um recurso literário: "Roma, que outrora fora o templo da virtude, tornou-se o teatro do crime" (Rousseau, 1973a, p. 346). O diagnóstico é relativamente parecido com o de Mandeville, isto é, cidades como Paris e Londres estão abarrotadas de vícios, no entanto, o objetivo de Rousseau é fazer um diagnóstico em que mostre como as artes prejudicam a virtude de um povo e não criticar os moralistas conservadores por sua pretensão de aliar grandiosidade econômica com uma moral sadia.

Como é de praxe em um julgamento, lembremos que assim o texto se articula, isto é, como uma defesa da virtude contra a influência da ciência e das artes, testemunhas são chamadas para depor: Sócrates, o filósofo ateniense, e Fabrício, importante figura da república romana. Para nós, cabe ressaltar que essa estratégia é eminentemente literária, chamada de ***prosopopeia***: figura de linguagem que consiste em dar vida, sentimento ou fazer discursar seres inanimados ou pessoas que já morreram. Dessa forma, Rousseau reúne testemunhas – cuja fala é orientada por ele, naturalmente – que vão defender sua perspectiva.

Toda a problemática reside em saber se a polidez dos costumes e as artes podem ser consideradas signos de virtude. Para Rousseau, isso não é o caso. Elas servem antes como ferramentas para esconder os verdadeiros desígnios da alma. Enaltecer os talentos e qualificar a riqueza como forma de acréscimo moral seria, portanto, falso:

> A riqueza dos ornamentos pode anunciar um homem opulento, e sua elegância um homem de gosto; o homem são e robusto se reconhecerá por outras marcas: é sob a vestimenta rústica de um lavrador, e não sob o dourado de um cortesão que se encontrará a força e o vigor do corpo. O ornamento não é menos estranho à virtude que a força e o vigor da alma. (Rousseau, 1964a, p. 8)*

Isso não significa que toda pessoa rica é viciosa nem que toda pessoa pobre, por sua vez, seja virtuosa. Rousseau não diz que em todos os casos a virtude está aliada à pobreza, mas questiona o pressuposto de que a riqueza é signo infalível de virtude. Vemos o alvo da crítica rousseauniana nos dias de hoje. Basta entrar em um estabelecimento comercial trajando roupas de grife, acessórios da moda e, depois, fazer a mesma coisa com uma vestimenta mais modesta para perceber que as chances de haver uma mudança brusca de atendimento são altas. Como se as roupas atestassem o caráter e a honestidade de alguém.

Ao responder pela negativa à questão da Academia de Dijon, apontando que as artes não fortalecem a virtude, Rousseau deu partida a uma trajetória intelectual única entre os pensadores setecentistas. Causou muita polêmica e vários autores tentaram refutá-lo, como dissemos.

---

* Citação traduzida do original. A referência para a tradução portuguesa é Rousseau (1973a, p. 343-344).

O autor, em relação à atmosfera intelectual de seu tempo, vai contra a corrente em dois pontos nevrálgicos:

1. Contra os *philosophes*, defende que a ausência de cultura refinada e luxo podem ser compatíveis com boa moral; por exemplo, entre os antigos persas, espartanos e os romanos republicanos. Nesses povos a ausência de refinamento foi compatível com a virtude.
2. O alto refinamento de cultura, por sua vez, não seria compatível com a preservação da liberdade e justiça em um povo.

Não teria havido nação em que o desenvolvimento das artes e ciências fosse paralelo a uma moral sadia entre seus membros. Vale a pena repetir: isso está longe de significar que a ignorância acompanha a virtude em todos os casos. Rousseau não queria queimar bibliotecas e, na mesma fogueira, derreter todas as joias. Diferentemente, ao olhar Paris e a maioria das nações refinadas, percebeu nitidamente a corrupção dos costumes. Inveja, orgulho e egoísmo estão disseminados, algo que as artes ajudam a causar. Esse é o diagnóstico. A investigação rousseauniana busca a causa de um processo de depravação moral e analisa a história dos homens para saber a influência das ciências e artes nesse quadro.

Para Rousseau, as artes, entre elas a literatura, agiriam de modo a depravar a virtude. Quando a inveja e o desejo de ser considerado excelente pelos outros serve de motor para a produção literária e científica, há prejuízo para a sociedade. Para se fazer notar, os filósofos (entenda-se também os literatos) podem defender as teses mais inusitadas, pois não teriam comprometimento com a verdade, apenas o desejo ardente de se distinguir: "a Filosofia confrontará sempre a razão, a verdade e o próprio tempo; porque sua fonte vem do orgulho humano, mais forte do que essas coisas" (Rousseau, 1964a, p. 46). Isso se dá porque, submetidos ao orgulho, cercados por especulações no mais das vezes frívolas, eles estão mais aptos a alimentar sua imagem pública do que beneficiar a sociedade, "o estudo do universo deveria elevar o homem até seu criador [...] mas só eleva a vaidade" (Rousseau, 1964a, p. 41).

Por essa dinâmica das paixões, que não será completamente analisada por nós, o filósofo e o literato acabam por se alienar do bem comum, tornando-se indiferentes aos deveres cívicos. Lemos no prefácio de *Narciso ou o amante de si mesmo*, comédia escrita por Rousseau: "Tornam-se para ele palavras desprovidas de sentido, a família e a pátria; não é pai, cidadão ou homem – é filósofo" (Rousseau, 1973b, p. 431). Como vimos no caso do Primeiro discurso, Rousseau estabelece uma perspectiva filosófica que detecta a relação conflituosa entre artes e virtude, só que faz isso do interior daquilo que é relativizado. Ele se vale de recursos literários para argumentar e estabelecer sua posição. Isso não parece torná-lo contraditório, pelo contrário, explicita a complexidade da relação entre reflexão e lirismo. É de dentro da literatura, usando seu arsenal, que Rousseau procede à sua crítica moral direcionada às artes.

Síntese

Neste capítulo, vimos dois casos importantes em que a reflexão filosófica se alia aos recursos literários sem perder seu rigor e alcance crítico. Apesar das diferenças, Mandeville e Rousseau compuseram este capítulo porque são emblemáticos em relação ao nosso tema; o primeiro, como foi analisado, não se esquivou de utilizar a fábula e o poema para estabelecer seu posicionamento filosófico que, vale dizer, marcou a história das ideias, influenciando muitos pensadores. Ele questionou a relevância da perspectiva moral que tenta, em se tratando de uma cidade florescente economicamente, conciliar a virtude com a grandeza material. A alegoria que dá forma a seu poema, por exemplo, está diretamente relacionada à sua proposta filosófica.

Rousseau, por sua vez, desde muito cedo apresentou grande afinidade com a literatura; de fato, ele escreveu romances, peças de teatro e compôs músicas, no entanto, foi responsável pela redação do *Discurso sobre as ciências e as artes*, texto no qual criticou, de forma contundente, a disseminação das artes em um povo, isso por causa de sua influência negativa na virtude. Para tanto, deve-se notar, ele se valeu de muitos recursos propriamente literários, com o objetivo de apresentar seu diagnóstico. O que não é sintoma de contradição; na verdade, a crítica rousseauniana, podemos dizer, surge do interior daquilo que será criticado.

Indicações culturais

Filme

CAINDO no ridículo. Direção: Patrice Leconte. França: Polygram Film International, 1996. 102 min.

Ambientado no século XVIII, o filme mostra como as regras de etiqueta eram importantes no Palácio de Versailles. Explicitando eram as relações humanas na corte, o longa-metragem tem o mérito de materializar a crítica rousseuaniana ao refinamento vazio, isto é, de que a educação nos modos não implica em virtude.

Artigo

BECKER, E. Natureza, ética e sociedade em Rousseau. **Revista Cadernos de Ética e Filosofia Política**. São Paulo, n. 21, 2012. Disponível em: <http://www.revistas.usp.br/cefp/issue/view/4641/showToc>. Acesso em: 5 jul. 2015.

O artigo, que integra uma edição especial sobre o pensamento de Jean-Jacques Rousseau, trata de maneira panorâmica alguns temas de política e moral importantes para o bom entendimento do pensamento deste filósofo genebrino.

GOLDSCHMIDT, V. A resposta de D'Alembert ao "Discurso sobre as ciências e as artes". **Revista Discurso**. São Paulo, ano 1, n. 2, 1971. Disponível em: <http://filosofia.fflch.usp.br/publicacoes/discurso/D2>. Acesso em: 5 jul. 2015.

O autor retraça a crítica de D'Alembert às teses apresentadas no *Discurso sobre as ciências e as artes*, de Rousseau. Sua leitura ajuda a compreender o aspecto polêmico do texto e, além disso, é um exercício crítico que merece ser conhecido, até para melhor entender a posição rousseauniana.

Atividade de autoavaliação

1. Considerando o pensamento de Mandeville, assinale a alternativa correta:
   a) O poema *Colmeia resmungona ou os Patifes virados honestos* pode ser visto como uma afronta aos bons costumes, ao mesmo tempo que se configura como um ataque à virtude.
   b) A alegoria de uma colmeia cheia de abelhas é um recurso literário que teve com Mandeville um interessante propósito filosófico, para discutir a moral, economia e política.
   c) As paixões prejudiciais, como a cobiça e a vaidade, só serão controladas, segundo Mandeville, por meio de uma razão reguladora, que dê conta de orientar o comportamento de todas as pessoas, sem exceção.
   d) A utilização de abelhas permitiu que Mandeville criticasse a sociedade londrina de seu tempo sem que as autoridades tomassem conhecimento de sua real intenção.

2. De acordo com o que foi estudado sobre Mandeville, marque as afirmações verdadeiras com (V) e as falsas com (F). Depois, assinale a alternativa que corresponde à sequência correta:
   ( ) O objetivo da *Fábula das abelhas* é questionar todos aqueles que criticavam os vícios morais ao mesmo tempo em que bendiziam a prosperidade material das cidades florescentes.
   ( ) A tese filosófica do poema pode ser resumida tal como segue: não podemos pautar nosso comportamento somente pela virtude, sem nenhum traço passional, e por tal motivo devemos dar total liberdade a nossos vícios.

( ) Os vícios morais, de acordo com Mandeville, só podem culminar em benefício público quando forem politicamente administrados.
( ) Só poderemos compreender a força do poema mandevilliano uma vez que tivermos compreendido a carga filosófica dos conceitos de *virtude* e *vício*.

a) V, V, F, V
b) F, V, V, F
c) V, F, V, V
d) V, F, V, F

3. Sobre o pensamento de Rousseau, assinale a alternativa **incorreta**:
   a) Rousseau é um autor contraditório e, desse modo, precisamos inserir seus argumentos em uma atmosfera movediça. Assim, poderemos compreender como ele, um literato, pode criticar enfaticamente as artes.
   b) Rousseau efetua uma crítica de ordem moral às artes, do interior mesmo do alvo da crítica, ou seja, ele não se isenta de utilizar recursos literários para dizer que a virtude e a igualdade são enfraquecidas pela literatura.
   c) O alvo do *Discurso sobre as ciências e as artes* é especificamente o efeito delas na moral dos homens; por esse motivo Rousseau pode, ainda que seja um homem de letras, dizer que sob esse aspecto as letras são prejudiciais. Ele não as recusa em termos gerais.
   d) O temperamento de Rousseau pode ser fonte de curiosidade, mas dificilmente análises psicológicas darão conta do conteúdo e da repercussão de seus textos.

4. Sobre a relação entre virtude e artes em Rousseau, assinale a alternativa correta:
    a) A literatura pode ser moralmente prejudicial se for utilizada por um escritor que deseja unicamente o reconhecimento de sua superioridade pelas outras pessoas.
    b) Para Rousseau, do ponto de vista histórico, não houve nação que tenha feito desenvolver as artes sem ter enfraquecido a virtude e a igualdade entre seus habitantes, diagnóstico que o leva a apontar o efeito moral nocivo da disseminação das artes.
    c) Autor ressentido, pois suas obras não tiveram a repercussão esperada, Rousseau se colocou contra as artes em um movimento mesclado com raiva e ressentimento.
    d) A relação de Rousseau com a literatura remonta à sua infância e o acompanhou até o fim de sua vida. Menos do que criticá-la com base em um ponto de vista absoluto, o que ele fez foi mostrar os perigos que a arte, despolitizada, pode causar em uma sociedade.

5. Leia trecho do *Discurso sobre as ciências e as artes* a seguir e assinale a alternativa **incorreta**:

    A riqueza dos ornamentos pode anunciar um homem opulento, e sua elegância um homem de gosto; o homem são e robusto se reconhecerá por outras marcas: é sob a vestimenta rústica de um lavrador, e não sob o dourado de um cortesão que se encontrará a força e o vigor do corpo. O ornamento não é menos estranho à virtude que se liga à força e o vigor da alma. (Rousseau, 1964a, p. 8, tradução nossa)

    a) O trecho dissocia os trajes pomposos e a boa educação da virtude; esta última, para Rousseau, pode se mostrar por outros símbolos, diferentes daqueles relacionados à riqueza e ao refinamento dos modos.

b) Com base no trecho podemos dizer que, em se tratando de um homem virtuoso, é tão difícil encontrar ornamentos luxuosos decorando suas vestes quanto é certo perceber nele uma alma forte e vigorosa.

c) Rousseau discute no trecho quais são os verdadeiros signos da virtude, criticando a pressuposição de muitos homens de seu tempo que aliavam, sem dificuldades, riqueza com firmeza de caráter.

d) A virtude, de acordo com Rousseau, e como aponta o trecho, está sempre relacionada à pobreza, sendo completamente estranha ao requinte e à sofisticação de uma pessoa rica.

Atividades de aprendizagem

Questões para reflexão

1. Com base no que foi estudado neste capítulo, responda: Você considera o ponto de vista de Mandeville razoável? Por quê? Dê um exemplo que confirme sua resposta.

2. Considere o que foi estudado sobre Mandeville. Dê um exemplo explicando de que modo a ganância de uma pessoa pode ter como consequência o benefício público; em seguida, dê outro exemplo apontando como a virtude da parcimônia pode, por sua vez, ser socialmente inútil.

3. Para você, o fato de Rousseau ser autor de romances, poeta, músico e teatrólogo apresenta problemas em se tratando de sustentar sua posição crítica em relação às artes, tal qual apresentada no *Discurso sobre as ciências e as artes*?

Atividade aplicada: prática

Entreviste cinco pessoas, de preferência com níveis diferentes de escolaridade, sobre a seguinte questão: Você acha que os vícios morais, como inveja, vaidade e ganância, podem ter serventia na sociedade atual? Anote as respostas e elabore um texto relacionando-as com a perspectiva de Mandeville.

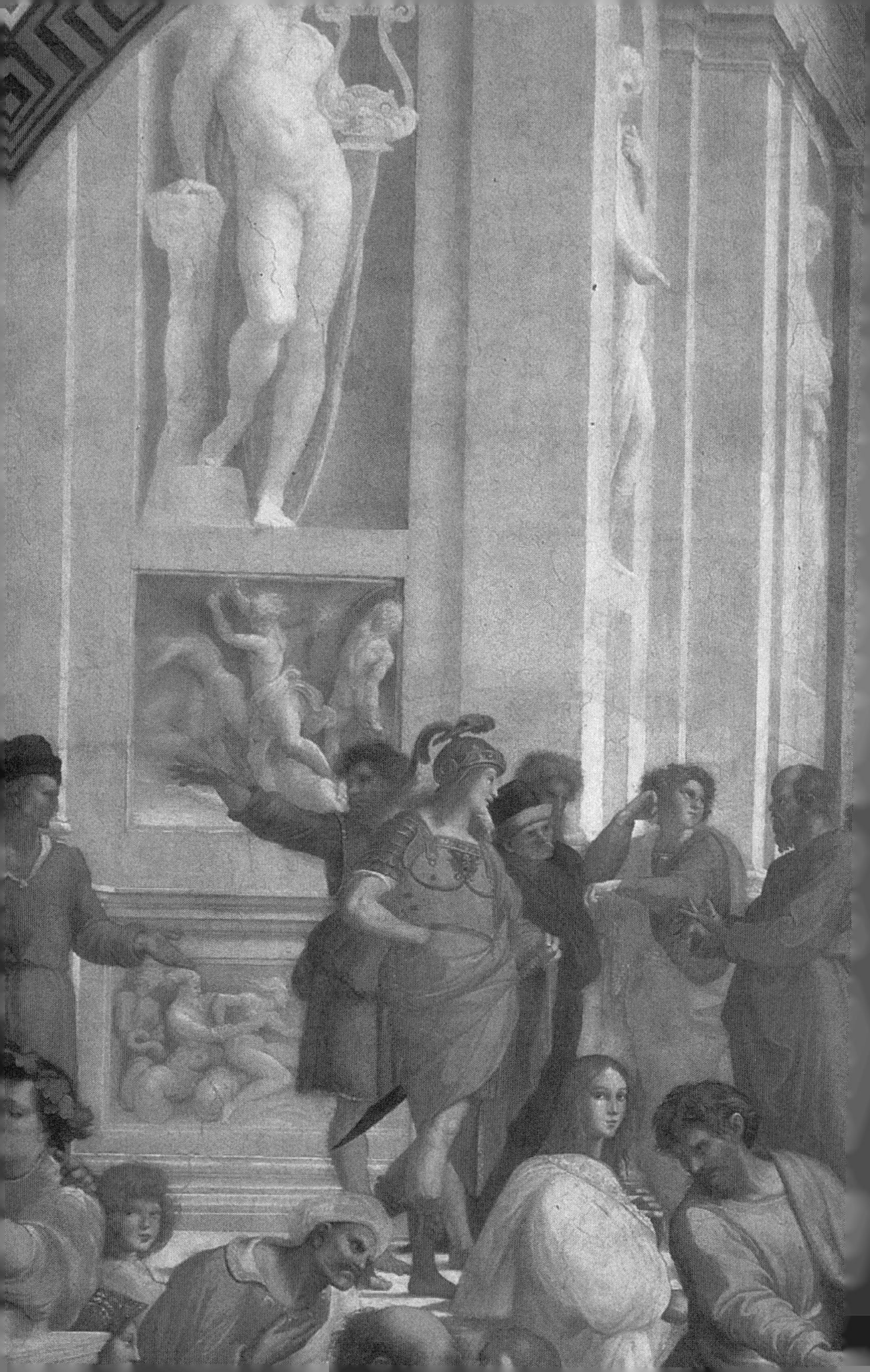

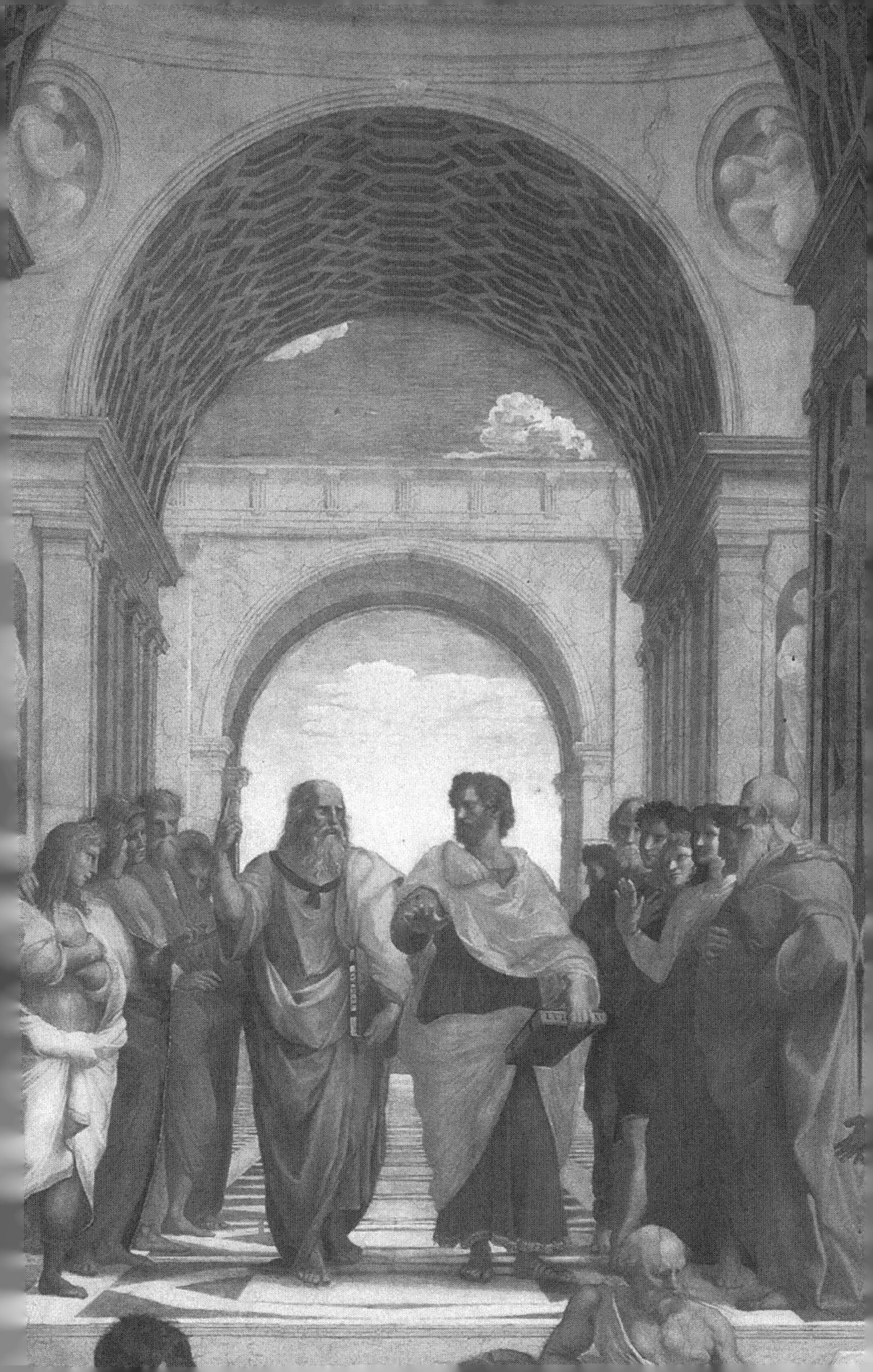

5

*Voltaire em guerra:
filosofia e literatura
como armas*

Parisiense, nascido em 1694, François-Marie Arouet (pseudônimo: Voltaire) é considerado um dos patronos teóricos do Iluminismo francês. Foi por toda a vida um combatente filosófico. Crítico voraz, lutou em nome da razão contra muitos adversários, como dogmas obscuros que motivavam injustiças; superstições destrutivas que arruinavam famílias; e a intolerância religiosa, responsável por inúmeras mortes. Vale dizer que é difícil dar conta de tudo o que Voltaire representa e de toda sua extensa produção intelectual. Para dificultar ainda mais nossa tarefa, ele não estabeleceu sua filosofia de maneira sistemática, como fizeram Descartes e Kant. Veremos neste capítulo o que isso significa.

Considerado um dos maiores dramaturgos de seu século, Voltaire foi poeta, historiador de importância considerável e talvez, sobretudo, um grande polemista. Atualmente, seus textos têm sido alvo de novos estudos, o que só explicita a atualidade de suas reflexões. Com sua ironia aguda, seu fraseado ágil e sua erudição enciclopédica, Voltaire não deixa o leitor em estado de passividade; como diz a professora Maria das Graças de Souza (1983, p. 1), "Poucas heranças intelectuais foram tão controvertidas na história da Filosofia como a deixada por Voltaire. A discussão em torno de suas ideias passa mesmo pela pergunta se se deve ou não incluí-lo entre os 'filósofos'".

Avesso a sistemas, seu pensamento é multifacetado, se valendo de vários veículos para expor ideias e reflexões, tais como fábulas, contos, anedotas, discursos, diálogos ou mesmo uma série de questionamentos. Seu estilo literário é gracioso ao mesmo tempo em que é marcado por um humor satírico, imagens vivas e saídas engenhosas. Veremos na Seção 5.1 um pouco da função da sátira em Voltaire. Não raro, seu leitor é obrigado a interromper a leitura do texto por causa de uma risada desconcertante que lhe invadiu o rosto. Esse aspecto multifacetado para o qual chamamos atenção não está ligado somente à forma do texto, mas também a seu conteúdo. Voltaire escreveu o *Tratado de metafísica*, o *Dicionário filosófico*, o poema satírico *O mundano* e a epopeia* *Henriade*. Foi também um dos grandes responsáveis pela inserção do pensamento de Newton na França com seu livro *Elementos da filosofia de Newton*, o que não o impediu de redigir o conto filosófico *Cândido*, um clássico

---

* Para uma definição de *epopeia* ou *poesia épica*, ver a nota da página 33.

da literatura ocidental, nem de publicamente ir contra a decisão do tribunal que condenou Jean Calas à morte, episódio que já analisamos*.

Durante a juventude, Voltaire se dedicou mais às letras, no entanto, já com idade avançada, iniciou um conflito filosófico-político intenso contra quem considerava inimigo da razão. Podemos mesmo dizer que ele estava na linha de frente de uma guerra teórica e, desse modo, como homem das letras, se valeu de todo arsenal que a literatura poderia lhe fornecer para atingir um objetivo filosófico, ou seja, solapar as bases teóricas de seu adversário. Não é exagerado o uso dessas expressões de ordem bélica para apresentar a relação de Voltaire com a atmosfera ideológica de sua época. René Pomeau, em *La politique de Voltaire*, chega a usar o termo *escaramuça* para falar do modo como o filósofo se confrontava com algumas opiniões estabelecidas (Pomeau, 1963, p. 36); Roland Mortier, por sua vez, cita esta afirmação de Flaubert: "esse homem me parece ardente, confiante, magnífico [...] toda sua inteligência era uma máquina de guerra" (Mortier, 1990, p. 104, tradução nossa).

Já senhor de idade, vemos um Voltaire jovial e espirituoso, encerrando suas cartas com o claro chamado de luta *Écrassez l'infâme*, que significa "Esmagai a infame", que representa principalmente os desmandos da Igreja Católica. Voltaire acreditava em Deus, mas não se isentou de satirizar a instituição religiosa quando achou necessário. Seu ataque às arbitrariedades da Igreja, seus gracejos contra figuras importantes da política, o conteúdo subversivo de muitos de seus textos, enfim, lhe renderam dois encarceramentos na Bastilha; além disso, foi obrigado a escapar da França para se proteger. Seria de estranhar o fato de não ter acontecido algo mais grave ao filósofo, porém, como diz

---

* Vimos, na Seção 3.15.2, o caso de Jean Calas, que foi sentenciado à morte após ser acusado de ter assassinado o próprio filho – sentença contra a qual Voltaire se colocou.

Luiz Roberto Salinas Fortes, em seu livro de introdução ao pensamento do século XVIII, *O Iluminismo e os reis filósofos*: "Sua extraordinária celebridade funcionou como uma espécie de imunidade que o protegeu das perseguições e dos ódios despertados" (Fortes, 1993, p. 41). Aqui, literatura e filosofia entram em uma relação de cumplicidade inusitada; ora, foi sua celebridade literária que lhe permitiu exercer de maneira tão enfática sua posição filosófica.

Voltaire faz parte de uma época, como o mesmo Salinas Fortes aponta (1993), em que a característica da filosofia e do filósofo estava centrada em certa atitude engajada que ao título intelectual *filósofo* se conectava. Algo sobre o qual já falamos. O novo filósofo que surgiu no século XVIII não é uma figura de escritório, imerso em especulações sem ligação com a sociedade, em outros termos, um especialista detentor de um quase indecifrável jargão técnico. Os intelectuais iluministas queriam ir para fora, esclarecer as pessoas: "Graças à atuação destes verdadeiros propagandistas e agitadores da nova fé amplia-se o círculo de pessoas que leem, constitui-se um público cultivado e se organiza o espaço de uma verdadeira 'opinião pública'" (Fortes, 1993, p. 28).

5.1
Voltaire e a sátira

Já que estamos falando em guerra e engajamento, podemos aproveitar para perguntar: Qual foi a arma mais utilizada por Voltaire nesse embate em nome da razão, contra a superstição e o fanatismo? O grande domínio de Voltaire de temas relacionados à história, à filosofia e à religião, aliado ao seu engajamento, foi uma arma eficaz e utilizada com eficiência contra seus adversários; no entanto, podemos ainda elencar outra, talvez mais aguda. A que armamento, então, estamos nos referindo? À sátira, à ironia e à zombaria. Elas representam estratégias que desde muito tempo são utilizadas; Sócrates, que em muitos diálogos platônicos usou a ironia, foi alvo de uma comédia satírica quando ainda estava vivo, escrita por Aristófanes e intitulada *As nuvens*, cuja leitura é importante por ser uma das poucas fontes contemporâneas do personagem talvez mais emblemático da filosofia, o mestre de Platão. Mas voltemos a falar de Voltaire.

A **sátira** não parece ser simplesmente um recurso literário; mais do que isso, em Voltaire trata-se de um operador retórico que acompanha seus mais variados textos. De acordo com o artigo de Roland Mortier, "Les formes de satire chez Voltaire", o filósofo estaria imbuído de um forte espírito satírico que se manifestaria em quase todos os gêneros que compõem a literatura: "Se fosse preciso detectar na obra de Voltaire tudo o que ressalta o espírito satírico, uma boa metade deveria ser retida, da Pucelle, isto é, a epopeia heroica até a correspondência, passando pelas pilhérias" (Mortier, 1990, p. 109, tradução nossa). A sátira aparece para despir o adversário de alguma aura inquebrantável de seriedade ou credibilidade com o intuito de expor falhas e problemas. Expliquemos o ponto.

Se pensarmos na religião, notamos facilmente que os dogmas com os quais uma doutrina se baseia não são muito flexíveis e não podem simplesmente ser questionados. O riso, nesse quadro, tem a capacidade de deslocar o adversário de um terreno não passível de relativizações e explicitar tudo o que haveria de pernicioso nele. Para Luís F. S. Nascimento (2005, p. 168), "Ao zombarmos das coisas, ao vermos o que há de ridículo nelas, estamos livres para questioná-las". Fazer o adversário aparecer como digno de risadas é retirar sua armadura defensiva, estratégia importante que ajuda a iluminar contradições em um terreno no qual a argumentação filosófica não tem tanta eficiência. De acordo com Roland Mortier, (1990, p. 125, tradução nossa) sobre o uso em Voltaire da sátira direcionada contra a religião, "Todas as astúcias da retórica serão, portanto, colocadas para contribuição: a ironia, antífrase, a elipse, a preterição, mas também o patético, a indignação, a reclamação e o grito".

Perceba que não seria possível entrar em um debate formal contra alguma arbitrariedade da instituição religiosa, primeiro porque ela não considerava sua posição passível de questionamento e, segundo, porque ela detinha poder para aniquilar um partido ou uma pessoa que se colocasse contra suas diretrizes. Assim, em se tratando de um adversário contra o qual Voltaire não poderia lutar em igualdade de condições, ele utilizou o recurso satírico. Roberto Romano Silva (1997), no ensaio "Voltaire e a sátira", faz um levantamento interessante do modo como o riso, o cômico e também a seriedade se relacionam com a reflexão filosófica. Sobre Voltaire, ele diz algo que nos importa anotar agora. Que recorrer à sátira, além do que já apontamos, o tornava ainda mais temível ao seu adversário teórico: "Nosso homem foi recebido como um furacão vingador pelos seríssimos padres, políticos, pedantes em geral, que infestavam a sociedade do Antigo Regime" (Silva, 1997, p. 18). A sátira, recurso que à primeira vista é do terreno da literatura, no caso de Voltaire é solicitado pela filosofia para atingir objetivos que sozinha ela não conseguiria.

5.2
Dicionário pouco sistemático

Um bom exemplo do que significa dizer que Voltaire não é sistemático e de como a literatura pode se infiltrar em é o *Dicionário filosófico*. Apesar do nome e de ser organizado por ordem alfabética, o livro não apresenta lógica sistemática. Não precisamos lê-lo do início ao fim em ordem fixa, noutras palavras, independentemente de onde você o abrir vai acabar se defrontando com algo sobre o que refletir. A intenção era a de que o livro fosse portátil (*portatif*), e isso diz algo sobre o projeto do autor. Significa que a obra deveria circular a preço módico para alcançar mais público, além disso, havia a preocupação de que fosse carregado com facilidade.

Os temas no *Dicionário* se sucedem em uma variabilidade impressionante, o que dá o tom de vivacidade que percorre todo o texto, seja pelas reflexões que se direcionam para muitos assuntos, seja pelo estilo empregado. O leitor faz um passeio filosófico, passando por religião e depois indo em direção à história; da biografia para a cultura; de política para temas envolvendo moral, metafísica, entre outros. De fato, temos verbetes os mais diversos, como *sensação, lei natural, Moisés, propriedade* e *tirania*, para citar alguns. Os verbetes, acompanhando a vivacidade da reflexão, normalmente são breves e muitos deles são marcados pela ironia, carregando mais críticas do que propostas de reforma. Sobre o estilo do texto, assemelha-se a uma conversa prazerosa em que aprendemos não menos do que nos entretemos. Com um aspecto por vezes grave, por vezes jocoso, sua leitura é certamente proveitosa para o leitor contemporâneo, ainda que existam referências a pessoas e acontecimentos da época de Voltaire que não são autoexplicativos para nós.

Quando do prefácio ao *Dicionário*, talvez como forma de confundir as autoridades – que não gostaram nem um pouco do conteúdo do livro – ou mesmo para se vangloriar, o filósofo, aumentando a dimensão do livro, diz que os verbetes foram escritos pelos melhores autores da Europa.* Uma obra individual, com uma informação como essa, acaba ganhando o estatuto de **trabalho coletivo internacional**. Além disso, vale a pena prestarmos atenção ao objetivo do livro. Não se trata simplesmente de um projeto pronto e acabado que serve de ponto de referência erudito, pois Voltaire pede a participação daquele que o lê. Tarefa que, podemos acrescentar, deve sempre nortear aquele que se coloca como leitor, não importa de qual livro estejamos falando. O autor, então, pede que seu leitor reflita sobre os temas tratados e, mais do que isso, pese as razões que tem diante de si, criticando ou retificando as teses, caso seja preciso: "Os livros mais úteis são aqueles dos quais os próprios leitores compõem a metade; ampliam os pensamentos dos quais lhes é apresentado o germe; corrigem o que lhes parece defeituoso e fortalecem por suas reflexões o que lhes parece fraco" (Voltaire, 2008). Voltaire convida o leitor, como você pode perceber, a participar ativamente de seu projeto; não é o

---

*   Sobre o uso de prefácios realistas, releia a Seção 3.12 desta obra. Podemos ainda usar o exemplo do *Dicionário filosófico* para apontar uma das táticas de escamoteação do autor e do editor, com o objetivo de proteger a identidade de ambos, já que estamos falando de uma obra altamente subversiva, uma vez que criticava os poderes estabelecidos, tanto de ordem religiosa quanto política. Na edição francesa do *Dicionário filosófico*, Gerhardt Stenger, que faz a apresentação do livro, esclarece as peripécias editoriais do texto. A primeira edição, de julho de 1764, não trazia o nome do autor e, além disso, continha a informação de que o livro havia sido publicado em Londres (Voltaire, 2010); informações erradas que tinham o intuito de confundir as autoridades. Na verdade, a obra foi impressa em Genebra, na Suíça, por Gabriel Grasset. Já a segunda edição do *Dicionário filosófico*, ainda de acordo com Gerhardt Stenger, apareceu no fim de 1764, em Amsterdã, mas com data alterada para 1765. Já a terceira edição, sinal de sucesso do livro, apareceu em meados de 1765 e foi impressa em Genebra, novamente por Gabriel Grasset, porém, trazia a indicação de que havia sido impressa em Amsterdã, por Varberg. Vale dizer que, na medida em que as edições se sucederam, Voltaire aumentou o número de verbetes.

caso de se portar como um recipiente vazio em que serão despejados conteúdos de maneira mecânica e pouco autônoma.

Com esse livro útil, como Voltaire diz, ele ajudou a criticar dogmas da Igreja, injustiças da monarquia e também preconceitos de filósofos. Seu aspecto anticlerical só se compara ao tom satírico com o qual ele busca refutar perspectivas consideradas incongruentes. A razão aparece para desvendar tudo aquilo que ela pode, iluminando todos os cantos até que não haja obscurantismos e preconceitos. Nesse aspecto, ela pode e deve ser crítica, corrosiva, até mais do que positiva, isto é, estabelecendo alguma teoria. Analisemos, por exemplo, o verbete *abade*. Em seis parágrafos o autor consegue arrumar uma briga tremenda, apontando aspectos político-sociais que contaminam o que deveria ser um âmbito de fé e misericórdia.

Voltaire acusa alguns religiosos de fazerem fortuna a despeito dos pobres. Perceba o modo como o autor se vale de uma contraposição para aproximar elementos que não se uniriam normalmente em uma mesma pessoa, como é o caso de pobre/rico, espírito/dinheiro: "O abade espiritual era um pobre que tinha sob sua direção muitos outros pobres. Depois de duzentos anos, porém, os pobres pais espirituais tiveram 400 mil libras de renda e hoje há pobres pais espirituais na Alemanha que possuem um regimento de guardas" (Voltaire, 2008, p. 19). E esse é só o primeiro verbete do dicionário. O tom subversivo do texto é preciso ser levado em conta. Voltaire prossegue no mesmo verbete – do qual, naturalmente, negou a autoria – ameaçando os clérigos com uma arma um pouco estranha, a **razão**: "Vocês aproveitaram dos tempos de ignorância, de superstição, de demência, para nos despojar de nossas heranças e para nos calcar aos pés, para se locupletar[*] com os bens dos infelizes: tremam, de medo que o dia da razão possa chegar" (Voltaire, 2008, p. 19). A fúria com a qual Voltaire direciona sua pena não é gratuita. Sociologicamente, é interessante entendermos parte da atmosfera francesa do século XVIII; estamos diante de uma dinâmica de forças sociais, por assim dizer, que se operava de modo bastante desigual. Na verdade, o sistema político ajudava a tornar ainda mais sensível a desigualdade dos agentes sociais que perfaziam a sociedade (clero, realeza, camponeses, burgueses). E como isso se dava? Os impostos, para citarmos um exemplo, não eram pagos pelos mais poderosos, ao passo que os mais fragilizados economicamente eram sobrecarregados com taxas que, para nossos parâmetros atuais, seriam consideradas ultrajantes. Voltaire coloca-se, portanto, contra um sistema político-econômico que ainda era muito próximo ao feudal, tentando operar uma desconstrução de injustiças, ajudado pela literatura e filosofia. A Revolução Francesa – vale dizer –, no fim do século XVIII, reforçaria, de alguma maneira, essa desconstrução. Voltaire também utiliza o conto para exercer a crítica filosófica. Vejamos.

A figura do agricultor arruinado por impostos injustos é usada no conto filosófico "Jeannot e Colin". Texto de poucas páginas, nele Voltaire fala de um agricultor aguerrido e descreve de modo irônico a situação dele depois de ter sido submetido a uma série de taxações abusivas: "cultivava a terra com quatro animais e que após haver pago a talha, mais o imposto adicional, e as gabelas, o soldo por libra, a capitação e os vigésimos, não se encontrava lá muito mais rico ao fim

---

* Ação de aumentar sua riqueza; fazer ficar cheio.

do ano" (Voltaire, 2005c, p. 345).* Em vez de escrever um tratado sobre impostos, algo abstrato e eminentemente teórico, isto é, pouco palpável, o autor particulariza o debate, e esse é o trunfo da literatura. Como assim? Analisando o efeito prejudicial do sistema de impostos francês nesse personagem específico, o agricultor, que ao fim do ano pouco pode enriquecer a nação com sua prosperidade, pois ajudou a encher somente os cofres de uns poucos poderosos. A literatura, nesse quadro, funciona como um elemento de crítica, usado pela reflexão filosófica para que ela ganhe mais força. A particularização faz a crítica ganhar um aspecto mais enfático; deixando de ser abstrata, ela então se torna mais taxativa.

5.3
Micrômegas, o conto filosófico sobre extraterrestres

Já fizemos algumas referências a este conto anteriormente, cabe agora entrarmos em mais detalhes sobre esse ele, dada a sua importância para os estudos que tentam relacionar literatura e filosofia. O conto filosófico

---

* Eis o mesmo trecho vertido do original, em francês, por nós: *cultivava a terra com quatro mulas, e que, após ter pago a* **taile**, *o* **taillon** *os* **aides** *e* **gabeles**, *o* ***sous pour livre**, a* **capitation** *e os* **vingtièmes** não se encontrava lá muito rico ao fim do ano. (Voltaire, 1939, p. 71). Vejamos quais impostos são esses descritos pelo autor. Talha: imposto cobrado sobre a renda que se dividia em talha pessoal e imposto sobre a propriedade (talha real); *taillon*: imposto adicional que funcionava como uma talha suplementar, criada de modo arbitrário por Henri II; *aides*: imposto indireto, cobrado sobre as bebidas; *gabela*: imposto sobre o solo, distinto do imposto sobre a propriedade (depois, ela passou a designar um imposto indireto sobre as corporações de artesãos, por exemplo, cobrado em cima do tabaco, carimbo postal etc.); soldo por libra: sistema de imposição que recolhia um soldo por libra ou cinco por cento da renda total; capitação: imposto sobre a renda pessoal, desigualmente repartido, ou seja, havia pessoas isentas desse tributo; *vingtièmes*: imposto sobre a renda, pago quase exclusivamente pelos plebeus.

Micrômegas: história filosófica foi escrito pela primeira vez em 1739, e após ter sofrido algumas alterações, foi publicado em Londres em 1752. Influenciado provavelmente por autores como Fontenelle e obras como *As aventuras de Gulliver*, de Swift, o conto alia com muita habilidade filosofia, literatura e um pouco de astronomia. Trata-se de um **conto**, isto é, uma história ficcional, curta e que pode ter uma finalidade moral; temos, desse modo, um personagem e uma situação específicas e por meio deles somos levados por uma interessante e por vezes cômica reflexão filosófica.

O conto fala sobre um extraterrestre viajante chamado Micrômegas; esse jovem sábio mora em um planeta próximo da estrela Sírio e é o protagonista da história. O conto mistura voz indireta (de um narrador onisciente) e voz direta (por meio da qual o personagem discursa), o que torna a história mais chamativa, pois temos a oportunidade de "ouvir" o personagem. O texto se inicia com a descrição dos atributos do extraterrestre, dado importante para a tese que será defendida. O protagonista tem 8 léguas de altura, algo em torno de 39 quilômetros, além de ter mais de mil sentidos. Nós, humanos, normalmente não passamos, quando muito, os dois metros de altura e temos somente cinco sentidos. Os habitantes do planeta de Micrômegas, de outro modo, chegam a ter mais de um milhão de anos e nós, como você deve saber, chegamos aos cem com muita dificuldade. Essas características do personagem representam um artifício literário e filosófico. É um jogo de contraposição que será explorado por todo o conto.

Perceba que dar mais sentidos ao alienígena é uma estratégia literária que funciona para nos diferenciar deles, mas é também uma estratégia filosófica epistêmica; ora, a diferença de atributos representa ganho cognitivo de inteligência e compreensão do universo por parte dele. Nós, humanos, chegamos ao conhecimento do mundo por meio de sentidos como a visão, o tato e a audição. Os mil sentidos de Micrômegas, por exemplo, representam nesse quadro um ganho de inteligência inquestionável e de proporções inusitadas. Sua altura, seus sentidos, sua idade, enfim, tudo nele é exageradamente maior do que em nós. Esse jogo de contraposição está presente no próprio título do conto, que também nomeia o personagem: Micrômegas, isto é, o pequeno (micro) e o grande (mega).

Micrômegas, de passagem por Saturno, tornou-se amigo do secretário da academia saturniana e acabaram virando companheiros de viagem. O secretário era menor do que Micrômegas e também tinha menos sentidos, mas ainda assim fizeram amizade e resolveram realizar uma viagem filosófica pelo espaço. Como? Pegando carona na cauda de um cometa. Voltaire nos leva por Júpiter, Marte até que chegamos à Terra. Aqui em nosso planeta os alienígenas dialogam com um grupo de filósofos e durante essa conversação veremos o quão frágil é nosso conhecimento e também o quão presunçoso nosso julgamento sobre o lugar do homem no universo pode ser.

Essa contraposição, sobre a qual já falamos, serve para Voltaire criticar o orgulho daqueles que acham ser capazes de descobrir a verdade sobre todas as coisas e estão mesmo dispostos a matar em nome desse falso conhecimento. Vejamos se o amigo de Micrômegas é orgulhoso como alguns filósofos o são:

— Ai! — suspirou o saturniano. — Vivemos apenas quinhentas grandes revoluções do sol. (O que, pela nossa maneira de contar, dá aproximadamente uns quinze mil anos.) Bem vê que é quase o mesmo que morrer no momento em que se nasce; a nossa existência é um ponto, a nossa duração um instante, o nosso globo um átomo. Apenas começa a gente a instruir-se um pouco, quando chega a morte, antes que se tenha adquirido experiência. Quanto a mim, não ouso fazer projeto algum; sou como uma *gota d'água em um oceano imenso. Sinto-me envergonhado, principalmente diante do senhor, da figura ridícula que faço nesse mundo.* (Voltaire, 2005e, p. 190-191)

Perceba que o saturniano, quem faz o discurso transcrito anteriormente, é menor e menos inteligente do que Micrômegas, mas ainda assim é mais inteligente e tem mais compreensão do universo do que qualquer ser humano, o que não aumenta seu orgulho em relação ao que ele representaria diante da imensidão do universo. Voltaire faz questão de exagerar o aparato cognitivo do personagem de Saturno, assim como sua humildade, para servir de contraposição aos homens, pequeninos seres orgulhosos de si mesmos.

Pois bem, depois da primeira parte do conto, em que temos a descrição de nossos colegas intergalácticos, eles chegam ao pequenino Planeta Terra, buscando um lugar para descansar, cansados e arrependidos de não terem parado em Marte. Repare no modo como nosso planeta é visto pelo narrador e a exatidão de Voltaire em relação à data e ao lugar do desembarque. Ainda que este seja um conto filosófico intergaláctico, a verossimilhança é uma das características que o autor tenta trazer à tona:

> *Afinal divisaram um pequeno clarão; era a Terra; coisa de causar piedade a gente que vinha de Júpiter. No entanto, com medo de se arrependerem segunda vez, resolveram desembarcar aqui mesmo. Passaram para a cauda do cometa e, achando uma aurora boreal adrede, nela se meteram, e chegaram à Terra pelo norte do mar Báltico, a 5 de julho de 1737.* (Voltaire, 2005e, p. 193)

Em um primeiro passeio a pé ao redor do planeta, que durou trinta e seis horas, nosso planeta lhes pareceu desabitado. Quando andou por nossos mares, a água nunca ultrapassou o calcanhar de Micrômegas. Utilizando peças de um colar de diamantes, os *filósofos* do outro planeta – Voltaire assim os classifica – conseguiram perceber a presença de pequenas criaturas que viajavam em um navio. Tratava-se de uma expedição de filósofos humanos – ao conceder o título de filósofo para os alienígenas, o autor o desvincula de simples erudição. Ora, Micrômegas nunca ouvira falar de algum pensador terráqueo, mas por sua atitude reflexiva, sem preconceitos, ele pode ser considerado um autêntico filósofo.

Com a ajuda de um objeto acústico, inicia-se um interessante diálogo entre os filósofos alienígenas e os filósofos humanos. Passado o maravilhamento inicial de ver tão pequenas criaturas falando, qual não foi a surpresa dos alienígenas quando aquelas criaturinhas falaram todas juntas a exata altura de Micrômegas depois de um rápido cálculo. Ele e seu companheiro tiveram, então, a ideia de interrogar aquelas criaturas sobre o que sabiam:

— *Quanto contais* — *indagou Micrômegas* — *da estrela da Canícula à grande estrela dos Gêmeos?*
— *Trinta e dois graus e meio* — *responderam todos ao mesmo tempo.*
— *Quanto contais daqui até a lua?*
— *Sessenta semidiâmetros da Terra, em números redondos.*
— *Quanto pesa o vosso ar?*
Supunha confundi-los nesse ponto, mas todos responderam que o ar pesa cerca de novecentas vezes menos que igual volume d'água e dezenove mil vezes menos que o ouro. (Voltaire, 2005e, p. 202)

Vale dizer que todas essas informações são corretas do ponto de vista científico. Abismado com tamanho conhecimento em relação às coisas exteriores – note que as perguntas dizem respeito às distâncias e peso do ar –, os viajantes de outro planeta questionam os filósofos humanos sobre o que está do lado de dentro. A conversa vai para o lado da metafísica: o que é a alma e como nossas ideias são formadas, eis a pergunta dos alienígenas. O que antes era consenso deixa lugar para a confusão, isto é, conflito de opiniões ou diafonia.

Os homens, cada um deles alinhado a um filósofo importante, não entram em concordância sobre pontos fundamentais da metafísica. Eles não se entendem e muito menos compreendem aquilo sobre o que falam. O aristotélico tem uma opinião sobre o tema, o cartesiano outra, o seguidor de Tomás de Aquino, enfim, uma terceira. O único filósofo que ganha a simpatia dos viajantes é aquele alinhado ao filósofo inglês John Locke, mas justamente pela posição cautelosa de Locke em relação à alma. Vejamos o trecho em que o autor manifesta dois tipos de discurso, o indireto e o direto:

> Um velho peripatético[*] disse em voz alta com toda a segurança:
> — A alma é uma entelequia, razão pela qual tem o poder de ser o que é [...].
> O cartesiano[**] tomou a palavra e disse:
> — A alma é um espírito puro, que recebeu no ventre da mãe todas as ideias metafísicas, e que, ao sair de lá, é obrigada a ir para a escola e aprender de novo tudo o que tão bem sabia e que não mais saberá! [...]
> — Absolutamente nada — respondeu o filósofo Malebranchista[***] –, é Deus que faz tudo por mim; vejo tudo em Deus, faço tudo em Deus; é Ele quem faz tudo, sem que eu me preocupe.
> — É o mesmo que se não existisses — tornou o sábio de Sírio. [...]
> — É — respondeu o leibniziano, um ponteiro que indica as horas, enquanto o meu corpo toca o carrilhão; ou, se quiserdes, é ela quem carrilhona, enquanto o meu corpo marca a hora; ou então, é minh'alma o espelho do universo, e meu corpo a moldura do espelho: isso é bem claro.

---

*   Diz respeito a Aristóteles.
**   Referência a Descartes (1596-1650), filósofo francês do século XVII, autor de obras como o *Discurso do método* e *Meditações sobre filosofia primeira*.
*** Refere-se a Nicolas Malebranche (1638-1715), padre e filósofo francês, cuja principal obra é *Da procura pela verdade*.

Um minúsculo partidário de Locke achava-se ali perto; e quando afinal lhe dirigiram a palavra:

— Eu não sei como é que penso — respondeu —, mas sei que nunca pude pensar senão com o auxílio dos meus sentidos. Que haja substâncias imateriais e inteligentes, eu não duvido; mas também não nego que Deus possa comunicar pensamento à matéria [...]. (Voltaire, 2005e, p. 202)

Não importa muito avaliar Voltaire enquanto comentador dos filósofos referidos; cabe dizer, isso sim, que a caricatura exposta é sintoma do desacordo que reina em toda a história da filosofia em relação a um ponto importante como a questão da alma. Esse desacordo foi e ainda é motivo de muitos conflitos teóricos. A literatura permite que Voltaire coloque em teste uma tese universal, por meio da experiência particular de um personagem. A intenção por trás do recurso parece ser essa: se uma tese é universal e, desse modo, verdadeira, ela vale em todos os casos, portanto, também valerá para o personagem Micrômegas. No entanto, nenhum dos personagens consegue responder satisfatoriamente às questões metafísicas.

Perceba ainda que o conto é mais crítico do que propositivo, isto é, ele não apresenta uma teoria ou defende alguma tese, mas detecta a insuficiência das que são comumente requisitadas pelos filósofos. Esse aparato crítico, mais corrosivo do que construtivo, não torna a obra menos filosófica, mesmo porque à filosofia cabe mais o papel de ser crítica, de não ceder a dogmatismos, do que de dar respostas para todas as questões, não é mesmo?

Além dessa crítica às obscuridades da metafísica, campo em que reina mais confusão do que concordância na filosofia, Voltaire sugere um exercício de pensamento para seu leitor. Você pode tentar realizá-lo. Nós, humanos, apreendemos o mundo principalmente pelos cinco sentidos:

tato, audição, paladar, visão e olfato. Provavelmente você ouviu falar de um sexto, normalmente relacionado com pressentimento ou intuição apurada. Imagine então que você tivesse mil sentidos. Bem provável que esse montante sensorial implicasse em um modo distinto de lidar com o mundo. Se nos tirassem, por exemplo, dois desses cinco sentidos muita coisa mudaria, com certeza, mas nosso exercício é o oposto.

Parte dele, você deve ter percebido, é tentar saber quais seriam esses sentidos. Talvez dois deles fossem telepatia (leitura de pensamentos) e telecinese (capacidade de movimentar objetos a distância); isso provavelmente alteraria o caráter de nossas leis, pois, se eu soubesse o que a pessoa ao meu lado está pensando, as chances de ela querer me prejudicar ou enganar diminuiriam bastante. Além disso, você teria uma altura de 39 quilômetros, mais alto do que a maior montanha da Terra. Se isso já não fosse o bastante, a velhice chegaria depois de algumas centenas de milhares de anos. Sua capacidade de apreensão das coisas seria diferente, mas será que isso interferiria em sua moralidade, isto é, na percepção do que é bom e mau? O que significaria viver tanto tempo? Nossos projetos com certeza seriam outros; poderíamos, por exemplo, aprender todas as línguas faladas em nosso planeta e ainda assim passar por preguiçosos. Nosso modo de vida se alteraria bastante.

Voltaire, para concluir, é emblemático para nós que estamos tentando entender melhor a relação entre filosofia e literatura. Ele que percorreu esses dois polos sem parecer se preocupar com possíveis oposições em relação a objetivos e formatos diferentes. O romance, o poema e o conto, em suas mãos, se transformaram em armas filosóficas; mas também os artifícios literários, por seu lado, foram transformados em recursos importantes para a realização de uma reflexão profunda e ligada aos problemas de seu tempo. Muitos desses problemas, vale dizer, ainda são os nossos, como é o caso da questão da tolerância em sua manifestação religiosa. Voltaire foi um aguerrido defensor do esclarecimento racional, além de ter grande sensibilidade literária, fixada em sua enorme produção, que nos entretém e engrandece até hoje.

Síntese

Neste capítulo, fomos apresentados ao personagem filosófico-literário Voltaire. Ele foi um aguerrido combatente de uma guerra teórica, defendendo o livre pensar ao mesmo tempo em que atacava, usando a razão, qualquer forma de obscurantismo político e religioso e de preconceitos filosóficos.

Analisamos a função da sátira no pensamento voltairiano, apontando de que modo ela se ligava à sua perspectiva filosófica. Dedicamo-nos ainda, de modo panorâmico, a falar sobre a proposta, o estilo, assim como parte do conteúdo de seu *Dicionário filosófico* (2008), pois segundo nos parece, ele ajuda a entender melhor como Voltaire se portava, na condição de um filósofo engajado, em relação ao seu tempo. A análise de um de seus contos filosóficos, a saber, *Micrômegas* (2003e), pareceu de grande importância, pois dessa maneira foi possível explicitar de que modo literatura e filosofia podem se unir em um mesmo projeto.

Indicações culturais

Filme

LA FAUTE à Voltaire (A culpa de Voltaire). Direção: Abdellatif Kechiche. França: Aventi Distribution, 2000. 130 min.

Indiretamente relacionado a Voltaire, o filme discute questões relacionadas à tolerância e ao preconceito. A história gravita em torno de um jovem tunisiano que entra ilegalmente na França, esperando encontrar melhor sorte na vida. Ele acaba conhecendo a Paris dos marginalizados e encontra solidariedade entre pessoas que também passam por dificuldades.

O ABSOLUTISMO: a ascensão de Luís XIV. Direção: Roberto Rossellini. França: Versátil Filmes, 1966. 90 min.

Lançado para televisão, o filme mostra os meandros do poder político na França do século XVII. Trata da história de Luís XIV, desde jovem e influenciado por sua mãe, ao grande monarca conhecido como Rei Sol. O filme mostra bem como era a vida do rei francês e dos que estavam em seu entorno. Serve para caracterizar a atmosfera política e social que antecedeu Voltaire.

VATEL: um banquete para o rei. Direção: Roland Joffé. França; Reino Unido; Bélgica: Imagem Filmes, 2000. 103 min.

Estrelado por Gérard Depardieu, que faz o papel do personagem histórico François Vatel, o filme narra seus últimos dias de vida, em 1671, enquanto trabalha como espécie de mestre cozinheiro e de cerimônia, prestando serviço ao Príncipe Louis II de Bourbon-Condé. Todos estão nervosos, e os preparativos buscam atender aos menores detalhes, pois haverá um banquete oferecido em homenagem ao Rei Luís XIV. O filme contextualiza de forma magistral o ambiente suntuoso dos nobres franceses da época.

Livro

SOUZA. M. das G. de. **Voltaire**: a razão militante. São Paulo: Moderna, 1994.

Livro introdutório em que os principais traços e dificuldades do pensamento de Voltaire são abordados.

Artigo

HAAG, E. M. A modernidade de Voltaire: pensar o presente. **Revista Dois Pontos**. Curitiba; São Carlos, v. 9, n. 3, 2012. Disponível em: <http://ojs.c3sl.ufpr.br/ojs/index.php/doispontos/issue/view/1460/showToc>. Acesso em: 5 jul. 2015.

O artigo, que faz parte de uma edição especial dedicada a Voltaire, busca mostrar como o autor é, de certo modo, um dos precursores do conceito *tempos modernos*, em que uma nova atitude filosófica diante da realidade se evidencia. A autora ainda argumenta como o filósofo, apesar de aparentar ser um polemista pouco consistente, é fundamental para entender o século XVIII e nosso presente. Vale lembrar que, neste volume, vários são os artigos em torno do pensamento de Voltaire cuja leitura é recomendada.

Atividades de autoavaliação

1. Analise se as afirmações a seguir são verdadeiras (V) ou falsas (F) e assinale a sequência correta:

    ( ) A sátira de Voltaire tem um objetivo muito claro. Ao criar uma atmosfera de brincadeira, desvia a atenção da censura para as forte teses filosóficas que são inseridas, por exemplo, em seus contos.

    ( ) Voltaire se valeu da filosofia como uma arma que combatia tanto intolerância religiosa, equívocos filosóficos quanto arbitrariedades políticas. Isso fez dele um dos patriarcas do Iluminismo francês.

    ( ) Muito atento à publicidade, Voltaire criou inúmeras polêmicas, tomou a dianteira para divulgar Newton na França e até intercedeu publicamente em favor de injustiçados, para saciar, assim, seu desejo por autopromoção.

    ( ) O *Dicionário filosófico*, em formato portátil, é um exemplo de como Voltaire estava comprometido na luta contra o obscurantismo, utilizando para tanto a filosofia, ou seja, o esclarecimento por meio da razão.

a) F, V, F, V
   b) F, V, V, F
   c) V, F, V, F
   d) V, V, F, V

2. Ainda sobre Voltaire e de acordo com o que foi estudado neste capítulo, marque verdadeiro (V) ou falso (F) para as afirmações seguintes e assinale a sequência correta:

   ( ) O conto Micrômegas (2005e) não propõe uma teoria filosófica ou uma explicação positiva para os problemas da metafísica, apenas critica aquelas explicações que não teriam, segundo ele, sucesso. Por esse motivo não pode ser considerada uma obra propriamente filosófica.

   ( ) Voltaire sempre acreditou na existência de vida em outros planetas, defendendo que seria muito desperdício um universo vasto ser tão pobremente povoado; por esse motivo escreveu Micrômegas (2005e), para divulgar a razoabilidade da ideia de vida extraterrestre.

   ( ) A grande altura do protagonista do conto Micrômegas (2005e), seu aparato sensitivo-cognitivo e sua condição de extraterrestre são características que, na economia do conto, representam recursos unicamente literários ou mesmo detalhes de ornamento, sem nenhum ganho para a crítica filosófica.

   ( ) Quando Voltaire concede ao protagonista do conto Micrômegas (2005e) o adjetivo de *filósofo*, ele mostra como o título se liga mais a uma atitude reflexiva sem preconceito do que, como vemos nos homens do navio, a fidelidade a alguma doutrina filosófica antiga, respeitada mais pela sua antiguidade do que consistência.

a) V, F, V, V
b) F, F, F, V
c) V, V, V, F
d) F, F, F, V

3. Considerando o que foi visto neste capítulo, assinale a alternativa **incorreta**:

   a) Utilizando em seus textos recursos fictícios, propriamente literários, como na história em que relata as desventuras de certo agricultor, Voltaire pôde promover reflexões filosóficas, colocando teorias abstratas e universais à prova, com base na experiência individual de um personagem.

   b) O aspecto multifacetado de sua produção intelectual dificulta a aplicação de rótulos em Voltaire, algo que resultou em desconfiança em relação ao seu aspecto filosófico e não faz sentido quando desbravamos seus textos e notamos a atualidade de suas reflexões.

   c) Pelo conteúdo subversivo de seus textos (que criticavam as arbitrariedades do poder estabelecido), Voltaire foi obrigado a fugir em algumas oportunidades. Temendo represálias, ele publicou alguns de seus livros usando pseudônimos e informações deliberadamente erradas sobre editor e ano de publicação.

   d) Voltaire não foi um autor sistemático; suas obras gravitam por vários gêneros e discutem inúmeros temas, claro sintoma do aspecto caótico e irregular de seu pensamento, o que fez alguns críticos o tomarem por falso filósofo e pobre literato. Avaliação que é pertinente, como foi visto no capítulo.

4. Analise as afirmações e assinale a única verdadeira:
   a) Voltaire fez muitas críticas à instituição católica, mas sempre cultivou a repulsa contra toda e qualquer religião, pois considerava a crença em Deus uma ilusão altamente prejudicial.
   b) A sátira em Voltaire é mais do que um recurso literário; ela funciona como um operador retórico, ajudando a iluminar contradições ao exagerar falhas e defeitos do alvo da crítica.
   c) A filosofia, para Voltaire, só poderia se valer da literatura por causa da sátira. A zombaria e o ridículo desde muito tempo são requisitados quando os argumentos sérios são em pequeno número.
   d) Sendo uma espécie de empresário de seu tempo (ainda que o termo seja impróprio), Voltaire criticou em seus livros um sistema de imposição de impostos que colhia grande parte do lucro dos que mais trabalhavam.

5. Leia o trecho a seguir, do *Dicionário filosófico*, e assinale a alternativa **incorreta**:

   Vocês aproveitaram dos tempos de ignorância, de superstição, de demência, para nos despojar de nossas heranças e para nos calcar aos pés, para se locupletar com os bens dos infelizes: tremam, de medo que o dia da razão possa chegar. (Voltaire, 2008, p. 19)

   a) Para os detentores do poder, que usavam a superstição e o fanatismo com o intuito de enganar e cometer injustiças, o uso livre e rigoroso da razão por parte das pessoas comuns era, sim, algo a se temer.
   b) O trecho mostra o que significa dizer que Voltaire estava em uma guerra filosófica, usando como arma a própria filosofia, contra os que se valiam da ignorância para dominar as pessoas, colocando-as aos seus pés.

c) Voltaire mostra como estava confiante em relação a seu próprio sistema filosófico, disposto a refutar toda uma tradição de pensadores que teriam se valido da razão de maneira deturpada, criando antes ilusões que a verdadeira filosofia.

d) O Iluminismo, caracterizado pelo avanço da razão e que ganhou terrenos onde antes havia obscurantismo, deve muito a figuras como Voltaire, que arriscando sua própria segurança, lutaram em nome da razão.

Atividades de aprendizagem

Questões para reflexão

1. Explique, em pequeno texto de no máximo 20 linhas, de que maneira a sátira em Voltaire pode ter função filosófica.

2. A filosofia foi usada por Voltaire como uma arma contra o obscurantismo, a intolerância religiosa e as arbitrariedades políticas. Comente sobre a legitimidade ou não desse uso.

Atividade aplicada: prática

Faça um fichamento, que não ultrapasse 25 linhas, de 5 verbetes (de sua escolha) presentes no *Dicionário filosófico* de Voltaire. Consulte a seguinte edição em português:

VOLTAIRE. **Dicionário filosófico**. Disponível em: <http://www.dominiopublico.gov.br/pesquisa/DetalheObraForm.do?select_action=&co_obra=2253>. Acesso em: 5 jul. 2015.

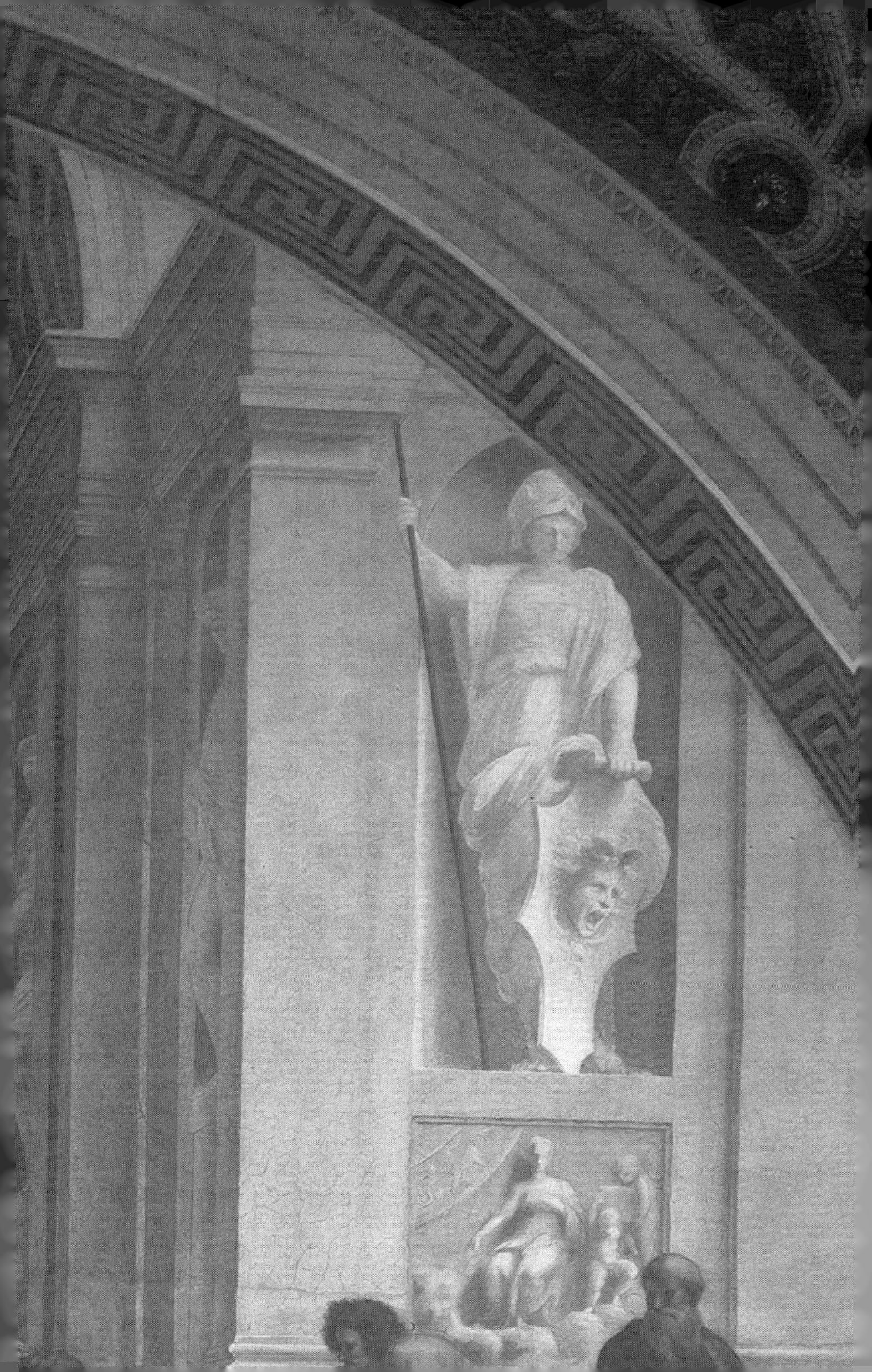

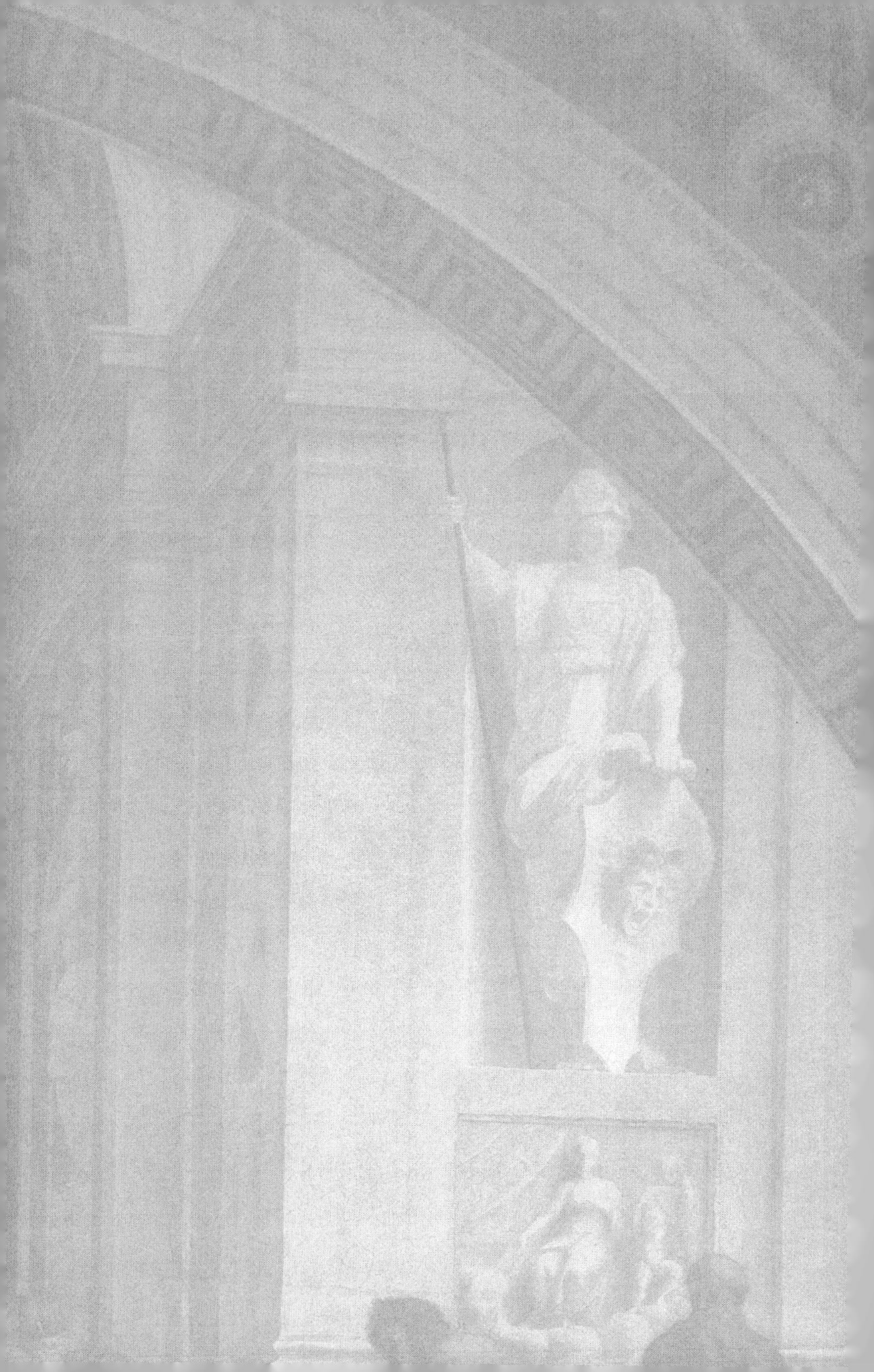

considerações finais

E ncerramos *nosso percurso* propondo, como não poderia deixar de ser, uma reflexão filosófica que solicitará como guia uma obra literária.

O poeta norte-americano E. E. Cummings escreveu um conto para sua filha chamado "O velho que só perguntava 'por quê?'" (2014). Nesse texto, lemos sobre um elfo cuja idade ultrapassava um milhão de anos. Ele vivia na estrela mais distante e, sempre que necessário, ajudava os moradores do espaço, que adoravam voar – todos tinham asas – de lá para cá. Eles viviam pacificamente, comendo pétalas siderais e flores aéreas, até que um dia pela manhã muitos foram visitar o sábio elfo, trazendo-lhe um sério problema a ser resolvido, como era costume. É que existia – disseram – um velho no alto da Lua que intrigava a todos, pois só sabia perguntar: "Por quê?".

Muito prestativo, o elfo foi visitar esse velho de olhos claros e com uma enorme barba. O caráter questionador do morador da Lua, que só dizia "Por quê?", logo irritou o elfo, pois ele não sabia reconhecer ou resolver o problema:

> Todo mundo no ar e em toda parte está se queixando de você e fazendo o maior estardalhaço.
> Por quê?, voltou a dizer o homenzinho muito, mas muito muito muito muito muito velho.
> Exatamente por isso: porque você fica o tempo todo perguntando "por quê?", e isto está deixando as pessoas loucas. (Cummings, 2014, p. 13)

O velho não mudou seu comportamento nem diante do sábio elfo, que, bastante irritado, ameaçou lançá-lo Lua abaixo, até a Terra, se fosse necessário. A resposta do nosso questionador convicto foi dizer, naturalmente: "Por quê?". Fazendo jus ao prometido, o elfo jogou o perguntador de olhos claros e barbas longas da Lua, e ele caiu por milhões e milhões e milhões de quilômetros. A cada quilômetro descido, (mas que surpresa!), ele rejuvenescia, até transformar-se em um bebê, entrando suavemente na atmosfera da Terra. É que, nos explica Cummings, ele "estava prestes a nascer." (Cummings, 2014, p. 15).

Sejamos todos filósofos, como o velho que morava na Lua. Questionemos – de maneira fundamentada – tudo e a todos, sem cessar, desde nossas crenças mais arraigadas ao que é mais consensual em meio às pessoas que nos cercam. Nascimento, aqui, se confunde com o processo típico da Filosofia: o questionamento. Nasçamos, então, novamente e, com olhos de criança que já teve barbas longas, cheios de curiosidade e sem preconceitos, olhemos a chuva que as nuvens choram alegre e ruidosamente, e também o modo como nossa sociedade se constrói, para que assim possamos intervir nela de uma maneira positiva.

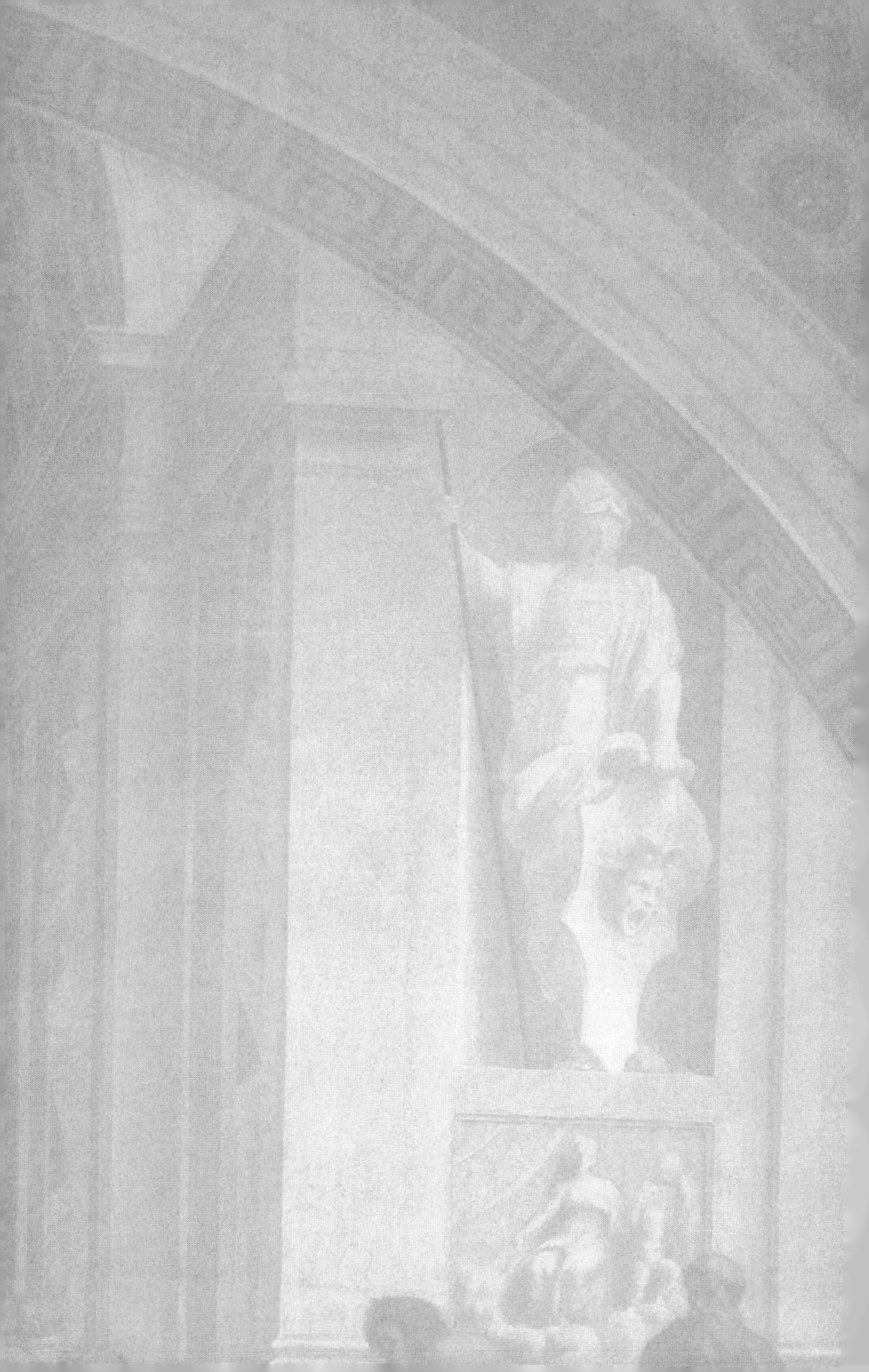

referências

ADORNO, T. W.; HORKHEIMER, M. **Dialética do esclarecimento**. Rio de Janeiro: Zahar, 1985.

AGUILA, R. del. **Sócrates furioso**: el pensador y la ciudad. 1. ed. Barcelona: Anagrama, 2004.

ANDRADE, M. de. **Contos novos**. 17. ed. Rio de Janeiro: Itatiaia, 1999.

ARISTÓFANES. **As nuvens**. 5. ed. São Paulo: Nova Cultural, 1991.

ARISTÓTELES. **Poética**. Tradução de E. Bini. São Paulo: Edipro, 2011.

AUERBACH, E. **Mímesis**: a representação da realidade na literatura ocidental. São Paulo: Perspectiva, 1971.

BAUDELAIRE, C. **Les fleurs du mal**. Édition de Antoine Adam. Paris: Garnier, 1961.

BRANDÃO, R. **A ordem do mundo e o homem**: estudos sobre metafísica e moral em Voltaire. 254 f. Tese (Doutorado em Filosofia) – Faculdade de Filosofia, Letras e Ciências Humanas da Universidade de São Paulo, São Paulo, 2008. Disponível em: <www.teses.usp.br/teses/disponiveis/8/8133/.../RODRIGO_BRANDAO.pdf>. Acesso em: 5 jul. 2015.

BRITO, A. R. T. **As abelhas egoístas**: vício e virtude na obra de Bernard Mandeville. 149 f. Tese (Doutorado em Filosofia) – Faculdade de Filosofia, Letras e Ciências Humanas da Universidade de São Paulo, São Paulo, 2006. Disponível em: <http://www.dominiopublico.gov.br/pesquisa/DetalheObraForm.do?select_action=&co_obra=127230>. Acesso em: 5 jul. 2015.

CAMÕES, L. V. de. Amor é um fogo que arde sem se ver. In: CAMÕES, L. V. de. **Sonetos**. Biblioteca Virtual do Estudante USP. Disponível em: <http://www.dominiopublico.gov.br/pesquisa/DetalheObraForm.do?select_action=&co_obra=1872>. Acesso em: 5 jul. 2015.

CAMUS, A. **O mito de Sísifo**. 4. ed. Rio de Janeiro: BestBolso, 2014.

CANDIDO, A. **Literatura e sociedade**. 9. ed. Rio de Janeiro: Ouro sobre Azul, 2006.

CARPEAUX, O. M. **História da literatura ocidental**. 1. ed. São Paulo: Leya, 2011. v. I, II, III, IV. Disponível em: <http://portalconservador.com/livros/Otto-Maria-Carpeaux-Historia-da-literatura-ocidental.pdf>. Acesso em: 5 jul. 2015.

CASSIN, B. Elogio de Helena. In: CASSIN, B. **Efeito sofístico.** 1. ed. São Paulo: Editora 34, 2005. p. 293-301.

CASSIRER, E. **A questão Jean-Jacques Rousseau.** 1. ed. São Paulo: Ed. da Unesp, 1999.

CHAUI, M. **Introdução à história da filosofia:** dos pré-socráticos a Aristóteles. 2. ed. São Paulo: Companhia das Letras, 2002. v. 1.

COMPAGNON, A. **Literatura para quê?** Belo Horizonte: Ed. da UFMG, 2012.

CUMMINGS, E. E. O velho que só perguntava por quê? In: CUMMINGS, E. E. **4 contos.** São Paulo: Cosac Naify, 2014. p. 7-15.

D'ALEMBERT, J. le R. **Ensaio sobre os elementos de filosofia.** 2. ed. Campinas: Ed. Unicamp, 2014.

DAY, M. **100 personnages clés de la Mythologie.** Paris: Pre Aux Clercs, 2008.

DESCARTES, R. Meditações. In: DESCARTES, R. **Descartes.** Victor Civita (Ed.). São Paulo: Abril Cultural, 1973. (Coleção Os Pensadores). p.91-150.

DICKENS, C. **Conto de Natal.** 13. ed. Rio de Janeiro: Ediouro, 2004.

DIDEROT, D. **A religiosa.** São Paulo: Abril Cultural, 1980.

DIDEROT, D. Lettre d'un citoyen zélé qui n'est ni chirurgien ni médecin, à m. d. m. maitre en chirurgie. In: DIDEROT, D. **Oeuvres complètes de Diderot.** Belles-Lettre; poésies diverses et sciences: mathématiques – physiologie. Paris: Garnier Frères Libraires-éditeurs, 1875. Tome IX. p. 213-225. Disponível em: <http://www.e-theca.net/bibliothecavirtualis/autori/diderot/opere/DiderotOeuvres9.pdf>. Acesso em: 5 jul. 2015.

DIDEROT, D. Suplemento à viagem de Bougainville. In: DIDEROT, D. **Diderot**. 2. ed. São Paulo: Abril Cultural, 1979. (Coleção Os Pensadores).

DRUMMOND DE ANDRADE, C. **Boca de luar**. Rio de Janeiro: Record, 1984a.

DRUMMOND DE ANDRADE, C. **Contos de aprendiz**. 22. ed. Rio de Janeiro: Record, 1984b.

DRUMMOND DE ANDRADE, C. Personagem. In: DRUMMOND DE ANDRADE, C. **Passeios na ilha**. São Paulo: Cosac Naify, 2011.

DURUY, V. **Histoire des grecs depuis les temps plus reculés jusqu'a la réduction de la Grèce en province romaine**. Nouvelle édition. Austria: Akademische Druck- u. Verlagsanstalt Graz, 1968. Tome I.

FORTES, L. R. S. **O Iluminismo e os reis filósofos**. 8. ed. São Paulo: Brasiliense, 1993.

FORTES, L. R. S. **Rousseau**: o bom selvagem. São Paulo: Discurso Editorial, 2007.

FORTES, L. R. S. **Retrato calado**. São Paulo: Cosac Naify, 2012.

GAGNEBIN, J. M. **Lembrar, escrever, esquecer**. São Paulo: Editora 34, 2006.

GOLDSCHMIDT, V. **Anthropologie et politique**: des príncipes du système de Rousseau. Paris: Vrin, 1983.

GRAY, J. **Voltaire**. São Paulo: Ed. da Unesp, 1999.

GRISWOLD, C. L. Plato on rhetoric and poetry. In: **The Stanford Encyclopedia of Philosophy**. Disponível em: <http://plato.stanford.edu/entries/plato-rhetoric/notes.html>. Acesso em: 5 jul. 2015.

FIGUEIRA, A. F. Velaturas: (memórias de um velho). Rio de Janeiro: Castilho, 1920.

HAAG, E. M. A modernidade de Voltaire: pensar o presente. **Revista Dois Pontos**, Curitiba; São Carlos, v. 9, n. 3, p. 13-28, 2012. Disponível em: <http://ojs.c3sl.ufpr.br/ojs/index.php/doispontos/article/viewFile/27438/20055>. Acesso em: 5 jul. 2015.

HAMILTON, E. **A mitologia**. 3. ed. Lisboa: Publicações Dom Quixote, 1983.

HESÍODO. **Teogonia**. Estudo e tradução de Jaa Torrano. 2. ed. São Paulo: Iluminuras, 2014.

HOMERO. **Odisseia**. Tradução de Manoel Odorico Mendes. São Paulo: Atena, 2009. Disponível em: <http://www.ebooksbrasil.org/eLibris/odisseiap.html>. Acesso em: 18 nov. 2015.

HOMERO. **Odisseia**. Tradução e introdução de Carlos Alberto Nunes. São Paulo: Hedra, 2011.

HOMERO. **Odisseia**. Tradução e introdução de Christian Werner. São Paulo: Cosac Naify, 2014.

HUXLEY, A. **Admirável mundo novo**. São Paulo: Globo, 2001.

JACK, M. **Corruption and progress**: the eighteenth-century debate. New York: AMS Press, 1989.

JACOURT, C. Romans. In: **Encyclopédie ou dictionnarie raisonné des sciences, des arts et des métiers**. Disponível em: <http://encyclopedie.uchicago.edu/>. Acesso em: 5 jul. 2015.

KANT, I. **Crítica da razão pura**. Tradução de Valerio Rohden e Udo Baldur Moosburger. 4. ed. Lisboa: Fundação Calouste Gulbenkian, 1997.

KUNDERA, M. **A arte do romance**. São Paulo: Companhia de Bolso, 2009.

KUNDERA, M. **A insustentável leveza do ser**. São Paulo: Companhia de Bolso, 2008.

LANSON, G. **Histoire illustré de la littérature française**. Paris: Librairie Hachette, 1923. Tomo II.

LANSON, G. **l'Art de la prose**. 2. ed. Paris: Librairie des Annales, 1909.

LANSON, G. L'unité de la pensée de Jean-Jacques Rousseau. In: LANSON, G. **Annales de la société Jean-Jaques Rousseau**. Chez A. Julien (Ed.). Paris: Honoré Champion, 1912. Tomo VIII. Disponível em: <http://gallica.bnf.fr/ark:/12148/bpt6k16130t/f6.image.r=Annales%20de%20la%20soci%C3%A9t%C3%A9%20jean-jacques%20rousseau.langFR>. Acesso em: 5 jul. 2015.

LEBRUN, G. O cego e o filósofo ou o nascimento da antropologia. **Revista Discurso**, São Paulo, n. 3, ano III, p. 127-139, 1972.

MACHADO DE ASSIS, J. M. **Helena**. Rio de Janeiro: B. L. Garnier, 1876. Disponível em: <http://www2.senado.leg.br/bdsf/item/id/242815>. Acesso em: 5 jul. 2015.

MACHADO DE ASSIS, J. M. **Memórias póstumas de Brás Cubas**. Rio de Janeiro: Ediouro, 1997. Disponível em: <http://www.dominiopublico.gov.br/pesquisa/DetalheObraForm.do?select_action=&co_obra=2038>. Acesso em: 5 jul. 2015.

MANDEVILLE, B. Uma investigação sobre a origem da virtude moral. In: MANDEVILLE, B. **Filosofia moral britânica**. 2. ed. São Paulo: Ed. da Unicamp, 2013. p. 87-97.

MANDEVILLE, B. The grumbling hive: or, knaves turn'd honest'. In: MANDEVILLE, B. **The fable of the bees or private vices, publick benefits**. 1732. v. 1. Disponível em: <http://oll.libertyfund.org/titles/846>. Acesso em: 5 jul. 2015.

MATTOS, F. de. **A cadeia secreta**: Diderot e o romance filosófico. São Paulo: Cosac Naify, 2004.

MARQUES, J. O. de A. Forçar-nos a ser livres? O paradoxo da liberdade no Contrato Social de Jean-Jacques Rousseau. **Cadernos de Ética e Filosofia Política**, São Paulo, n. 16, p. 99-114, 2010. Disponível em: <http://www.unicamp.br/~jmarques/pesq/Forcar-nos_a_ser_livres.pdf>. Acesso em: 5 jul. 2015.

MOLIÈRE. **Don Juan**. São Paulo: Hedra, 2006.

MONTESQUIEU. **Cartas persas**. São Paulo: M. Fontes, 2009.

MORAES, E. R. **Lições de Sade**: ensaios sobre a imaginação libertina. São Paulo: Iluminuras, 2006.

MORTIER, R. Les formes de satire chez Voltaire. In: MORTIER, R. **Le coeur et la raison**. Recueil d'études sur le dix-huitième siècle. Paris: Oxford, 1990. Disponível em: <http://www.persee.fr/web/revues/home/prescript/article/rde_07690886_1991_num_11_1_1138>. Acesso em: 5 jul. 2015.

NASCIMENTO, L. F. S. Razão e zombaria em Shaftesbury. **Revista Dois Pontos**, Curitiba; São Carlos, v. 1, p. 167-176, 2005.

NIETZSCHE, F. W. **Além do bem e do mal**: prelúdio a uma filosofia do futuro. Tradução de Paulo Cezar de Souza. São Paulo: Companhia das Letras, 2005.

NUNES, C. A. Introdução. In: HOMERO. **Odisseia**. Tradução e introdução de Carlos Alberto Nunes. São Paulo: Hedra, 2011. p. 9-23.

NUSSBAUM, M. **Poetic justice**: the literary imagination and public life. Boston: Beacon Press, 1995.

ORWELL, G. **1984**. São Paulo: Companhia das Letras, 2009.

PARTEE, M. H. Plato's banishment of poetry. **The Journal of Aesthetics and Art Criticism**, Michigan, v. 29, n. 2, p. 209-222, 1970. Disponível em: <http://natalieharrower.com/dram301/wp-content/uploads/platos-banishment-of-poetry.pdf>. Acesso em: 5 jul. 2015.

PEIXOTO, F. **Sade vida e obra**. Rio de Janeiro: Paz e Terra, 1979.

PLATÃO. A defesa de Sócrates In: PLATÃO. **Sócrates**. 5. ed. São Paulo: Nova Cultural, 1991. (Coleção Os Pensadores).

PLATÃO. **A República**. São Paulo: Nova Cultural, 1999.

POMMEAU, R. **Politique de Voltaire**. Paris: Armand Colin, 1963. Disponível em: <http://www.persee.fr/web/revues/home/prescript/article/ahess_0395-2649_1965_num_20_5_421853_t1_1061_0000_2>. Acesso em: 5 jul. 2015.

PRADO JUNIOR, C. **O que é filosofia?** 18. ed. São Paulo: Braziliense, 1991.

ROSA, G. **Grande sertão**: veredas. São Paulo: Nova Fronteira, 2005.

ROUSSEAU, J. J. Carta a Melesherbes. In: ROUSSEAU, J. J. **Carta a Christophe de Beaumont e outros escritos sobre a religião e a moral**. São Paulo: Estação Liberdade, 2005. p. 17-36.

ROUSSEAU, J. J. **Confissões**. Bauru: Edipro, 2008a.

ROUSSEAU, J. J. Discurso sobre a origem e os fundamentos da desigualdade entre os homens. Tradução de Paulo Neves. Porto Alegre: L&PM, 2008b.

ROUSSEAU, J. J. Discurso sobre as ciências e as artes. In: ROUSSEAU, J. J. **Jean-Jacques Rousseau**. São Paulo: Abril Cultural, 1973a. (Coleção Os Pensadores). p. 337-360.

ROUSSEAU, J. J. Discours sur les sciences et les arts. In: ROUSSEAU, J. J. **Ouvres completes**. Paris: Gallimard, 1964a. Tomo III. p. 3-30.

ROUSSEAU, J. J. **Emílio**. 3. ed. São Paulo: M. Fontes, 2004.

ROUSSEAU, J. J. **Ensaio sobre a origem das línguas**. 3. ed. Campinas: Ed. da Unicamp, 2008c.

ROUSSEAU, J. J. Julie ou la nouvelle Heloïse. In: ROUSSEAU, J. J. **Ouvres completes**. Paris: Gallimard, 1964b. Tomo II. p. 5-745.

ROUSSEAU, J. J. **Os devaneios de um caminhante solitário**. Tradução de Júlia da Rosa Simões. Porto Alegre: L&PM Pockets, 2008d.

ROUSSEAU, J. J. Prefácio a Narciso. In: ROUSSEAU, J. J. **Jean--Jacques Rousseau**. São Paulo: Abril Cultural, 1973b. (Coleção Os Pensadores). p. 245-436.

ROUSSEAU, J. J. **Textos autobriográficos e outros escritos**. São Paulo: Ed. da Unicamp, 2009.

ROZA, A. G. Posfácio. In: HOMERO. **Odisseia**. Tradução e introdução de Christian Werner. São Paulo: Cosac Naify, 2014. p. 607-614.

SARTRE, J. P. **Que é literatura?** Tradução de Carlos Felipe Moisés. 3. ed. São Paulo: Ática, 2004.

SCHOPENHAUER, A. **A arte de escrever**. Porto Alegre: L&PM, 2007.

SÈVE, B. Antítese e isosthéneia em Pascal. **Revista Sképsis**, [S.l.], n. 11, p. 177-192, 2014. Disponível em: <http://philosophical skepticism.org/en/skepsis/number-11/>. Acesso em: 5 jul. 2015.

SILVA, R. R. Voltaire e a sátira. **Revista Trans/Form/Ação**, São Paulo, n. 20, p. 7-38, 1997.

SÓFOCLES. **Édipo rei**. [S.l.]: Universia, 2015. Disponível em: <http://www3.universia.com.br/conteudo/literatura/Edipo_rei_de_sofocles.pdf>. Acesso em: 5 jul. 2015.

SOUZA, M. das G. de. **Voltaire**: a razão militante. São Paulo: Moderna, 1994.

SOUZA, M. das G. de. **Voltaire e o materialismo do século XVIII**. 142 f. Dissertação (Mestrado em Filosofia) – Faculdade de Letras e Ciências Humanas da Universidade de São Paulo, São Paulo, 1983.

STAROBINSKI, J. **Jean-Jacques Rousseau**: a transparência e o obstáculo. São Paulo: Companhia das Letras, 2011.

TORRANO, J. Introdução. In: HESÍODO. **Teogonia**. Estudo e tradução de Jaa Torrano. 2. ed. São Paulo: Iluminuras, 2014. p. 13-97.

VALÉRY, P. **Variedades**. São Paulo: Iluminuras, 1999.

VERNANT, J. P. **As origens do pensamento grego**. Tradução de Ísis Borges B. da Fonseca. Rio de Janeiro: Difel, 2002.

VERNANT, J. P. **Mito e pensamento entre os gregos**: estudos de psicologia histórica. 2. ed. Rio de Janeiro: Paz e Terra, 1990.

VERNANT, J. P. **Mito e religião na Grécia antiga**. Tradução de Joana Angélica D'avila Melo. São Paulo: M. Fontes, 2006. Disponível em: <http://disciplinas.stoa.usp.br/pluginfile.php/293510/mod_resource/content/1/Vernant,%20JeanPierre%20%20Mito%20e%20Religi%C3%A3o%20na%20Gr%C3%A9cia%20Antiga.pdf>. Acesso em: 5 jul. 2015.

VERNANT, J. P. **Mythe et société en Grèce ancienne**. Paris: Maspero, 1974.

VOLTAIRE. As cartas de Amabed etc. In: VOLTAIRE. **Contos e novelas**. Tradução de Mário Quintana. São Paulo: Globo, 2005a. p. 561-619.

VOLTAIRE. Cândido ou o otimismo. In: VOLTAIRE. **Contos e novelas**. Tradução de Mário Quintana. São Paulo: Globo, 2005b. p. 223-316.

VOLTAIRE. **Dicionário filosófico**. São Paulo: Escala, 2008.

VOLTAIRE. **Dictionnaire philosophique**. Paris: Flammarion, 2010a.

VOLTAIRE. Gens de lettres. In: **Encyclopédie ou dictionnarie raisonné des sciences, des arts et des métiers**. Disponível em: <http://encyclopedie.uchicago.edu/>. Acesso em: 5 jul. 2015.

VOLTAIRE. Jeannot e Colin. In: VOLTAIRE. **Contos e novelas**. Tradução de Mário Quintana. São Paulo: Globo, 2005c. p. 341-352.

VOLTAIRE. Jeannot et Colin. In: **Contes II**: Candide, Jeannot et Colin, L'ingénu. 9. ed. Paris: Classiques Larousse, 1939. p. 71-79.

VOLTAIRE. Memnon ou a sabedoria humana. In: VOLTAIRE. **Contos e novelas**. Tradução de Mário Quintana. São Paulo: Globo, 2005d. p. 173-182.

VOLTAIRE. Micrômegas. In: VOLTAIRE. **Contos e novelas**. Tradução de Mário Quintana. São Paulo: Globo, 2005e. p. 183-204.

VOLTAIRE. O ingênuo. In: VOLTAIRE. **Contos e novelas**. Tradução de Mário Quintana. São Paulo: Globo, 2005f. p. 375-440.

VOLTAIRE. O touro branco. In: VOLTAIRE. **Contos e novelas**. Tradução de Mário Quintana. São Paulo: Globo, 2005g. p. 697-728.

VOLTAIRE. Tratado de metafísica. In: VOLTAIRE. **O filósofo ignorante**. São Paulo: M. Fontes, 2001. p. 91-163.

VOLTAIRE. **Tratado sobre a tolerância**. Tradução de William Lagos. Porto Alegre: L&PM, 2010b.

VOLTAIRE. Zadig ou o destino. In: VOLTAIRE. **Contos e novelas**. Tradução de Mário Quintana. São Paulo: Globo, 2005h. p. 81-151.

WILSON, A. M. **Diderot**: the testing years (1713-1759). New York: Oxford University Press, 1957. Disponível em: <https://archive.org/stream/diderotthetestin001232mbp/diderotthetestin001232mbp_djvu.txt>. Acesso em: 5 jul. 2015.

bibliografia comentada

DRUMMOND DE ANDRADE, C. **Passeios na ilha**. São Paulo: Cosac Naify, 2011.
Nessa obra, podemos acompanhar de modo privilegiado a versatilidade de um dos maiores poetas e cronistas brasileiros. Combinando textos históricos com aforismos, crônicas e peças de crítica literária, nela percebemos como a reflexão filosófica pode se infiltrar de modo sólido e agradável em temas considerados, talvez, despretensiosos.

FORTES, L. R. S. **O iluminismo e os reis filósofos**. 8. ed. São Paulo: Brasiliense, 1993.

Esse livro, de caráter introdutório, além de fazer comentários sobre autores importantes para o século XVIII francês, como Montesquieu, Voltaire e Rousseau, explana sobre a significação do grande movimento intelectual chamado *Iluminismo*, que em certa medida nos deixou como herança, entre outras coisas, os princípios que permitiram a elaboração, em 1789, da Declaração dos Direitos do Homem e do Cidadão, marco fundamental na história da humanidade.

MATTOS, F. de. **A cadeia secreta**: Diderot e o romance filosófico. São Paulo: Cosac Naify, 2004.

Esse livro reúne sete ensaios que abordam a relação entre filosofia e literatura no século XVIII, principalmente com base no pensamento de Diderot, e tendo como fio condutor as peripécias pelas quais passou o gênero textual que marcou o Iluminismo francês: o romance filosófico. Livro essencial, portanto, para os que se interessam pelas articulações entre o âmbito filosófico e literário.

VOLTAIRE. **Contos e novelas**. Tradução de Mário Quintana. São Paulo: Globo, 2005.

Essa obra proporciona, por meio da primorosa tradução de Mário Quintana, um sobrevoo por vários dos contos e novelas de Voltaire. A leitura desses textos representa uma ótima oportunidade para acompanhar como filosofia e literatura podem se cruzar em um processo reflexivo que é tão rigoroso quanto pode ser divertido. O leitor ainda pode contar com uma longa apresentação do filósofo, feita por Roger Bastide, além de um estudo de Gilbert Chinard, que antecedem os textos voltairianos.

respostas

Capítulo 1

Atividades de autoavaliação

1. c
2. c
3. b

4. d
5. d

Atividades de aprendizagem

Questões para reflexão

1. Para ser satisfatória, a resposta deverá aproximar a teogonia do discurso poético-mitológico e a filosofia nascente, por sua vez, das cosmologias – algo importante por marcar a distinção entre essas duas modalidades discursivas. A filosofia, não satisfeita com o modelo pelo qual a teogonia explicava a origem do mundo, deixou de abordar os fenômenos naturais como entidades com temperamentos osciláveis e desejos próprios, características da explicação teogônica; de outro modo, ela se valeu de cosmologias para buscar entender de maneira racional e rigorosa o princípio ordenador do universo. O afastamento entre poesia mitológica e filosofia nascente, desse modo, deve ser entendido principalmente pela exigência de maior rigor na investigação.

2. A resposta deve apontar que tanto a filosofia nascente quanto a poesia mitológica se afastaram do discurso vulgar, aquele que corriqueiramente usamos quando realizamos atividades cotidianas. Isso porque, tanto uma quanto a outra pretendem alcançar uma atmosfera mais fundamental, que dê conta de explicar a essência do objeto estudado. Segundo ponto de aproximação que deve ser levado em conta diz respeito ao caráter totalizante da filosofia nascente e da poesia mitológica: ambas pretendem não somente alcançar a essência do objeto estudado, como querem explicar a origem e o funcionamento da natureza como um todo.

Capítulo 2

Atividades de autoavaliação

1. d
2. b
3. d
4. d
5. b

Atividades de aprendizagem

Questões para reflexão

1. A resposta será satisfatória se apontar que o aedo (poeta-cantor), em uma sociedade ágrafa, como a dos gregos do Período Arcaico, era uma figura que detinha e transmitia conhecimentos importantes sobre a história e os costumes de um povo.

2. Interessa notar que Platão estabelece, em relação à poesia, dois tipos de crítica, cada uma atingindo pontos distintos. A primeira, de ordem pedagógica, liga-se aos exemplos considerados negativos explicitados pelo poeta; a segunda, de caráter epistemológico, questiona o que o poeta realmente conhece e, desse modo, qual sua propriedade para ensinar sobre os deuses e o comportamento dos homens.

3. Em nossa sociedade, a importância do alfabeto se mostra em vários aspectos. Vejamos dois importantes usos.

   a. Permite que utilizemos a leitura para adquirir inúmeros conhecimentos de maneira autônoma (autodidata), ou seja, sem intermediários.

   b. Ajuda a manter preservados os mais variados conhecimentos que tanto nos ajudam a conhecer o passado quanto entender o presente.

Capítulo 3

Atividades de autoavaliação

1. c
2. c
3. b
4. d
5. a

Atividades de aprendizagem

Questões para reflexão

1. A resposta deve apontar que, ao reconhecermos a legitimidade de um comportamento diferente do nosso, principalmente em âmbito religioso, somos obrigados a aceitar a **relatividade** do nosso ponto de vista, algo a que nem todos estão dispostos. Nesse quadro, as diferenças culturais (gastronomia, vestimentas, religião) são julgadas como certas ou erradas e podem causar medo, recusa ou forte sensação de estranhamento. Todavia, essas diferenças, em sua maioria, não podem ser classificadas em termos morais, como certo ou errado, mas simplesmente como traços que mostram a complexidade dos seres humanos.

2. A resposta é pessoal, porém, em relação ao que vimos no capítulo, pode-se responder que a literatura causa, sim, influência no modo como nos relacionamos com as outras pessoas; além disso, essa influência é positiva, porque nos ajuda a entender melhor as diferentes circunstâncias e emoções (com base nas experiências dos personagens a que somos apresentados) que afetam as pessoas e talvez não sejam aquelas a que estamos submetidos.

Capítulo 4

Atividades de autoavaliação

1. b
2. c
3. a
4. c
5. d

Atividades de aprendizagem

Questões para reflexão

1. A reposta é de cunho pessoal, no entanto, para ser considerada satisfatória ela deve apontar para o fato de que, independentemente da opinião do leitor, pela maneira como Mandeville utiliza os conceitos de virtude e vício (perspectiva rigorista) sua posição é, sim, razoável (coerente). Em uma sociedade florescente, do ponto de vista econômico, muitos vícios têm como consequência benefícios sociais. Um exemplo poderia discorrer sobre a fabricação de bebidas. O alcoolismo é um problema sério, no entanto, a fabricação de bebidas beneficia inúmeras pessoas que de modo direto ou indireto participam dessa produção. Desde o *designer* que idealiza o rótulo da bebida até o profissional que faz a dosagem dos ingredientes.

2. Imaginemos que alguém pretende ser bem quisto pelos seus semelhantes e, para tanto, constrói um museu que homenageia a própria família, de modo a explicitar seu poder e riqueza ou, de outro modo, um homem cuja ganância é tão grande que lidera a construção de uma ponte para facilitar o comércio de seus produtos. Esses dois exemplos mostram como uma paixão considerada viciosa pode, todavia, beneficiar as pessoas. Agora, diferentemente, um homem rico que é, ainda assim,

parcimonioso, não gasta seu dinheiro, não coloca riqueza em circulação e corre o risco de guardar em um baú moedas que já nem circulam mais.

3. A resposta é pessoal, no entanto, será satisfatória se apontar para o fato de que Rousseau, apesar de ser um literato, pode, sim, criticar as artes. Ele não seria, de fato, um filósofo se fosse constrangido a não dizer o que pensou por receio de causar uma repercussão negativa. Ademais, sua estratégia envolve criticar as artes se valendo de elementos artísticos, ou seja, é do interior daquilo que será alvo do ataque moral de Rousseau que ele realiza seu ataque.

Capítulo 5

Atividades de autoavaliação

1. a
2. d
3. d
4. b
5. c

Atividades de aprendizagem
Questões para reflexão

1. Para responder satisfatoriamente a essa questão, o aluno deve relacionar a sátira a uma estratégia que busca, por exemplo, por meio de zombaria, trazer o alvo da crítica (a instituição religiosa, poderíamos dizer) para um terreno em que sua crosta de autoridade caia, de modo que seus defeitos e falhas sejam expostos. Essa função crítico-corrosiva é filosófica.

2. O aluno tem liberdade para dar sua opinião. Entretanto, com base no que foi visto no capítulo, é de se esperar que a resposta seja afirmativa, isto é, o uso da filosofia com finalidade crítica é, sim, legítima. Um dos motivos é que, por meio do caminho crítico, podemos nos desfazer dos preconceitos e erros para podermos, talvez ajudados por outros pensadores, estabelecer princípios positivos. A filosofia pode funcionar como mecanismo de descoberta de verdade, mas, também, como meio para nos desfazermos de erros.

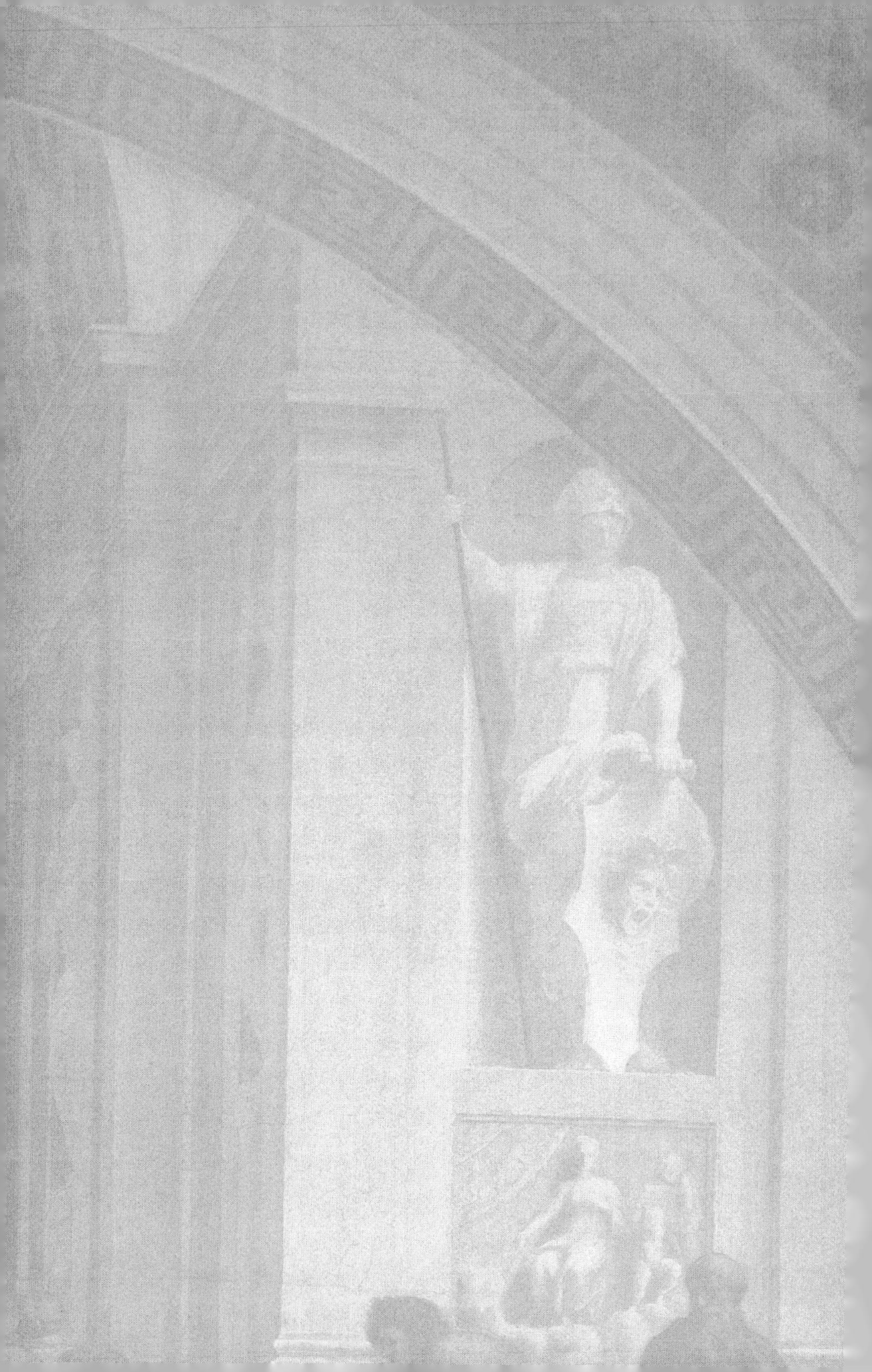

sobre o autor

Rafael de Araújo e Viana Leite é Doutor em Filosofia pela Universidade Federal do Paraná (UFPR – 2019), mesma instituição em que realizou a graduação e mestrado em Filosofia, na linha de Ética e Filosofia Política. Participa desde 2009 do Grupo de Estudos das Luzes (UFPR). É membro da Associação Brasileira de Estudos do Século XVIII (ABES18) e do Grupo Interdisciplinar de Pesquisa Jean-Jacques Rousseau (GIP-Rousseau). Foi bolsista de pós-doutorado (PNPD) na Universidade Federal do

Pará (UFPA) (2020-2021). Foi professor substituto na UNIOESTE, no Departamento de Filosofia (2020-2022). Durante o ano de 2022, foi Pesquisador de pós-doutorado do projeto CAPES\COFECUB "Autonomia, razão pública, tolerância: usos contemporâneos da filosofia das Luzes", coordenado por Rodrigo Brandão – UFPR e Céline Spector – Sorbonne Université. Foi Bolsista CAPES. Publicou artigos e traduções de textos de filosofia.

SANZIO, R. *A Escola de Atenas (Scuola di Atene)*.
1509-1510. 500 cm × 770 cm; color.
Stanza della Segnatura, Palácio Apostólico:
Cidade do Vaticano.

Impressão:
Fevereiro/2023